Ser historiador no século XIX
O caso Varnhagen

Coleção
HISTÓRIA & HISTORIOGRAFIA

Coordenação
Eliana de Freitas Dutra

Temístocles Cezar

Ser historiador no século XIX
O caso Varnhagen

Prefácio
Valdei Lopes de Araujo

Posfácio
Fernando Nicolazzi

autêntica

Copyright © 2018 Temístocles Cezar
Copyright © 2018 Autêntica Editora

Todos os direitos reservados pela Autêntica Editora. Nenhuma parte desta publicação poderá ser reproduzida, seja por meios mecânicos, eletrônicos, seja via cópia xerográfica, sem a autorização prévia da Editora.

COORDENADORA DA COLEÇÃO HISTÓRIA E HISTORIOGRAFIA
Eliana de Freitas Dutra

EDITORAS RESPONSÁVEIS
Rejane Dias
Cecília Martins

REVISÃO
Lívia Martins

CAPA
Alberto Bittencourt
(Sobre pintura de Federico de Madrazo y Küntz, Visconde de Porto Seguro, 1853. Museu Nacional de Belas Artes, Rio de Janeiro/RJ. Reprodução de Daniel Ramalho)

DIAGRAMAÇÃO
Waldênia Alvarenga

Dados Internacionais de Catalogação na Publicação (CIP)
(Câmara Brasileira do Livro, SP, Brasil)

Cezar, Temístocles
  Ser historiador no século XIX : o caso Varnhagen / Temístocles Cezar. -- 1. ed. -- Belo Horizonte : Autêntica Editora, 2018. -- (Coleção História & Historiografia)

  ISBN 978-85-513-0345-0

  1. História - Filosofia 2. História - Historiografia 3. Historiadores - Brasil 4. Historiografia I. Dutra, Eliana de Freitas. II. Título. III. Série.

18-16348   CDD-901

Índices para catálogo sistemático:
1. Historiografia : História 901

Iolanda Rodrigues Biode - Bibliotecária - CRB-8/10014

Belo Horizonte
Rua Carlos Turner, 420
Silveira . 31140-520
Belo Horizonte . MG
Tel.: (55 31) 3465 4500

Rio de Janeiro
Rua Debret, 23, sala 401
Centro . 20030-080
Rio de Janeiro . RJ
Tel.: (55 21) 3179 1975

São Paulo
Av. Paulista, 2.073,
Conjunto Nacional, Horsa I
23º andar . Conj. 2310-2312
Cerqueira César . 01311-940
São Paulo . SP
Tel.: (55 11) 3034 4468

www.grupoautentica.com.br

Para Laurinha e Malu.
Para Céli Regina Jardim Pinto.
Para Manoel Salgado Guimarães, *in memoriam*.

Desfaço durante a noite o meu caminho.
Tudo quanto teci não é verdade,
Mas tempo, para ocupar o tempo morto,
E cada dia me afasto e cada noite me aproximo.

(Sophia de M. B. Andresen, *Penélope*)

Sumário

Prefácio 11
Valdei Lopes de Araujo

Antologia de uma existência 15

Varnhagen em movimento 29

Movimentos em Varnhagen 67

    I Movimento 69
    O historiador em seu ateliê

    II Movimento 101
    Veto ao ficcional: crônica, estilo, biografia

    III Movimento 133
    Subjetividade e imparcialidade de um historiador

    IV Movimento 177
    O que é a história?

Ensaio sobre uma retórica da nacionalidade 207

Varnhagen não leu Capistrano 211

Posfácio: Um ensaio em movimento 219
Fernando Nicolazzi

Bibliografia 225

Referências 231

Agradecimentos 251

Prefácio

Valdei Lopes de Araujo

> *É talvez essa repartição nebulosa num espaço de três dimensões que torna as ciências humanas tão difíceis de situar, [...] que as faz aparecer ao mesmo tempo como perigosas e em perigo.*
> (Michel Foucault, *As palavras e as coisas*)

O livro que o leitor está prestes a ler já nasce crescido. Suas ideias e temas ajudaram a formar toda uma geração de pesquisadores, e não apenas aqueles inúmeros alunos e ex-alunos do autor. Em palestras e bancas, em suas aulas e conferências, Temístocles Cezar afinou pacientemente seus argumentos e sua forma. Digo afinar não apenas para repercutir a metáfora musical que estrutura o livro, mas também como sinônimo de cura, um processo que demanda tempo para revelar seus efeitos. Em uma época de vinhos e textos jovens, deixar uma ideia amadurecer na cave do pensamento é cada vez mais raro. Por isso, "O caso Varnhagen" não é um livro atual, nem muito menos atualista, ele arrasta consigo e projeta a história de nossa disciplina entre os séculos XIX e XXI.

O rótulo de "clássico", se pode ser aplicado à obra de Varnhagen, e acredito que Temístocles nos mostra que sim, é justamente um evento do passado que desatualiza o presente. Ao nos reconhecermos nessas grandes obras, mesmo que essa imagem possa ser, às vezes, desagradável, entendemos que o passado está a nossa frente como um espelho. Os problemas do "ser historiador" no século XIX não são diferentes no século XXI. Mais de um colega de profissão poderia estar confortavelmente refletido em Varnhagen. Os temas abordados no livro continuam a organizar o debate: o complexo balanço entre sentimento e objetividade, o plurissecular veto ao ficcional, as relações perigosas e inevitáveis entre nação, Estado e sociedade. Entre subjetividade e verdade, imparcialidade e combate, os arquivos e a prova, o lugar do historiador continua no centro das disputas políticas nas sociedades democráticas, mesmo que essa conjunção pareça cada vez mais ameaçada. No tempo da "Escola sem Partido", historiar as formas e os limites do magistério da história continua urgente.

Essa miríade temática não impede que um Varnhagen humano, de corpo inteiro, seja restituído de seu destino de emblema das disputas entre concepções políticas e historiográficas rivais, onde o esforço crítico foi inseparável do gesto de erguer novos ídolos. Essa tomada de distância, tão bem medida no livro, seria uma promessa de outro futuro para a historiografia? Ou mesmo de um futuro sem historiografia? Como em todo grande livro, as respostas a essas perguntas são infinitas, a depender do espelho em que cada leitor se vê refletido.

Nessa polifonia de temas e vozes, algumas vindas do passado, outras do futuro, o livro lança pontes importantes entre gerações. Ao definir o tema da "invenção da nação" como clave de sua composição, ele nos sintoniza com a nova História da Historiografia produzida no Brasil desde os anos 1980. José Honório Rodrigues ainda pensava a disciplina como uma propedêutica para uma história-ciência cuja formação incorporava naturalmente o lugar fundador de Varnhagen, embora seu primeiro herói fosse Capistrano de Abreu. Apenas nos anos 1980 a "história-ciência" seria substituída pelo tema da desconstrução da "escrita da história", a começar pelo seu sujeito oculto, a nação. Historiadores como Arno Wehling, Raquel Glezer, Afonso Carlos Marques dos Santos, Lucia Maria Paschoal Guimarães, Manoel Luiz Salgado Guimarães, entre outros, estiveram à frente desse deslocamento. Essa geração ampliou os objetos de estudo, incorporou novas metodologias e enriqueceu a subdisciplina na interface com agendas já consolidadas vindas da história social, política, intelectual, das ideias e cultural. Não que a problemática da história-ciência tenha deixado a cena, ela evolui para análises quali-quantitativas do estado do campo, como nos sempre citados estudos de Amaral Lapa, Carlos Fico e Ronald Polito, mas perde seu aspecto prescritivo na mesma medida em que o campo se pluraliza e se multiplica em projetos disciplinares variados.

O espaço propedêutico que em Rodrigues parecia conformar uma unidade cujo propósito era fundamentar "a história-ciência" não escapa da dispersão especializada. Teoria da História e História da Historiografia são hoje, no Brasil, espaços de pesquisa com agendas próprias e distintas, assim como as "metodologias" da História são tantas quanto as subdisciplinas do campo, tornando cada vez mais difícil imaginar o ensino de metodologia como um gesto focado em conteúdos de aprendizado conformadores de um *ethos* historiador homogêneo.

Embora a centralidade do tema "invenção da nação" deixe claro as continuidades do trabalho de Temístocles Cezar com a problemática aberta, sobretudo por Marques dos Santos e Salgado Guimarães nos anos 1980, seu livro representa outro momento do questionário, que parece, ao mesmo tempo, concretizado e deslocado. Nos anos 1980 a História da Historiografia como crítica da invenção da nação estará organizada na denúncia do caráter ideológico dessa conjunção, por isso o subtema da "civilização" ocidental transplantada nos trópicos foi o eixo explicativo de boa parte desses autores, que deslocaram o campo para o estudo dos "lugares" de produção do discurso: o IHGB (Instituto Histórico e Geográfico Brasileiro). Nesse recorte, era natural que a pesquisa de "autores" e "obras" parecesse menos relevante, deixando a figura de Varnhagen nas sombras. O Visconde de Porto Seguro era, a um só tempo, o exemplo máximo de efetivação do "projeto do IHGB", e, por suas divergências e polêmicas com membros do Instituto, apontava os limites dos "lugares" como categoria explicativa.

Temístocles projeta essa agenda ao manter a nação no centro do debate, mas subordinando-a a temas mais especificamente ligados à História da Historiografia como um campo de investigação: a epistemologia da visão; os sentidos da erudição e da crítica; a relação fato, narrativa, imaginação; a forma ensaio; a análise das temporalidades. Tanto o objeto político (formação da nação), quanto o cultural (sua projeção imaginária) perdem a centralidade que tiveram nos anos 1980-1990 sem, no entanto, serem abandonados.

Outra marca deste livro que aponta o amadurecimento de uma agenda de investigação é o fato de, ao mesmo tempo, buscar o debate internacional e cultivar uma interlocução profunda com os autores brasileiros: Luiz Costa Lima, Manoel Salgado Guimarães, Flora Süssekind e colegas mais jovens são as vozes mais relevantes. Rompe-se com um antigo hábito periférico de no debate intelectual serem silenciados os interlocutores locais em busca de uma integração subalterna e fantasiosa em um "debate" internacional. Uma rápida análise da bibliografia, ou de suas abundantes e ricas notas de rodapé, mostrará o alcance desse gesto, que dá sentido a um esforço de organização institucional que passou pela criação de núcleos de pesquisa, eventos científicos regulares e a criação de periódicos especializados. Essa dimensão do campo como um auditório que nos envolve só pode se realizar pela generosidade e sentido ético do autor.

Por fim, não há como deixar de mencionar a presença de Manoel Salgado Guimarães ao longo do livro. Quem tem a alegria de contar com a conversação amiga do autor sabe da força e profundidade existencial dessa relação. Para ambos, o trabalho de pesquisa é impensável sem a vida docente. Pesquisar e formar surgem como atividades geminadas. Ambos tiveram seu doutoramento fora do Brasil e escreveram suas teses em língua estrangeira, alemão e francês, respectivamente. Ambos buscam superar a centralidade que a epistemologia da visão teve e tem na historiografia moderna, enfatizando a dimensão de presença da erudição e a centralidade do ouvir como gesto cognitivo. Por isso, apontam-nos o caminho para superar a má consciência do intelectual periférico, esse eterno desterrado. Não é mais a Europa que se mostra como lugar a partir do qual lançam-se olhares distantes para os trópicos, entre a nostalgia e a melancolia. Para ouvir é preciso estar perto e se deixar tocar pelo outro, deve haver distância, mas não aquela absoluta da civilização cartesiana. O tema da viagem pode então, em ambos, desligar-se da imagem do desterro.

Mariana, maio de 2017.

Antologia de uma existência

> *Sem dúvida, senhores, vossa publicação trimensal tem prestado valiosos serviços, mostrando ao velho mundo o apreço que, também no novo, merecem as aplicações da inteligência; mas, para que esse alvo se atinja perfeitamente, é mister que não só reunais os trabalhos das gerações passadas, ao que vos tendes dedicado quase que unicamente, como também, por vossos próprios, torneis aquela a que pertenço digna realmente dos elogios da posteridade: não dividi, pois, as forças, o amor à ciência*
> *é exclusivo, concorrendo todos unidos para tão nobre, útil e já difícil empresa, erijamos assim um padrão de glória à civilização da nossa pátria.*
> (Imperador Pedro II, *Revista do IHGB*, 1849)[1]

> *Sim, senhor, eu que me criei entre papéis e correspondências daqueles séculos de mais lealdade e civismo, em que os súditos escreviam aos reis, como Vaz de Caminha ao Sr. D. Manoel ou como Duarte Coelho ao piedoso João III, – eu que amo tanto a justiça e a verdade e que tenho encontrado, no mundo, poucos tão discretos e superiores às mesquinhezes dele, como o é Augusto Monarca Brasileiro, aprecio a honra de escrever a V.M.I. como o maior dom de quantos me poderá, em seu vasto domínio, outorgar o punho imperial.*
> (Varnhagen, Carta a Pedro II, Madri, 1º de fevereiro de 1852)[2]

---

[1] *Revista do Instituto Histórico e Geográfico Brasileiro*, 12, 1849, p. 552. (A partir daqui, será utilizada a abreviatura *Revista do IHGB*.) A ortografia das citações foi atualizada. Partes de alguns capítulos, parcial ou integralmente, foram publicados em forma de artigos ou em coletâneas ao longo dos últimos anos.

[2] VARNHAGEN, F. A. de. *Correspondência ativa*. Coligida e anotada por Clado Ribeiro de Lessa. Rio de Janeiro: INL/MEC, 1961, p. 170-171. (A partir daqui, será utilizada a abreviatura *CA* para esta obra.)

Eu odeio a monarquia e os monarcas.

Reconheço que não se trata de um sentimento muito nobre. Porém, o ódio como repugnância retrospectiva sempre foi mais tolerável e psicologicamente compreensível do que se fosse pronunciado em seu próprio tempo. Afinal, somos menos herdeiros de Platão, para quem excetuando-se a monarquia e a aristocracia, ou seja, o único e o pouco, as formas políticas tendiam a se suceder historicamente como um regresso definido do mal para o pior; ou de Aristóteles e Políbio, que retomam do discurso platônico as formulações positivas e suas degenerações e propõem uma espécie de terceira via com tipos mistos. Nosso legado maior, pelo menos na razão historiográfica, parece provir mais do conceito moderno de história e suas colossais expectativas na aventura do progresso.

Hoje, contudo, no Brasil em que vivemos e no qual respiramos um ar úmido e sombrio, é provável que defensores de projetos pedagógicos estranhos à noção de *Paideia*, tais como o de uma escola sem partido ou sem ideologia, notem em minha afirmação sobre o ódio à monarquia e aos monarcas não uma paráfrase, possivelmente deselegante, da frase de abertura de *Tristes trópicos*, de Claude Lévi-Strauss, mas uma grave ofensa à imagem da história como guardiã isenta do passado.[3]

Isso se acentua ainda mais quando este passado remete a um período que foi caracterizado por muitos historiadores, entre eles alguns francamente comprometidos com seus valores dissimulados sob o manto da ciência, como prodigioso, fruto da estabilidade política, critério decisivo na *Política* aristotélica para distinguir o bom do mau governo. O regime político a que me refiro é a monarquia brasileira. O monarca: Pedro II.

Esse regime político foi associado a uma imagem forte, veiculada desde o século XIX, e que, até o presente, perdura em muitos discursos: a da monarquia estável tendo que se administrar ou tendo que sobreviver entre repúblicas turbulentas e corruptas. João Paulo Pimenta desconstruiu, com refinamento teórico e requintes documentais, os primórdios dessa representação ao mesmo tempo limitada e positivada:

---

[3] "Odeio as viagens e os exploradores" (LÉVI-STRAUSS, 1955, p. 13). Suspeito que, consciente ou inconscientemente, Lévi-Strauss parafraseou um de seus autores preferidos, o viajante que ele considerava o manual do etnógrafo, Jean de Léry, o qual, na introdução ao relato acerca da sua viagem ao Brasil, no século XVI, afirma: "eu odeio a mentira e os mentirosos" (LÉRY, 1994, p. 93). A tradução dos textos em língua estrangeira é de minha responsabilidade, salvo indicação contrária.

as transformações políticas em curso na América espanhola durante a crise e a dissolução do Antigo Regime constituíram um *espaço de experiência* para o universo político luso-americano, em grande medida responsável pelas condições gerais de projeção e consecução de *horizontes de expectativa* na América portuguesa, dos quais resultou um Brasil independente de Portugal, nacional, soberano, monárquico e escravista.[4]

Ao situar o Brasil em um contexto fenomenológico mais amplo, Pimenta destituiu a excentricidade como valência prática e conferiu à experiência, como conhecimento e vivência de uma realidade, um paradoxal e complexo parentesco com a antiga fórmula da *historia magistra vitae* e com a novíssima percepção da aceleração do tempo histórico. Para ambas as perspectivas, a figura do imperador tornou-se um avatar.

Assim como a monarquia nada tem de excepcional, em que pese a força de suas imagens, a vida de Pedro II também poderia ser menos glorificada. Considero notável a capacidade de certos historiadores, desde o século XIX, de analisarem, quando lhes convém, a monarquia pela biografia do monarca ou a vida do monarca pela monarquia. Segundo li em várias dessas biografias, Pedro II parece ter tido uma infância triste e solitária, com muito estudo e pouca diversão. Imperador jovem, dizem que manifestou algumas vezes que preferia ter se consagrado "às letras e às ciências", chegando mesmo a afirmar, em seu *Diário*, em um momento de aparente delírio, que "se não fosse imperador, gostaria de ser professor".[5] O fato é que essas pretensões ficaram em segundo plano, pois Pedro II preferiu, como boa parte da humanidade nobre ou plebeia, um cargo estável de chefe no qual se manteve por meio século. Isso não significa que problemas institucionais e aborrecimentos pessoais jamais o tenham atingido. Enfim, não passava de um homem. Não obstante, reinou quase absoluto sobre uma das condições mais ultrajantes que a miséria humana pode atingir: a escravidão. Apesar de se reconhecer contrário a essa famigerada insigne da barbárie, ele mesmo admitiu

---

[4] Pimenta (2015, p. 31).
[5] Lyra (1977, v. II, p. 94-95 e p. 104); Calmon (1975, t. 2, p. 498); Carvalho (2007, p. 77); Schwarcz (1998, p. 151). Essa manifestação de Pedro II lembra a declaração que Alexandre, o Grande fizera em relação ao filósofo cínico Diógenes: "se eu não fosse Alexandre, então seria Diógenes". (*Diogenes Laertius: The life of Diogenes of Sinope*. Appendix. In: NAVIA, 2005, p. 209). Ver também: Desmond (2006, p. 81).

que, embora desejasse a extinção do trabalho escravo, "achava que toda prudência era pouca nesse assunto e, estivesse no país em maio de 1888, não teria sido assinada a *lei áurea*".[6]

Registre-se que nada tenho de pessoal contra algum monarca específico, muito menos em relação ao quase colega de profissão Pedro II, que, pelo menos, era um leitor compulsivo. Entendo que monarquia e monarca, monarca ou monarquia são categorias políticas intercambiáveis cuja longa duração é capaz de explicar, por si só, sua centralidade nas explicações, descrições e interpretações históricas. Mesmo após os brados iluministas de um Voltaire que dizia, em seu *Essai sur les mœurs* (1740), que era aos homens e não aos príncipes e reis, que se deve prestar atenção na história, o fato é que, no caso brasileiro, tanto a coroa quanto a nação tornaram-se, simultaneamente, significado e significante de um horizonte aparentemente intransponível de toda a história passada, presente e futura do século XIX.[7]

No Brasil, a história nacional foi erigida sob o manto monárquico e dele há dificuldade de afastamento como se a Nação e seu acólito estrutural, o Estado, organizassem todo o regime de possibilidades historiográficas disponíveis à representação da história. No século XIX, foram fixados temas, perspectivas, cronologias, fontes, maneiras de olhar para o passado, que se constituíram, muitas vezes à revelia dos atores sociais, na visão unificadora e simplificadora de que se tem um passado em comum, mesmo que se desconfie da existência de descontinuidades inauditas que formariam uma história viva, abortada, em última instância e paradoxalmente, pela historiografia.

Não estou afirmando simplesmente que escrever a história é também apagá-la, mas que uma metafísica da existência corrompe constantemente a certeza metódica, a crença na objetivação histórica que atende também pelo nome de Verdade. Qual nação, construída e veiculada de inúmeras maneiras, desde o século XIX, explica, justifica, normatiza a compreensão da própria historicidade como real, bem como de sua visibilidade retórica no passado e na atualidade? É como se eu estivesse à procura de uma brecha na inteligente hipótese de Luiz Costa Lima, a de que "a nacionalidade foi e é o meio de emprestar-se uma utilidade ao veto ao ficcional".[8]

---

[6] Holanda (2010, p. 142).

[7] Voltaire (1963, p. 781).

[8] Lima (2007, p. 164).

***

A obra de Francisco Adolfo de Varnhagen (1816-1878) corresponde a este tempo da nação imperial, cuja organização gravitava em torno de noções gerais que refletiam as preocupações daqueles que exerciam o poder. Ilmar Mattos, em seu clássico *Tempo Saquarema*, destaca três destas concepções: *governo, trabalho e desordem*. Elas seriam parte importante da engrenagem dos mundos que constituíam o Império do Brasil.

> Mundos que se tangenciavam, por vezes se interpenetravam, mas que não deveriam confundir-se, por meio da diluição de suas fronteiras, mesmo que os componentes da "boa sociedade" fossem obrigados a recorrer à repressão mais sangrenta a fim de evitar que tal acontecesse.[9]

Esses três princípios organizadores pautaram o que José Bonifácio definiu como a necessidade imperativa de "formar em poucas gerações uma Nação homogênea" e um Estado nacional que lhes garantisse a identidade e a funcionalidade, cujas bases não estariam, para ele, no passado, pois sua "crença na existência de leis e de causas históricas e uma compreensão geral da história da humanidade como progresso" o empurravam, de acordo com Valdei Lopes de Araujo, para uma perspectiva moderna.[10] Para Bonifácio, o passado e o presente ainda estavam "incomodamente próximos". Um gesto de separação impunha-se. Nessa fissura política e epistemológica, os historiadores adquirem relevância como cirurgiões que fracionam a história em tempos distintos, neste caso, entre passado colonial e presente monárquico. À geração de Varnhagen – Nabuco de Araújo, Saraiva, Zacarias, Cotegipe, Paraná, Rio Branco, Gonçalves de Magalhães, Gonçalves Dias, José de Alencar, João Francisco Lisboa, Vitor Meireles, entre outros –, herdeira do legado dos fundadores do Império do Brasil – Bonifácio, Pedro I, Vasconcelos, Evaristo, Feijó e alguns mais –, coube dar forma a esses mundos e empenhar-se em sua conservação.[11]

Além dessas noções, destaco o conceito de história e as acepções atribuídas ao historiador no século XIX. Ser historiador no século XIX

---

[9] Mattos (2004, p. 136).
[10] Sousa (1944, p. 42); Araujo (2008, p. 39, 74, 78-79).
[11] Mattos (2004, p. 137-138).

significava, em princípio, ser um sujeito à procura da própria definição. Mergulhado em um contexto no qual a história, bem como outras formações disciplinares, buscava incessantemente a chancela científica, o historiador precisava, antes de tudo, encontrar-se, saber quem era. Definir os limites de seu campo de atuação, os procedimentos de sua arte e os instrumentos de seu ofício foram as tarefas que a ele se impuseram nesse período.

Varnhagen foi, simultaneamente, um *tipo-ideal* e um *outsider*. *Tipo-ideal* porque parece representar, com perfeição, as premissas que envolvem o que Rodrigo Turin, com precisão, designou elementos constituintes do *ethos* do historiador oitocentista: a sinceridade, a cientificidade e a utilidade. *Outsider* porque a sinceridade nem sempre é transparente, a cientificidade nem sempre é metodologicamente verificável e a utilidade nem sempre é evidente. Varnhagen foi, portanto, ao mesmo tempo, um modelo comum e um trânsfuga dissimulado. Ele se constituiu em um caso – um caso específico de ser, cuja amplitude transbordou a ontologia de sua existência, tornando sua vida e obra, por um lado, paradigma da disciplina histórica e, por outro, testemunho de uma das faces sombrias da prática do historiador.

Qual a importância deste caso? Por que ler Varnhagen hoje? Por ser ele, acredito, um dos pilares da cadeia historiográfica a qual, embora o antecedesse, concentrava em torno de si um conjunto de temas e de perspectivas narrativas que domesticaram a visão acerca do passado. A proteção do imperador ao IHGB, que se converteu em um dos braços intelectuais desse propósito, ordenando as evidências e os vestígios de temporalidades transcorridas, e o apoio a Varnhagen faz parte desta linguagem política que denomino *retórica da nacionalidade*, ou seja, um conjunto de estratégias discursivas que, malgrado a natureza dispersiva de seus elementos constituintes,[12] foi utilizada para persuadir os brasileiros de que, a despeito da natureza heterogênea e compósita de sua formação social, compartilhavam um passado comum e, consequentemente, igual origem e identidade.

Desse modo, o processo de construção da ideia de *nação brasileira* deve ser compreendido como um "autêntico projeto de Estado", no qual a elite letrada e os agentes estatais (que na maior parte das vezes confundiam-se) mobilizavam uma série de recursos políticos, econômicos, culturais e simbólicos

---

[12] Foucault (1987, p. 43).

a serviço de sua criação.[13] Nesse sentido, a história e a geografia, que passavam por profundas e importantes alterações epistemológicas – na maior parte das vezes, tentativas de discipliná-las nos limites do que deveria ser a ciência no século XIX – em companhia da literatura e, um pouco mais tarde, da etnografia, buscavam não apenas singularizar essa *retórica da nacionalidade*, ou seja, conter a dispersão do discurso e a ela resistir, mas também procuravam se constituir em campos de saber que explicassem a existência, ao longo do tempo, de uma nação formada por *brasileiros*. A historiografia e a literatura seriam as modalidades de escrita privilegiadas para a constituição do patrimônio identitário a ser partilhado, no qual se projetaria uma imagem sem rasuras da nação, capaz de neutralizar todos os impasses na integração dos respectivos súditos em uma consciência nacional e histórica.

Varnhagen é, nessa perspectiva, um cânone. Lê-lo, estudá-lo hoje é procurar entender como se constituiu esta *retórica da nacionalidade*, como ela continua a interpelar os brasileiros e como ela é um dos discursos fundamentais à crença em determinada ideia de Brasil.

***

Minha intenção, no entanto, não é fazer um estudo de psicologia histórica, muito menos uma biografia intelectual ou uma exumação do detalhe, mas compor um breve relato de experiências que podem articular sentidos coerentes e/ou discordantes, sem perder de vista a inatualidade de minha presença.[14] "Antologia de uma existência" parece-me uma expressão

---

[13] Santos (1998, p. 7-35); Santos (1985, p. 3-12). Sobre a formação da elite brasileira, ver Carvalho (1980); e para uma discussão mais recente do tema, ver Kirkendall (2002).

[14] As biografias de Varnhagen não são numerosas e as existentes, além de repetitivas, são, de modo geral, laudatórias. O trabalho mais completo e rico em informações, porém acrítico em relação à obra varnhageniana, é o de Clado Ribeiro de Lessa (ver *Revista do IHGB*, 223, 1954, p. 82-297; 224, 1954, p. 109-315; 225, 1954, p. 120-293; 226, 1955, p. 3-168; 227, 1955, p. 85-236). Por outro lado, Varnhagen tem muitos comentadores; começando por Capistrano de Abreu, cujos artigos são fundamentais para o presente ensaio: "Necrológio de Francisco Adolpho de Varnhagen, Visconde de Porto Seguro (1878)", e "Sobre o Visconde de Porto Seguro (1882)" *apud* Varnhagen (1928), respectivamente tomo I, p. 502-508 e Apenso p. 435-444. Essa edição, organizada e comentada por Capistrano de Abreu e Rodolfo Garcia, reproduz a segunda edição da *História geral do Brasil* de 1877. A lista que segue, embora não exaustiva, é significativa do interesse que a obra do historiador

adequada para qualificar esta forma de ensaio, cujo objetivo é, primeiro, esboçar um "Varnhagen em movimento", ou seja, a síntese de seus incessantes deslocamentos. Isso não me impediu de tentar realizar movimentos dentro da obra, "Movimentos em Varnhagen", arriscando-me em seu interior, ao custo paradoxal de, eventualmente, cometer excessos interpretativos ou de deixar-me levar por ela. "Movimentos em Varnhagen" tem por pressuposto a leitura no nível da estrutura do texto, ou melhor, "daquilo que estrutura a narrativa: o que permite ao narrador construí-la, bem como, ao destinatário, 'lê-la', calcular o sentido dos enunciados ou, ainda, os códigos implícitos que o organizam".[15] Como não se trata de uma obra isolada, mas de várias, é interessante procurar uma conceituação que seja capaz de articulá-las. "A retórica da nacionalidade" parece ser o ponto de articulação dos trabalhos de Varnhagen. Selecionei quatro intervenções temáticas na obra varnhageniana (Movimentos I a IV), nas quais procurei compreender os modos de fazer de suas pesquisas (I Movimento: o historiador em seu ateliê); suas tentativas de veto notadamente ao ficcional (II Movimento: veto ao ficcional); a arquitetura textual de sua composição magistral, a *História geral do Brasil*[16] (III Movimento: subjetividade e imparcialidade de um historiador); sua noção de história (IV Movimento: o que é a história?). Nesses movimentos, não restritos à *HGB*, é preciso ficar atento a algumas marcas de enunciação que operam na obra varnhageniana com o objetivo de fazer crer. Em geral, essas marcas variam, sem invalidar outras, de acordo com o livro e o tema em questão, desde um *eu*, o próprio autor, a um *nós*, sujeito quase atemporal, que significa o historiador e seus compatriotas, os *brasileiros*, mas também a "civilização".

---

tem provocado nas últimas décadas: Rodrigues (1967, p. 170-196); Schwartz (1967, p. 185-202); Odália (1979, p. 7-31); Odália (1997); Martinière (1991, p. 117-146); Schapochnik (1992); Vasquez *in* Woolf (1998, p. 917); Ambrosio *in* Boyd (1999, p. 1253-1254); Reis (1997, p. 106-131) reproduzido em Reis (1999, p. 23-50); Wehling (1999); Guimarães *in* Mota (2001, p. 75-96); Puntoni *in* Jancsó (2003, p. 633-675); Ribeiro (2015, p. 49-146).

[15] Hartog (1991, p. 324).

[16] A partir daqui, as referências à *História geral do Brasil* serão expressas pela abreviatura *HGB*, acrescentadas do ano de edição. Para as referências à segunda edição, sirvo-me, de modo geral, daquela publicada em vida por Varnhagen, em 1877, e, eventualmente, da terceira-quarta, editada por Capistrano de Abreu e Rodolfo Garcia, em 1928.

Relacionar, portanto, essas duas dimensões – *Varnhagen em movimento, Movimentos em Varnhagen* – é meu objetivo.[17] E relacionar, por conseguinte, vida e obra, pois acredito que Varnhagen escreveu sobre o Brasil com base não apenas na documentação que encontrou e nos livros que leu, mas também em sua experiência pessoal, suas escolhas e suas frustrações.

Exercitar a prudência nesse movimento de leitura não é tarefa fácil. Primeiro, a própria noção de movimento, físico e intelectual, está presente na produção varnhageniana: "tudo aquilo que excita o movimento" – diz ele, citando Alexander de Humboldt, "o criador da ciência das viagens" –, seja erro, seja previsão vaga e instintiva, seja argumento racional, conduz a ampliar a esfera das ideias".[18] Segundo, escutar Varnhagen, por meio de seus trabalhos e de sua copiosa correspondência, é ouvir um discurso que vem do passado racionalizado pelo autor. Não há imprevidência nele, suas polêmicas, por vezes acrimoniosas, são, predominantemente, restritas à disputa acadêmica. Mesmo quando o controle sobre o verbo parece escapar-lhe, os ataques que profere revertem em defesa de seu caráter. Talvez não seja exagero dizer que boa parte do que se sabe sobre Varnhagen, por intermédio de seus escritos, é um pouco o que ele queria que se soubesse a seu respeito. Ele se preocupava com sua vida e com a posteridade. Essa cautela, todavia, não apenas foi insuficiente para impedir que se criasse em torno dele uma imagem antipática como também, ao que tudo indica, a reforçou. Contudo, apesar de sua personalidade pouco sedutora, ele conseguiu se impor, tornar-se imprescindível, irrecusável. Até para aqueles que não o apreciam (e não parece, nem ontem nem hoje, que sejam poucos) ele se converteu em uma figura incontornável para o entendimento da história da historiografia no e do Brasil.

***

Quem é ou pensa que é Varnhagen? Discípulo de Ranke, dos positivistas, dos metódicos? Seria um detalhe praticamente não haver

---

[17] A ideia de um movimento dentro da obra apareceu-me durante a leitura do excelente ensaio de Starobinski sobre Montaige, ver Starobisnki (1982, p. 8).

[18] VARNHAGEN, Francisco Adolfo de. *A origem turaniana dos americanos tupis-caraíbas e dos antigos egípcios. Indicado pela filologia comparada: traços de uma antiga migração na América, invasão do Brasil pelos tupis etc.* (1876). Tradução e apresentação de Temístocles Cezar *in* Glezer; Guimarães (2013, p. 352).

referências a Ranke em seus trabalhos? Em que positivismo ou em que princípio metódico se deve enquadrá-lo? Comte e Monod também são autores ausentes em sua obra.[19] Capistrano de Abreu, em 1878, não lamentava que Varnhagen "ignorasse ou desdenhasse o corpo de doutrinas criadoras que nos últimos anos se constituíram em ciência sob o nome de sociologia"?[20] Gilberto Freyre não o considerava de "um simplismo infantil quando deixa(va) a pura pesquisa histórica, pela filosofia da história"?[21] Ele também não participou inteiramente desse movimento epistemológico que se consolidou no século XIX, tributário da filosofia da história de Voltaire, de recusa à erudição, definida principalmente por seu componente antiquário.[22]

Sem pretender situá-lo em uma difícil e duvidosa história das influências, parece-me possível afirmar, ao menos, que Varnhagen compartilhou de uma série de noções gerais e difusas da moderna historiografia oitocentista, as quais surgem um pouco por todos os lugares à revelia da identificação com uma corrente teórica determinada, ou seja, aquela do estabelecimento da verdade histórica por meio do trabalho nos arquivos, da busca de documentos originais, da objetividade narrativa e da imparcialidade do historiador.[23] "A escola histórica a que pertencemos" – declara no prefácio à *História das lutas com os holandeses no Brasil* – "é, como já temos dito por vezes, estranha a essa demasiado sentimental, que, pretendendo comover muito, chega a afastar-se da própria verdade".[24]

Desse conjunto de prescrições, a mais decisiva para a epistemologia histórica do século XIX foi, segundo Hannah Arendt, a questão da

---

[19] Para Arno Wehling, Varnhagen, seria "um historicista filosófico. Seu perfil e sua obra correspondem ao historicismo romântico-erudito". Porém, o próprio Varnhagen, ainda segundo Wehling, "como Martius, considerava-se adepto de uma *história filosófica*" (WEHLING, 1999, p. 44 e p. 126-127). Para um Varnhagen próximo a Ranke ver Guimarães (2001, p. 95) e Martinière (1991, p. 129). Para um Varnhagen mais próximo de uma tendência positivista ver Schwartz (1967, p. 192-193).

[20] Abreu (1878) *apud* Varnhagen (1928, p. 507).

[21] Freyre (2004, p. 355).

[22] Ver Kriegel (1998) e Grell (1993). Para o caso brasileiro: Guimarães (2000, p. 111-143), sobretudo a parte dedicada às relações entre o IHGB e a Sociedade dos Antiquários do Norte da Dinamarca durante o século XIX.

[23] Arno Wehling também chega a uma conclusão parecida. Para ele, Varnhagen teria sido influenciado pela "cultura *savante*" da época (WEHLING, 1999, p. 136-137).

[24] Varnhagen (1871, p. XXV).

imparcialidade do historiador.[25] Apesar de seu esforço retórico, Varnhagen nela se perdeu completamente. A distinção entre sujeito e objeto da pesquisa, fundamento teórico da emergente ciência histórica, era uma premissa que Varnhagen tinha muita dificuldade em respeitar. Ele a elidia com mais frequência que supunha e que, à primeira vista, se pode supor. A presença do autor no interior de suas composições é algo que impressiona. No primeiro capítulo da *HGB* explica:

> Narraremos os sucessos segundo nos tenham sido apresentados, em vista de documentos, reflexão e estudo. Alguma que outra vez, sem abusar, tomaremos a nosso cargo fazer aquelas ponderações a que formos levados por íntimas convicções; pois triste do historiador que as não têm relativamente a seu país ou que, as tendo, não ousa apresentá-las.[26]

Mesmo em seu trabalho mais ponderado, mais próximo do que a ciência da história do século XIX era capaz, ele não conseguiu se ocultar no texto, nem ao menos procurou dissimular sua presença. Nesse sentido, um leitor atento como Capistrano de Abreu já advertia: "é preciso definir o temperamento de Varnhagen para bem compreender a sua *História* geral".[27]

Varnhagen era monarquista. Sim, sem dúvida. À sua maneira, era também um patriota. Era católico, como nunca cansou de afirmar. A crença, entretanto, não o impedia de censurar implacavelmente os jesuítas e, sobretudo, a Inquisição.[28] Egocêntrico e carreirista, embora anacrônicas em relação ao contexto, não lhe são atribuições despropositadas. Ambicioso? Ele tinha até uma teoria explicativa para a ambição, dele e dos outros.[29] Anti-indianista e hobbesiano são adjetivos que talvez lhe caiam igualmente bem, embora mais do que partidário de Hobbes, ele fosse um crítico de Rousseau.[30] Antirromântico? No início da sua trajetória intelectual, com

---

[25] Arendt (1961, sobretudo p. 51-52).

[26] *HGB*, 1854, p. 12.

[27] Abreu (1882) *apud* Varnhagen (1928, p. 441).

[28] Sobre os jesuítas, ver *HGB*, 1857, p. 197-198; sobre a Inquisição, ver *HGB*, 1854, p. 87-88 e 1857, p. 181-183.

[29] Carta ao imperador, Madri, 14 de julho de 1857, *CA*, p. 245.

[30] Gonçalves de Magalhães, em polêmica com Varnhagen, levanta a questão da adesão do historiador às ideias do filósofo inglês ("Os indígenas do Brasil perante a história", *Revista do IHGB*, 23, 1860, p. 33). Anos antes, em 1849, Varnhagen escreveu: "há hoje

certeza não. Suas relações com Alexandre Herculano e a colaboração com o *Panorama* são indicadores seguros.[31] Contudo, ao longo do tempo, sua postura crítica em relação aos índios o afastou dessa versão brasileira do romantismo. Apesar disso, ele parecia guardar preceitos da atmosfera romântica, desde, por exemplo, a busca pelo original e pelo nacional até a paixão pelas viagens.

Ele foi isto e aquilo, às vezes um pouco menos, às vezes um pouco mais. Com todas as suas qualidades e os seus defeitos, com todas as suas idiossincrasias, ele é um colega. Acima de tudo, foi autor de uma obra imensa que, embora a partir de certo momento privilegiasse a história, atravessou vários domínios, da literatura à crítica literária, passando pela biografia, pela etnologia, pela política e pela diplomacia, pela economia e mesmo pela filologia. Abrangeu vários campos de saber, todos escritos (em diversos idiomas) aproximadamente da mesma maneira: sem estilo, sem elegância, em uma linguagem nada aprimorada. É quase consenso que Varnhagen não foi um bom escritor, nem de história, nem de gênero algum. Ele viveu, nesse caso, o dilema oposto ao de Jules Michelet, que foi acusado de ser um mau historiador *porque escrevia*, em lugar de simplesmente redigir.[32] Varnhagen não *escrevia*, *redigia*. Essa crítica, acredito, decorre antes de uma importante aporia da cultura histórica do século XIX e início do século XX, cuja origem talvez remonte ao princípio aristotélico da superioridade da poesia em relação à história, do que propriamente de uma orientação teórica de como ela deveria ser escrita.[33] Assim, do mesmo modo que o IHGB, frequentado por literatos em profusão, era um palco onde se manifestavam as indefinições entre a moderna narrativa – científica, neutra e objetiva – e a narrativa literária, sujeita sempre às disposições da subjetividade do autor, também nas obras de Oliveira Lima e Tristão de Araripe, ou mesmo de Capistrano de Abreu, ou ainda de José Veríssimo,

em dia uma tal praga de falsos filantropos, graças a Rousseau ou a Voltaire ou a não sei quem, que a gente em matéria d'índios quase não pode piar, sem que lhe caiam em cima os franchinotes, com estas e aquelas cediças teorias pseudofilantrópicas" (VARNHAGEN, 1849, p. 32-33).

[31] Sobre a colaboração de Varnhagen no *Panorama*, ver Moreira (1967, p. 155-169). Acerca de Alexandre Herculano e o romantismo português, ver Catroga (1998, p. 45-98).

[32] Barthes ("Aujourd'hui, Michelet", 1984, p. 244-245).

[33] Luiz Costa Lima procura remediar a ausência de reflexão sobre o assunto em seu livro *História. Ficção. Literatura* (2006).

que, por mais que tentassem sair dele, ainda respiravam o mesmo regime de historicidade de Varnhagen, a questão não ficou definida e o bom e velho estilo ainda era um atributo importante.[34]

Como o Michelet de Charles Péguy, Varnhagen é um historiador solitário. Ele não compartilhava seu trabalho com ninguém.[35] Ele se encerrava nos arquivos onde compulsava, coligia, copiava e deixava sua marca nos documentos. Em seguida, ele ordenava o material, divulgava e publicava o que bem entendia, mas não sem antes fazer uma apreciação teórica, isto é, "uni-los e combiná-los em doutrinas que façam tal ou tal corpo".[36]

Embora houvesse no IHGB, desde sua fundação, a exortação ao trabalho em equipe, na prática, a pesquisa individual preponderava.[37] O isolamento de Varnhagen em relação a seus pares, logo, não seria um traço específico de sua personalidade intelectual, não fosse pelo fato de se poder relacioná-lo a certa necessidade que ele tinha de se sentir o primeiro, o iniciador, aquele a quem se deve o começo. O epíteto de "Heródoto brasileiro" não lhe foi atribuído pela historiografia moderna ao acaso. Não parece mera coincidência que Robert Southey, o qual teve, em algum momento, a pretensão de que sua obra significasse para os brasileiros o que a de Heródoto representava para os europeus, tenha sido duramente criticado por Varnhagen.[38] History of Brazil, publicada em três volumes, nos anos 1810, seria, segundo o comentário que se encontra na primeira edição da HGB, de 1854, sem unidade, desordenada, repetitiva e fatigante, características responsáveis por sua frágil recepção (a ausência, naquele momento, de uma tradução para o português foi simplesmente desconsiderada pelo brasileiro). Tal fato é compreensível, pois Southey, antes de ser um bom historiador, era, conforme uma precisão nada desinteressada de Varnhagen, um

---

[34] Ver, neste livro, o III Movimento.

[35] "Aqueles que não são Michelet fazem como podem. Eles repartem entre si o trabalho" (PÉGUY, 1988, p. 498). À exceção da obra que Varnhagen publicou com José Conrado Carlos de Chelmicki, cujas seções são bem distintas (Varnhagen ocupa-se da parte histórica, enquanto Chelmicki da parte geográfica), não encontrei, por enquanto, nenhuma outra obra de Varnhagen em coautoria. Ver Varnhagen (1841).

[36] *CA*, p. 103.

[37] Barbosa (1839, p. 9-18). Procurei analisar este discurso em "Lições sobre a escrita da história: as primeiras escolhas do IHGB" *in* Neves *et al.* (2011, p. 93-124).

[38] Simmons (1945, p. 173-174).

"ilustre poeta laureado".[39] A obra do inglês poderia, no máximo, aspirar à condição de Memória para escrever a história do Brasil e dos países do Prata.[40] Quase, portanto, uma fonte. Talvez por essa razão ele tivesse tanta dificuldade de se distanciar dela. Ao que tudo indica, a primeira história do Brasil deveria ser a dele e o primeiro historiador brasileiro deveria ser ele. Não que Varnhagen pensasse isso desde o começo de sua carreira. A História geral inclusive foi projetada inicialmente como uma *Geografia Física do Brasil*.[41] A tentação herodoteana foi tomando forma aos poucos, à medida que suas pesquisas desenvolviam-se de modo cada vez mais profissional, conforme o ritmo de seus movimentos, cujos passos, a partir de agora, tento perseguir.

---

[39] *HGB*, II, 1857, p. 343-344. Flávia Florentino Varella demonstra que os comentários críticos de Varnhagen reproduziam, possivelmente sem seu conhecimento, as mesmas críticas que haviam sido impressas quase seis décadas antes nos periódicos britânicos (VARELLA, 2015, p. 155).

[40] Varnhagen (1858, p. 7). Por sua vez, Southey reconhecia que apesar das qualidades de sua obra, ela era ainda incompleta. Ver Southey (1819, III, p. 879).

[41] Carta a Januário da Cunha Barbosa, 1839, *CA*, p. 40.

Varnhagen em movimento

Senhor! Dirigi-me a Paris a fim de tratar da publicação da História Geral. Parei o tempo necessário para entender-me com os artistas e, de novo, serviu muito a intervenção do benemérito do Brasil, Ferdinand Denis. Estando na França, não pude resistir, por diferença de horas, à tentação de visitar a Holanda e cada vez bendigo mais o momento em que tal tentação tive. Não posso explicar a V. M. quanto, guiado pelo Dr. Silva, aí adquiri, tanto nos arquivos como nos livreiros, em folhetos antigos sobre o Brasil, cartas geográficas, conhecimento mais individual dos chefes holandeses de Pernambuco, etc. Várias seções da História Geral darão disso prova manifesta. Na Holanda, não deixei de parar em Roterdã, Amsterdam, Leiden, Delft, Utrecht, campo de Zeist (onde estive com o Sr. Netscher), Harlem e Nimègue. Devendo voltar da Holanda a Barcelona, para não retroceder quase pelo mesmo caminho, tinha sempre que fazer uma volta. Resolvi dá-la, ainda em favor da obra que está quase a passar ao domínio público, – quis ir a Dresde consultar o célebre folheto Zeitung ausz Presillg Landt, que cita Humboldt, e que eu, depois de o estudar, não duvido divergir da opinião deste sábio, e atribuí-lo ao ano de 1508, como explicarei em uma nota. Passei antes por Hanover e Berlim, estive em Potsdam, fui a Praga e Viena, subi o Danúbio, Ischel, Salzburgo, Munique, Constança, Schasshann, Guvich, Berne, Genebra, Lyon, Avignon, Montpellier, Perpignan e Barcelona. Tudo isto rapidamente, já se vê, e só à força de atividade e de considerar o viajar e o tempo uma espécie de obrigação.

(Varnhagen, carta ao imperador Pedro II, Madri, 02 de dezembro de 1853)[42]

---

[42] *CA*, p. 208-210.

Varnhagen era assim, estava sempre em movimento. Ele caminhava constantemente, de um país a outro, de um arquivo a outro. Quase não parava, era infatigável. Como o Michelet de Roland Barthes, era um *andarilho*.[43] Ao viajar, ao transpor fronteiras, este *workaholic*, como se diria hoje, *via* a história, porém sempre com esse *olhar distanciado* de quem viveu praticamente toda a vida fora de seu país. Estar longe da nação e ter como meta contar sua história; estar longe da nação e ter que consolidar sua nacionalidade como brasileiro, eis o dilema da vida e da obra varnhageniana. Do início ao fim de sua vida, esse impasse existencial não cessou de acompanhá-lo. Se ele não chegou a se tornar uma obsessão, nem por isso o deixou em paz. Em seu espírito habitava, ainda que de modo intermitente, o espectro de desterrado. Nada melhor para uma alma assombrada pelo desterro que um porto seguro.

Porto Seguro: início e fim

> Meus trabalhos sobre a história de meu país, eu confesso aqui sem muita presunção, não são totalmente desconhecidos na Europa; e ouso mesmo a acreditar que esses estudos sérios serviram de alguma maneira para o título que hoje detenho graças à benevolência de meu soberano. Todo mundo sabe que Porto Seguro, no sul da Bahia, indica o local, para sempre memorável, onde o Brasil foi descoberto por Cabral, e que essa descoberta marca o ponto de partida da civilização do vasto império brasileiro.
>
> (Varnhagen, *Les Hollandais au Brésil. Un mot de réponse à M. Netscher*, 1874)[44]

Começo pelo fim, ou melhor, por determinado início. Porto Seguro. Local onde a esquadra de Cabral desembarcou, em abril de 1500. O mesmo Cabral cujo túmulo veio a ser descoberto, no final dos anos 1830, pelo jovem Varnhagen no Convento da Graça em Santarém, Portugal. Descobrir aquele que certa historiografia chama de "o descobridor", embora dela o historiador não participe, não deve ter feito mal para quem logo se tornou um perseguidor infatigável da origem nacional. Para ele, é a Vasco da Gama que se deve "verdadeiramente o

---

[43] Barthes (1995, p. 22-23).
[44] Varnhagen (1874b, p. 8).

feliz achamento do Brasil", achado este inexorável, posto que não fosse essa "primeira expedição que o seguiu, não poderia deixar de ter lugar num dos anos imediatos". A associação do nome de Cabral ao descobrimento do Brasil não encontra, para Varnhagen, amparo na "boa crítica" que "não lhe reconhece maior serviço do que o do feliz alvissareiro que anuncia na praça o aparecimento de um navio à barra".[45] Na segunda edição da *HGB*, em 1877, Vasco da Gama continuou sendo o responsável pelo descobrimento, entretanto essa última passagem foi suprimida.[46] Os títulos de nobreza outorgados a Varnhagen, nesse período, teriam alguma relação com o abandono da "boa crítica"?

Barão de Porto Seguro, em 1872, depois, em 1874, Visconde de Porto Seguro, Varnhagen, aos 56 anos, não mais esperava, caso se confie em suas palavras, uma tal distinção de parte do imperador. Viajante compulsivo, ao receber o título de barão, ele não se encontrava no Brasil, nem mesmo em Viena, onde ocupava o posto de Ministro Plenipotenciário do governo brasileiro no império austro-húngaro. Na ocasião, ele participava, em São Petersburgo, de um congresso de estatística. Das águas geladas do Neiva, escreveu a Pedro II, agradecendo-lhe não apenas o gesto que o nobilitou, mas também o "belo nome", que o imperador lhe havia atribuído:

> Ainda que muitas vezes tenha me incomodado vendo-me considerado aos olhos da Europa e especialmente da Alemanha, em virtude do meu apelido, como menos brasileiro, não pensava já agora me separar, sem saudade nem estranheza, desse nome, que, durante perto de quarenta anos, procurei ilustrar e honrar, ilustrando-me e honrando-me; e confesso a V. M. I. que já não tinha esperança, nem aspiração, de o ver trocado por outro. Porém, o mágico nome de Porto Seguro, tão querido para quem tinha levado esses quarenta anos sempre ocupado da região de Cabral, operou o prodígio, e até me obrigou a mais, na minha 2ª edição da *História Geral*.[47]

---

[45] *HGB*, 1854, p. 17-18.

[46] *HGB*, 1877, p. 75.

[47] *CA*, p. 370-371. Em 26 de junho de 1874, Varnhagen agradece ao imperador o título de visconde (*CA*, p. 425). No entanto, em uma nota de sua *História da Independência*, publicada, postumamente, em 1916, Varnhagen comenta que, durante o processo que culminou na independência política do Brasil, houve um personagem secundário, cuja alcunha era *Porto Seguro*: "A lembrança de haver estado este nome já associado a

Durante esses quarenta anos, até sua morte, em Viena, em 1878, o Visconde de Porto Seguro teve que suportar certas dúvidas e ironias acerca de sua lealdade à nação. Francisco Adolfo de Varnhagen nasceu, segundo seu certificado de batismo, em 17 de fevereiro de 1816, em Sorocaba, na província de São Paulo.[48] No entanto, a nacionalidade daquele que se tornou o historiador por excelência do Império teve que lhe ser outorgada.

Nacionalidade, esquecimento, abnegação

> Na primeira audiência que tive destes Augustos Senhores, conheci que se surpreendiam de não me achar estrangeiro ou ao menos estrangeirado, e de eu não corresponder pessoalmente à ideia que, por meu nome, haviam anteriormente formado, imaginando-me holandês, segundo creio. – Confesso que, por esta ocasião, se me justificou uma apreensão que sepultava no fundo d'alma e que não contava revelar a ninguém por escrito; mas que agora me decido a transmitir a V. M. I., de cuja circunspecção e reserva sou tão grande admirador. – Sabe agora V. M. I. uma das razões por que eu queria omitir meu nome na História geral do Brasil, deixando até de assinar a dedicatória. Sem meu nome a obra seria apenas de um brasileiro ou do Instituto H. do Brasil; e, por conseguinte, de todo o Brasil.
>
> (Varnhagen, carta ao imperador Pedro II, Madri, 5 de fevereiro de 1854)[49]

Friedrich Ludwig Wilhelm de Varnhagen, militar e engenheiro de origem germânica, foi, em 1802, contratado pelo governo metropolitano para comandar, sob a direção do intendente José Bonifácio, fundições portuguesas pelo período de dez anos. Em 1806, casou-se com d. Maria Flávia de Sá Magalhães, de nacionalidade ainda não confirmada,

---

um tal esbirro não deixou de concorrer a esfriar um pouco a satisfação que tivemos ao receber um título associado aos nossos trabalhos históricos de toda a vida" ("História da Independência do Brasil", *Revista do IHGB*, 31, 1916/1917, p. 196).

[48] Varnhagen (1851, BN-RJ, mss. I-46,13,37).

[49] *CA*, p. 213.

provavelmente brasileira ou portuguesa.[50] Francisco Adolfo de Varnhagen era o sétimo filho do casal. Transferido para o Brasil, em 1809, Friedrich de Varnhagen veio com a missão, segundo contou mais tarde o historiador da família, de começar nada menos que a siderurgia nacional na Real Fábrica de Ferro de São João de Ipanema, em Sorocaba. Nessa vila, Varnhagen passou os primeiros sete anos de sua vida. A fábrica ficava em um lugar conhecido. Remontava ao século XVI e, até o fim do século XVIII, tinha passado por diversos problemas que muito prejudicaram seu bom funcionamento.[51] Sua antiguidade e suas características particulares atraíram visitantes ilustres, políticos, como José Bonifácio, homens de ciência, como os mineralogistas Seiblitz, Eschwege e Feldner (esses dois últimos vieram com o pai de Varnhagen), os viajantes-naturalistas Barão de Olfers, Sellow, von Natterer, Saint-Hilaire, entre outros. Alguns desses visitantes foram convertidos em personagens de uma trama novelesca, cujo ator principal é o pai de Francisco Adolfo, a qual ocupa perto de um capítulo da *HGB*.[52]

No ano da independência do Brasil, Friedrich de Varnhagen partiu, com licença ilimitada, "à Europa, onde o chamavam outros interesses, e os justos desejos de ver seus pais, – de quem se havia separado vinte anos antes".[53] O restante da família ficou no Rio de Janeiro, onde o jovem Varnhagen começou seus estudos de letras. Em outubro de 1823, Friedrich de Varnhagen os chamou a Portugal. Francisco Adolfo de Varnhagen nunca mais permaneceria tanto tempo no Brasil.

---

[50] A nacionalidade de d. Maria Flávia de Sá Magalhães, mãe de Varnhagen, ainda não foi estabelecida com exatidão. Geralmente, se acredita que ela nasceu em Portugal (ver *CA*, p. 91). A origem da suspeição vem, ao que parece, de uma resposta de José Ignacio de Abreu e Lima a uma dura crítica que Varnhagen endereçara-lhe. Abreu e Lima chamou Varnhagen de "filho de alemão e de uma senhora que não era brasileira". Varnhagen, no opúsculo onde refuta Abreu e Lima, dá a entender que sua mãe teria nascido em São Paulo (ver VARNHAGEN, 1846, p. 5). Gilberto Freyre, no início dos anos 1940 do século XX, fez um comentário, de passagem, que demonstra que, ainda naquele período, a identidade de d. Maria Flávia poderia ser não portuguesa: "É o caso de Varnhagen – filho de alemães –, que recebeu o título profundamente nacional de Barão de Porto Seguro" (1977, p. 961). Para José Honório Rodrigues, Varnhagen era "filho de um alemão e de portuguesa" (1979, p. 100).

[51] Iglésias (2000, p. 77-78).

[52] Ver, neste livro, o III Movimento.

[53] *HGB*, 1857, p. 372.

No final de 1825, em Lisboa, Varnhagen ingressou no Real Colégio da Luz, onde, de acordo com o próprio depoimento, durante sete anos, obteve excelentes resultados em vários cursos. Em 1832, ele estava, "se quisesse", apto a engajar-se no exército português, o qual lhe oferecia certas vantagens: "honras de cadete com vencimento quase igual ao de alferes". No entanto, ele "tinha só vistas de servir" em seu país e se recusou a iniciar uma carreira em Portugal. Em julho de 1833, estando em férias, foi surpreendido pela "restauração de Lisboa pelas armas do Imortal e Augusto Fundador do nosso Império" e "levado com muitos outros brasileiros pelo entusiasmo de uma luta tão justa contra um tirano usurpador em pró de uma princesa e umas instituições emanadas do nosso solo, julguei dever empunhar as armas". A atitude quase irrefletida de Varnhagen foi recompensada pelo governo português sem, como ele fez questão de precisar, "preceder requerimento" de sua parte. Assim, em menos de três meses, passou de "cadete aluno" a "oficial de artilharia". Nesse posto, participou do "resto da campanha a favor da causa Constitucional". A pressa com que Varnhagen tomou essa decisão revelou-se um grave erro: "achando-me assim, quase sem o pensar, engajado no serviço de um reino estranho, sem me haver lembrado de munir-me para isso da necessária licença do nosso Governo, como manda a lei". Tal esquecimento tornou-se o problema mais difícil a ser superado no processo para reconhecê-lo como brasileiro.

Durante o tempo em que esperava para poder reparar seu equívoco, resultado, segundo ele, de "um simples fanatismo da idade", Varnhagen seguiu seus estudos com aplicação: "fui ao Colégio dos Nobres habilitar-me na língua Alemã, e na Academia de Fortificação (depois convertida em Escola do Exército), fui concluir o curso de Engenharia, o que fiz granjeando não só aprovações plenas, mas mais uma vez o primeiro prêmio". Em razão disso e de sua antiguidade, foi promovido ao posto de primeiro-tenente. Seu empenho intelectual também foi compensado com o convite para se associar à Academia Real das Ciências de Lisboa, que publicou a primeira "composição científico-literária" de Varnhagen – "Reflexões críticas" – a qual, em 1840, abriu-lhe as portas do IHGB[54]: uma recompensa decorrente de seus "desejos e patriotismo nunca arrefecido na ausência da pátria".

No início de 1840, ao tomar conhecimento de que o poder legislativo estava discutindo uma lei que permitiria a repatriação de brasileiros

---

[54] Varnhagen (1839). Ver, neste livro, o I Movimento.

que viviam no exterior, Varnhagen arrumou as malas e partiu para o Brasil. Enquanto aguardava a votação da lei, aproveitou "o tempo para uma viagem ao interior do Império, a qual não só me prestou muitos conhecimentos naturais, como de novo me arraigou sentimentos de patriotismo ao ver os meus lares e amigos de infância".[55] Nessa viagem, teve uma experiência que modificou completamente sua perspectiva em relação aos "selvagens", pelos quais, até aquele momento, nutria certa simpatia provocada, sobretudo, pela carta de Caminha.[56] "A minha conversão, o meu horror pela selvageria nasceu em mim em meio dos nossos sertões e em presença, digamos assim, dessa mesma selvageria". Na companhia de tropeiros, fui ameaçado por índios "nada menos que na estrada real", explicou na polêmica com João Francisco Lisboa. O episódio foi tão impressionante que

> as ilusões com que havia embalado o espírito no seio das grandes cidades se dissiparam num só dia; à maneira do que se passou com alguns políticos franceses ultrafilantrópicos por teoria, durante toda a sua vida, e que tiveram que converter-se a ideias mais positivas e reais, em presença dos horrores de Robespierre e de Marat, e em nossos dias das próprias cenas de 1848.[57]

Após esse incidente, Varnhagen tornou-se um crítico veemente do romantismo indigenista ou do "perigoso brasileirismo caboclo", que dizia ao imperador não adular "servilmente, como outros".[58] Entre estes outros, estão Gonçalves Dias e, principalmente, Gonçalves de Magalhães.

De retorno a Portugal, em 22 de junho de 1841, solicitou ao governo luso uma promoção, que lhe foi recusada. Pelo menos para um de seus biógrafos essa foi a principal causa de seu pedido de demissão do exército português, ocorrido no dia 1º de outubro de 1841. De acordo com a

---

[55] A maior parte das informações dos últimos três parágrafos encontra-se na carta de Varnhagen a José de Sousa Soares de Andréa, de 16 de fevereiro de 1843 (*CA*, p. 97-102).

[56] Essa "narração ingenua e circunstanciada, feita a elrei" por uma "testemunha ocular" (VARNHAGEN, 1840, p. 21). Ver, neste livro, o II Movimento.

[57] Varnhagen (1867a, p. 36-38). A crítica de J. F. Lisboa encontra-se em "Sobre a escravidão e a Historia geral do Brazil", *in: Obras de João Francisco Lisboa*, v. 3, 1866, nota C, p. 468-515. Para dados sobre a polêmica, ver: Magalhães (1928, p. 123-129). Ver também as apreciações de Schwartz (1967, p. 198-199) e de Wehling (1999, p. 164-165).

[58] *CA*, p. 235.

hipótese de Clado Ribeiro de Lessa, Varnhagen fizera uma solicitação que sabia não ter a menor chance de ser bem-sucedida. Ele estava com 25 anos, a maioridade civil à época, e era preciso resolver a questão de sua nacionalidade. Ainda segundo Lessa, ele não sabia que, em 24 de setembro de 1841, o imperador havia assinado o decreto que confirmava sua nacionalidade brasileira, anistiando-o, portanto, da irregularidade que cometera. Varnhagen somente teria tomado conhecimento da decisão em 19 de fevereiro de 1842. No entanto, na carta autobiográfica que enviou ao general Francisco Andréa, em 1843, ele omitiu o detalhe da solicitação de ascensão profissional ao governo português e a consequente resposta negativa. Ele afirmou simplesmente que recebera a notícia do Brasil e que

> desprezando todas as considerações ditadas pela prudência para não me sacrificar numa posição social vantajosa sem a certeza de outra, e entregue só à muita confiança, que sempre tive na munificência do nosso imperador, dei a minha demissão do posto de 1º Tenente, no qual estava já pela escala o primeiro com direito a ser Capitão.[59]

Varnhagen, penso eu, tentava resolver sua vida, de um lado do Atlântico ou do outro. Em 1846, na polêmica que manteve com José Inácio de Abreu Lima, ele, ainda uma vez, mencionou essa passagem de uma maneira mais dramática, sem se preocupar muito em demonstrar qualquer traço de modéstia. Curiosamente, escreveu sobre si na terceira pessoa: "rompendo por tudo; resignara os cargos que lhe ofereciam uma brilhante carreira, segundo a opinião dos amigos, e até da corte, e se foi apresentar à nossa Legação em Lisboa como súdito brasileiro".[60] Não é preciso insistir no evidente trabalho de valorização das disposições afetivas em relação ao Brasil e do perfil de abnegado que Varnhagen procurou delinear. Brasileiro por decreto, tornou-se também historiador por um ato oficial. Em 19 de maio de 1842, foi nomeado adido de primeira classe na legação brasileira em Portugal, com a missão principal de pesquisar os documentos relativos à história, à geografia e à legislação do Brasil.[61]

---

[59] *CA*, p. 101.

[60] Varnhagen (1846, p. 7).

[61] No mesmo ano, o governo concedeu a Varnhagen o posto de 2º tenente do Imperial Corpo de Engenheiros, abaixo, portanto, do posto que ocupava em Portugal. Ele sempre se ressentiu dessa nomeação (LESSA, 223, 1954, p. 134).

Um historiador-viajante

O tempo de manhã até às quatro horas está todo dividido entre a Legação (onde agora sirvo de secretário) e a Torre do Tombo, onde me vai aparecendo tanta coisa, que não devo fazer mais do que copiar e andar para diante.

(Varnhagen, carta a Januário da Cunha Barbosa, 1843)[62]

A diplomacia conferiu a Varnhagen as condições ideais para realizar seu trabalho de historiador: o tempo e as viagens. Pelo que pude verificar, domiciliado em Lisboa entre 1842 e 1847, ele não saía da capital portuguesa senão para ir a outros arquivos, como os de Coimbra e Évora. No final de 1846, foi encarregado de coletar documentos em Simancas, Madri e Sevilha, a fim de esclarecer questões sobre as fronteiras brasileiras. Em 1847, promovido ao posto de primeiro-secretário da legação brasileira, foi transferido para Madri. Nos quatro anos seguintes, nada se passou nas relações diplomáticas que pudesse desviar a atenção do historiador dos arquivos.[63] Ainda em 1847, ele se encontrava em missão de estudos, em Paris e Londres, com o objetivo de analisar os manuscritos da obra de Gabriel Soares de Sousa, mencionados por Ferdinand Denis e Robert Southey em seus trabalhos. No curso desse mesmo ano, visitou outros países da Europa, sempre em busca de arquivos e fontes: foi à Bélgica, mais precisamente a Liège, Louvain, Bruxelas, Gand, Bruges e Ostende; à Alemanha, passando por Colônia, Bonn, Coblentze, Neuwied, Ehrenbreitstein, Mayence, Wiesbaden, Frankfurt, Heidelberg, Carlsruhe, Estrasburgo. Antes de voltar a Madri, passou por Cadis, Sevilha, Córdoba, Granada, Gibraltar, Málaga e Castela. Demorou-se um pouco mais em Toledo, Ávila, Valladolid, Valença, Burgos, Leão, Astorga, Toro, Tordesilhas e Salamanca. Ele resistia à inércia. Por que parar se logo ali outro arquivo o esperava? Se há, de fato, um ponto de contato entre Varnhagen e Ranke, como vários comentadores salientaram, mas poucos demonstraram efetivamente, esse me parece um dos mais evidentes: como Ranke, ele tinha "o gosto pelo arquivo".[64]

---

[62] *CA*, p. 103-104.
[63] Correa Filho (1952, p. 15, nota 5).
[64] Esta "paixão pelo arquivo", segundo Anthony Grafton, ou o impacto causado pela documentação encontrada nos arquivos fez com que Ranke aparecesse como o

Naquele agitado ano de 1847, o IHGB, na sessão realizada em 5 de agosto, concedeu a Varnhagen a medalha de ouro por seu trabalho sobre o *Caramuru*. Detalhe: na ata da sessão de 3 de julho, consta a demanda do prêmio pelo próprio Varnhagen.[65]

No entanto, nem só de história vive o historiador. Em 1850, ele publicou o *Florilégio da poesia brasileira*, cuja introdução, intitulada "Ensaio histórico sobre as letras no Brasil", é considerada, por alguns estudiosos da literatura, como o texto fundador da "historiografia literária brasileira".[66] O primeiro, mais uma vez o iniciador, apesar de existirem antologias anteriores à dele. Seja como for, o *Ensaio* e o *Florilégio*, a despeito de suas falhas, tornaram-se fontes de consulta constantes para os interessados na história literária brasileira já no século XIX, mesmo que muitos, segundo Capistrano de Abreu, não o declarassem.[67] Contudo, o mais espantoso nesse trabalho e em sua recepção é a capacidade de Varnhagen de decidir aquilo que é nacional e o que não é, assim como a possibilidade de ver seus ditados aceitos quase sem contestação. Nesse caso, a maior parte das críticas à obra são endereçadas aos julgamentos estéticos de Varnhagen e não à seleção que operou. Os critérios de representação dessas escolhas desapareceram sob o manto nacional com o qual Varnhagen as encobriu.[68]

Em abril de 1851, embarcou para o Brasil em resposta a uma convocação do ministro Paulino José Soares de Sousa. O diplomata fora chamado na condição de *expert* em história e geografia: seu conhecimento era necessário para as negociações sobre os limites das repúblicas hispano-americanas com as Guianas europeias. Deixou Madri carregado:

---

fundador de uma nova escola (GRAFTON, 1998, p. 38-77, sobretudo p. 40 e p. 48-57). Isso não implica, contudo, segundo Georg Iggers, que Ranke tenha sido o primeiro a aplicar um "novo" método crítico a essas fontes (ver IGGERS, 1969, p. 65-66). Peter Gay também ressalta a "obsessão" de Ranke pelos arquivos e a relação com suas viagens (GAY, 1990, p. 72). Sobre a noção de "gosto pelo arquivo", ver Farge (1989).

[65] Varnhagen (1848, p. 129-152). Ver atas das sessões de 3 de julho e 5 de agosto de 1847 na *Revista do IHGB*, 9, 1847, respectivamente p. 410 e p. 431.

[66] Varnhagen (1850b). Entre os estudiosos da literatura, ver Veríssimo (1954, p. 192-193); Coutinho (1968, p. 13); Martins (1952, p. 68-69). Antônio Cândido o insere na formação do cânon literário brasileiro, ver Cândido (1981, 1, p. 350).

[67] Abreu (1878) *apud* Varnhagen (1928, p. 503).

[68] Ver, neste livro, o II Movimento.

916 páginas de documentos copiados em arquivos de Simancas, mapas, livros e manuscritos coligidos no decurso de suas investigações.[69] Durante sua estada na capital do império, participou ativamente das sessões do IHGB, do qual foi eleito primeiro-secretário, em 23 de maio de 1851. Nessa função, reorganizou a biblioteca, os arquivos e o museu do Instituto, e ainda estabeleceu o primeiro catálogo, por ordem alfabética, da *Revista do IHGB* até o número XV, consagrado ao ano de 1851. A gestão de Varnhagen coincidiu com a reforma dos estatutos e a tentativa de profissionalização da instituição.[70]

Antes de retornar a Madri, ainda em 1851, solicitou sua demissão do posto de 2º tenente do Imperial Corpo de Engenheiros do Exército Brasileiro, cargo que lhe havia sido atribuído quando da nomeação à legação em Lisboa, não sem antes tentar uma promoção, que lhe foi, novamente, recusada.[71] Em compensação, sua carreira diplomática e de historiador progrediam. Nesse mesmo ano, foi elevado, em Madri, ao posto de encarregado de negócios, tendo ali ficado até 1858, momento em que uma nova promoção lhe foi conferida: ministro residente no Paraguai. Aqui começou a etapa latino-americana de sua vida, que se estendeu por uma década.

Os "tristes trópicos" de Varnhagen

Ao partir para a América Latina, Varnhagen já havia publicado, entre 1854 e 1857, aquela que se tornou sua principal obra: a *História geral do Brasil*, a "massa ciclópica de materiais que acumulara", de acordo com Capistrano de Abreu.[72] Em consequência, em 1859, o IHGB elevou o historiador à categoria de sócio honorário, "em reconhecimento de sua ilustração e dos valiosos serviços prestados ao Instituto".[73] Chegou ao Paraguai bem servido, portanto, de títulos

---

[69] Varnhagen (BN-RJ, mss. 21 folhas 7,4,87, 1851).

[70] Guimarães (1988, p. 5-27).

[71] Igualmente em 1851, Varnhagen apresentou um memorial ao governo em que pedia para ser agraciado com a condecoração do oficialato da Ordem Imperial do Cruzeiro. Eu ainda não consegui verificar se ele foi atendido. Parece-me que não. Lessa publicou a solicitação (*CA*, p. 166-169).

[72] Abreu (1878) *apud* Varnhagen (1928, p. 505).

[73] A despeito da enigmática carta que escreveu a Joaquim Caetano Fernandes Pinheiro, então primeiro secretário do IHGB, em 22 de junho de 1859, na qual solicitava que

diplomáticos e acadêmicos. Todavia, sua tolerância com a república comandada por Carlos Antônio Lopez era escassa. Alegando problemas de saúde, Varnhagen, sem autorização oficial do governo imperial, deixou Assunção no final de 1860.

Enquanto o diplomata sentia-se doente, o historiador parecia saudável. Assim, durante sua viagem do Rio de Janeiro a Montevidéu, e desta à capital paraguaia, procurou confirmar alguns detalhes do relato de Pero Lopes de Sousa de 1530, cuja publicação, em 1839, foi de sua própria lavra.[74] Ele lamentou não poder seguir todo o itinerário do navegador português do século XVI, a fim de não somente confirmar e corrigir, mas também de redescobrir, de rever aquilo que Pero Lopes de Sousa havia visto. Na mesma perspectiva de Heródoto ou dos românticos da primeira metade do século XIX, mostrava-se um sujeito persuadido de que as viagens são instrumentos de saber.[75]

Em janeiro de 1861, partiu para a Venezuela para ocupar o posto de ministro residente do Brasil, responsável pelas relações não apenas com aquele país, mas também com a Colômbia e o Equador. No transcurso da viagem que o conduziu à nova missão, Varnhagen demorou-se em diversos países antes de chegar a seu destino. É interessante seguir brevemente seu itinerário *pari passu*. Como de hábito, a pesquisa constituía seu obstinado passatempo. De Recife, em 18 de abril, ele enviou uma carta ao imperador contando, entre outras coisas, que "na Bahia fui a Cachoeira, e daí por terra a Santo Amaro, e de S. Francisco por terra à Bahia, sempre com o Gabriel Soares na mão".[76] A movimentação do Varnhagen etnólogo foi continuamente acompanhada e dirigida por fontes históricas, sobretudo aquelas que eram produto das próprias investigações. Ele tinha também esse perpétuo olhar sobre a história. Pero Lopes de Sousa e Gabriel Soares de Sousa

---

seu nome não fosse proposto para sócio honorário: "Tenho motivos particulares para lhe pedir que não me proponha para honorário. As razões não são para agora. Um dia lh'as direi" (*CA*, p. 268). No entanto, na ata da sessão do dia 25 de maio de 1860 do IHGB, encontra-se um agradecimento de Varnhagen pelo título de "membro honorário" (*Revista do IHGB*, 23, 1860, p. 617).

[74] Souza (1839). Ver também a "Carta do Sr. Francisco Adolfo de Varnhagen à redação, acerca da reimpressão do Diário de Pero Lopes, e que lhe servirá de prólogo" (*Revista do IHGB*, 24, 1861, p. 3-8).

[75] Ver, neste livro, o I Movimento.

[76] *CA*, p. 280.

funcionavam, cem anos antes, como Jean de Léry para Lévi-Strauss: breviários que orientam a visão.[77]

De Recife, Varnhagen dirigiu-se ao Pará, na esperança de encontrar um barco que estivesse rumando para os EUA. Narra a Pedro II:

> Malogrado, porém, na minha expectativa, voltei nele mesmo com a vantagem de ter ficado conhecendo o próprio Pará, e por duas visitas (de ida e de volta) a Paraíba, Rio Grande, Ceará, Maranhão, além de grande parte da costa, junto à qual por aqui se navega. A 2ª edição da minha História ganhará muito não só desta digressão de 15 dias, como das estadas aqui e na Bahia.[78]

De fato, na segunda edição da *HGB*, encontram-se diversos exemplos das anotações tomadas durante essa viagem. Estas e outras notas foram efeito de uma prática silenciosa, pelo menos até o século XIX, por meio da qual os historiadores emprestam a seus trabalhos garantias extratextuais: a autópsia, metodologia antiga, em que o olho funciona como "marca de enunciação, de um *eu vi* como intervenção do narrador em sua narrativa para provar" o que afirma.[79] A passagem pela região pernambucana ofereceu a Varnhagen a chance de investigar certos lugares ocupados pelos holandeses no século XVII, experiência assinalada no prefácio da sua *História das lutas com os Holandeses no Brasil*, publicada em 1871: "Não pensávamos começar a redigir o livro projetado, sem examinar antes todos os pontos e percorrer todos os caminhos, onde, por seus patrióticos feitos, se imortalizaram os quatro heróis brasileiros, anti-holandeses, Vidal, Barbalho, Camarão e Dias".[80]

As pesquisas no nordeste brasileiro não foram as únicas feitas por Varnhagen antes de assumir seu novo posto. O caminho para a Venezuela mostrava-se sinuoso. O percurso seguido pelo diplomata e historiador o conduziu primeiro a Londres e, evidentemente, ao Museu Britânico, onde explorou as coleções de manuscritos que não haviam sido catalogadas

---

[77] Eu faço referência a uma passagem conhecida de Lévi-Strauss: "Percorro a avenida Rio Branco onde outrora se elevavam as aldeias tupinambá, mas tenho no bolso Jean de Léry, breviário do etnólogo" (LÉVI-STRAUSS, 1990, p. 103). Ver I Movimento.
[78] *CA*, p. 280.
[79] Hartog (1991, p. 272).
[80] Varnhagen (1871, p. V-VI).

no inventário que Jorge Cezar de Figanière editara em 1853.[81] O resultado – um catálogo intitulado *Sucinta indicação de alguns manuscritos importantes relativos ao Brasil e Portugal* – publicado em 1863.[82] Varnhagen não foi apenas um descobridor de fontes, foi também alguém que seguiu o movimento dos outros, que complementou seus trabalhos. Tratava-se de uma vontade quase obsessiva de controlar os elementos que criavam as condições da escrita da história do Brasil. Mesmo não sendo o primeiro a detectar determinado arquivo ou fonte, ele sempre acrescentou alguma coisa, corrigiu algo; a última palavra deveria ser sua.

Sofrimento, justiça e verdade

Finalmente, Varnhagen assumiu suas funções em Caracas em 16 de outubro de 1861. No entanto, não ficou muito tempo. Não obstante suas capacidades intelectuais, reais ou apenas supostas por ele, o fato é que não conseguiu resolver os litígios de fronteiras do Brasil com os países limítrofes que tinha sob sua responsabilidade diplomática. Contudo, obteve êxito na conclusão de alguns acordos com a Venezuela sobre navegação fluvial, comércio e extradição. Em maio de 1863, foi transferido para Lima, sendo acreditado também junto aos governos do Chile e do Equador. Antes disso, em fevereiro do mesmo ano, esteve em Cuba, vindo dos EUA.[83] O objetivo principal dessa viagem era conhecer as plantações de tabaco e cana e os processos cubanos de fabricação do cigarro e do açúcar. Pensava propor ao governo brasileiro novas fórmulas para aprimorar a produção desses produtos no Brasil, o que fez por intermédio de uma carta ao ministro da agricultura, Cansanção de Sinimbú.[84]

A viagem a Cuba não o afastou de sua militância pela história. Mesmo de passagem, ele acreditou ter localizado o porto no qual Colombo teria aportado:

> Não vacilamos em crer que o porto desta primeira terra firme era para ser um dos vários que se encontram na costa, a partir

---

[81] *CA*, p. 286.

[82] Varnhagen (1863b). Ver também *CA*, p. 289-290.

[83] Sobre esta misteriosa viagem ver: Varnhagen ("Grande jornada a vapor: quinze estados percorridos em 14 dias" *in* GLEZER; GUIMARÃES, 2013, p. 133-157). Ver, no mesmo livro, a apresentação e análise Lúcia Maria Paschoal Guimarães, "'Grande Jornada a vapor': um segredo do visconde de Porto Seguro?" (p. 109-132).

[84] Varnhagen (1863a, p. 1-15).

da ponta Lucrécia para o porto de Gibara. – Mas tendo, no princípio do ano passado, feito uma viagem a Cuba, pudemos, por inspeção própria da maior parte da sua costa setentrional, constituirmo-nos em juízes mais competentes na questão, e hoje não titubeamos em supor que a terra firme de Colombo teve lugar no porto de Gibara. De nossa opinião são vários pilotos práticos da costa que temos lido em trechos de seus respectivos Derrotero.[85]

Ele sabia porque havia visto. A autópsia, adotada por ele e por outros, tornou-se garantia da opinião e da crença. Ainda em Cuba, Varnhagen comprou, com o prazer de um bibliógrafo e uma ponta de antiquário, um exemplar do *editio-princeps* da *Lettera* à Soderini escrita por Américo Vespúcio, supostamente, em 1506.[86] A ida aos EUA e a Cuba, no entanto, havia sido precedida por um *passeio* por boa parte da cadeia andina. Em missiva a Pedro II, enviada da ilha de São Tomás em 26 de janeiro de 1863, ele retraçou seu périplo:

> cada vez mais dou graças aos Céus e a V. M. I. de me haverem concedido ocasião para (sempre levando comigo barômetro, termômetro, bússola de geólogo e os quatro volumes do *Cosmos*, em que terei ocasião de notar algumas equivocações) ver o Pacífico e grande parte dos Andes, junto de Quito, os nevados Cayambe, Antisana, Pichincha e Cotopaxi (vulcão ativíssimo), e donde, perto do Riobamba, os também nevados perpétuos Chimborazo, Caranairazo, Tunguragua, Altar ou Capac-Urecu e Cutilino, até os chilenos Tupungaro e Aconcágua, cujos pincaros culminantes, no estado atual da ciência, disputam ao do Chimborazo a primazia de altura na América. Ainda que, Senhor, todo o resto dos meus dias me lembrarei do modo como passei no Equador (cordilheira do Puyal) um dia *2 de dezembro* e sua competente noite... dormindo – todo molhado – ao relento e com o pobre animal ao meu lado sem ter que comer... [87]

Esta carta é extremamente representativa da vida e da obra varnhageniana. Em primeiro, por seu destinatário: nada menos que o imperador,

---

[85] Varnhagen (1864, p. X).
[86] Varnhagen (1865, p. 29).
[87] *CA*, p. 287.

o que não chega a ser uma novidade neste período. Em segundo, é necessário que se enfatize mais uma vez, por ser a viagem apreendida como fundamento de seu duplo ofício. Viajar consistiu em uma etapa importante para a operação historiográfica de Varnhagen. As questões diplomáticas, no fundo, somente são explicadas pela história ou pela geografia. Assim, não é surpreendente que ele estivesse munido dos instrumentos indispensáveis para fazer a cartografia do caminho por onde passava. Além disso, ninguém escapou à sua crítica. Ele não poupou nem mesmo Alexander Humboldt, sábio tão respeitado, sobre cuja obra nenhum dos membros do IHGB, anos antes, tivera a ousadia de preparar uma resenha crítica.[88] Com Varnhagen foi diferente. Homem de estudos que não se restringiu ao gabinete, ele simplesmente levou consigo o *Cosmos* para lhe corrigir alguns equívocos![89] O método crítico, um olhar atento e uma boa dose de presunção acompanharam seus movimentos. Há ainda, nessa carta, um pequeno detalhe que merece ser assinalado: o sofrimento do historiador. Para melhor conhecer seu país foi preciso deixá-lo. Tal experiência mostrou-se, por vezes, árdua. Não raramente se encontrou submetido a condições lastimáveis. Aconteceu-lhe mesmo de não encontrar lugar para dormir e até passar frio e fome, como nesse triste *2 de dezembro*, frisado na carta, o qual não era outro senão o dia do aniversário do imperador. Varnhagen, sutilmente, lembrou a Pedro II que, no momento em que havia festa na corte, ele trabalhava... por eles.[90]

---

[88] *Revista do IHGB*, 2, 1840, p. 105-108.

[89] Na carta ao imperador, de 1853, citada como epígrafe a este capítulo, Varnhagen anunciou uma correção a Humboldt. Apesar disso, ele não hesitou em se servir de sua autoridade ao publicar um comentário elogioso do sábio à *HGB*, ver o *post-scriptum*, II, 1, 1857, p. 485. A mesma, digamos assim, metodologia de citar Humboldt, criticá-lo e depois usá-lo como referência encomiástica a sua própria obra encontra-se em Varnhagen (1865, nota 4). Alguns anos mais tarde, já em Viena, Varnhagen, naquela que se tornaria uma de suas últimas polêmicas, com Téofilo Braga, recordou a este que os sábios também cometem erros, e dá como exemplo Humboldt: "O homem mais sabedor e enciclopédico deste século, o grande Alexandre Humboldt não esteve fora do erro (e de muitos erros isento). Nos cinco volumes da sua profunda *Historia Geographica do Novo Continente*, a verdade, graças à sua boa fé, só vai aparecendo com o estudo e exame; e os volumes que sucessivamente se iam publicando contêm retificações que às vezes destroem completamente asserções consignadas no anterior ou anteriores" (VARNHAGEN, 1872c, p. 6-7).

[90] "Após Políbio ao menos, uma das maneiras para os historiadores lutarem contra a empresa epidítica consistiu em insistir nas qualidades requeridas para a prática

Ao chegar a Lima, Varnhagen teve que enfrentar vários problemas.[91] Além da questão da abertura de certos afluentes do rio Amazonas ao comércio mundial, o historiador viu-se envolvido em um grave *affaire* diplomático. Depois de passar alguns meses na Colômbia, ele conheceu, no Chile, Carmen Ovalle y Vicuña, oriunda de uma família aristocrática chilena, com quem se casou em 1864.[92] Nessa época, o Chile estava em conflito com a Espanha. O governo brasileiro, em guerra contra o Paraguai, não queria entrar em desavenças com outros países, e declarou-se neutro. No entanto, em 31 de março de 1866, a Espanha bombardeou Valparaíso, provocando reprovação geral na América Espanhola. Varnhagen, claramente, tomou posição a favor do Chile, "por respeito" – diz ele – "pela verdade e pela justiça".[93] O governo espanhol interpretou o gesto do diplomata brasileiro "como uma prova de não equívoca imparcialidade".[94] A chancelaria imperial censurou Varnhagen. Ele procurou defender-se, afirmando que somente estava obedecendo "a superiores inspirações de patriotismo, e altas *conveniências* da nossa política (se a queremos ter) nestes países, e a um elevado sentimento de justiça", conforme relatou em carta a Francisco Otaviano Rosa, em 10 de dezembro de 1865.[95] A postura brasileira, contudo, reforçou a tendência das repúblicas transandinas de considerarem que a única monarquia do

---

da história. É preciso estar pronto a pagar com a própria pessoa, pois ela exige 'sofrimento e dispêndio'. Fazer história custa, em todos os sentidos da palavra: viajar, pesquisar, visitar os campos de batalha, correr riscos e engajar importantes despesas" (HARTOG, 2013b, p. 149).

[91] "Introdução" de Arno Wehling a Varnhagen (2005, v. 1, p. 18-21). Ver, na mesma coletânea, as cartas de Varnhagen sobre o episódio, sobretudo as do ano de 1864.

[92] "É de meu dever levar ao conhecimento de V. E. que tenho ajustado casamento com a sra. d. Carmen Ovalle e Vicuña, de uma das primeiras famílias deste país, e ornada de todos os dotes próprios para poder aumentar lustre e a dignidade de uma missão de S. M." Carta de Varnhagen ao Sr. Francisco Xavier Paes Barreto (Ministro dos Negócios Estrangeiros do Império Brasileiro), datada de Valparaíso, em 12 de abril de 1864 (VARNHAGEN, 2005, v. 1, p. 116-117). Ver também: Vieira (1923, p. 34).

[93] Magalhães (1928, p. 108).

[94] Lima (1964, p. 141).

[95] *CA*, p. 301. Brito Broca chega mesmo a dizer, com exagero, que por este episódio Varnhagen pode ser considerado como um "precursor do panamericanismo" (BROCA, 1979, p. 195).

Novo Mundo era uma nação que não apreciava a solidariedade continental nem sustentava o "bom direito internacional".[96]

O que, enfim, explica a atitude de Varnhagen? Para Oliveira Lima, a resposta é simples: ele não era um bom diplomata.

> Era um impulsivo com rompantes de colérico e que se deixava instigar por considerações de equidade e de pundonor. Para ele a diplomacia não era a arte suprema de engolir desfeitas e disfarçar desaires. Achava-se compatível com a franqueza e a honestidade. Repugnava-lhe mentir, mesmo por conta de outros, e o que era justo não via muito bem por que devesse ocultá-lo.[97]

A performance negativa de Varnhagen como diplomata seria uma consequência lógica do seu vínculo com a verdade histórica e com os arquivos: tal como o historiador, o diplomata não mentia. Clado Ribeiro de Lessa, mesmo considerando que Varnhagen não podia ter tomado posição no conflito, contestou a afirmação de Oliveira Lima, pois o erro diplomático não teria comprometido o Brasil, e, além disso, assegurara a amizade dos chilenos. A hipótese de Lessa, sempre apologético em relação a Varnhagen, não é muito convincente.[98] Apesar disso, o próprio Lessa sublinhou uma questão não negligenciável: o apoio à causa chilena tivera, provavelmente, um ingrediente de ordem emocional, por ser este o país natal de sua mulher.

As opiniões sobre o papel diplomático de Varnhagen são, portanto, polêmicas. Mesmo sua noção de diplomacia é ambígua:

> todos podemos errar, há erros que merecem toda a contemplação, assim como há outros que fazem parte dos mistérios da diplomacia. Todo o diplomata amante do seu país e por conseguinte da glória, mais do que das suas comodidades e do seu soldo, deve estar sempre disposto para o sacrifício, e submeter-se a ele calado até que as explicações não

---

[96] Magalhães (1928, p. 108-109). Joaquim Nabuco contesta essa opinião, ver Araujo (1975, p. 524).

[97] Lima (1964, p. 141).

[98] O fato de o Chile ter apoiado o Paraguai, por exemplo, é explicado por Lessa como produto de interpretações "positivistas como aquela de Basilio de Magalhães" (LESSA, 225, 1954, p. 152-154).

comprometam. A diplomacia (se tal nome se lhe poderá dar) de completa abstenção seria mui fácil, mui cômoda, e mui egoísta para os agentes; mas em tal caso o melhor era retirá-los, ou ser expressamente ordenada.[99]

Varnhagen tentou, de alguma maneira, justificar-se. Ele esperava a indulgência graças à complacência do império ou ao reconhecimento de que existem erros políticos que, na realidade, não passam de ações secretas, porém normais, dos agentes do corpo diplomático. Em todo caso, ser diplomata é estar pronto a fazer sacrifícios (como o historiador nas montanhas!) ou, por exemplo, ser punido por seu governo em razão de uma incompreensão. Todavia se, ao contrário, o Ministro dos Negócios Estrangeiros brasileiro ou seus auxiliares mais diretos esperavam de seus funcionários uma atitude completamente neutra e se eles chamavam isso de *diplomacia*, esta não parece ser a concepção que orientava o diplomata Varnhagen. Em diplomacia, não é necessário ser imparcial, pois trabalha-se para uma nação. É suficiente ser *justo* e *verdadeiro*.

Justiça e *verdade* aproximam a figura do diplomata à do historiador, como sugere Oliveira Lima. No entanto, mesmo que os dois princípios sejam igualmente aplicáveis, a imparcialidade de um e de outro continuou um problema para Varnhagen. Se o diplomata pode, ou de preferência deve, ser parcial, o mesmo não é válido para o historiador. Varnhagen sabia muito bem que os historiadores brasileiros não somente trabalhavam para a nação, assim como os diplomatas, mas que muitos deles eram também remunerados pelo Estado. Essa situação, antes de ser um obstáculo à pesquisa científica, que deveria ser imparcial, tornou-se condição indispensável para seu progresso. Além disso, muitas contendas fronteiriças, naquela época, tema constante da agenda diplomática dos países na América Latina, eram resolvidas a partir do discurso histórico. A questão era: como conciliar o diplomata parcial e o historiador imparcial?

Tratava-se de um assunto sensível em Varnhagen. Por exemplo, na polêmica que manteve com Armand D'Avezac, geógrafo e Ministro da Marinha e das Colônias da França, na *Société de Géographie* de Paris, entre 1857 e 1858, sobre os limites da Guiana com o Brasil, o tema da parcialidade/imparcialidade foi retomado desde o "ponto de vista"

---

[99] *CA*, p. 302. Ver também: *CA*, p. 304-305.

da nação.[100] No entanto, nesse caso, o campo da disputa era aquele da ciência, embora, evidentemente, a dimensão política estivesse longe de ser descartada. Era um geógrafo *versus* um historiador.[101] O problema chileno era de ordem inversa. Ele deveria restringir-se ao domínio das relações internacionais, mas a dimensão *histórica* ou *científica* nunca esteve ausente. Nesse sentido, até onde tive condições de avaliar, é possível se observar, na obra de Varnhagen, algumas referências à *imparcialidade* do historiador. Entretanto, encontram-se sobretudo alusões aos temas da *justiça* e da *verdade*. Esquematicamente, afigura-se lícito dizer que ser *justo* e *verdadeiro* é um efeito de sua formação erudita. São características normativas de todas as suas atividades intelectuais. Isso não significa que eu o considere *justo* e *verdadeiro*, mas, simplesmente, que ele acreditava sê-lo. Em muitas ocasiões, porém, parece-me que suas tentativas de ser parcial (como diplomata) ou de ser imparcial (como historiador) esbarraram em uma disposição mais profunda, algo que as premissas políticas ou teóricas não conseguiram assegurar ou conter: sua personalidade passional (eu sou brasileiro, então defendo nossas fronteiras; minha esposa é chilena, portanto eu apoio a causa do Chile; meu pai é meu pai então eu o insiro na história geral do Brasil).[102]

Retorno aos arquivos, às fontes

Quem poderia imaginar que Varnhagen, em meio às controvérsias diplomáticas das repúblicas latino-americanas, longe dos arquivos e, sobretudo, da "civilização" europeia, se sentisse, lá pelos idos de 1865, quase adaptado aos trópicos, não mais tão tristes? Casado, tendo um filho de dois meses, confessou: "acho-me tão afeito a estes países que pouco ambiciono passar a servir na Europa".[103] A sensação de bem-estar, contudo, foi passageira. Entre 1866 e 1867, o governo brasileiro separou a representação única que havia para Equador, Chile e Peru. Desde então, cada um desses países passou a ter uma legação do Brasil.

---

[100] D'Avezac (1857, p. 89-356). Ver a réplica de Varnhagen em: Varnhagen (1858, p. 213-252).

[101] Procurei reconstituir o debate, ainda que resumidamente, em: Cezar (2005, p. 79-99).

[102] Ver, neste livro, o III Movimento.

[103] *CA*, p. 298. Ver também: "Oito cartas de Francisco Adolfo de Varnhagen a Diego Barros Arana, 1864-1865", Neves (2013, p. 55-108).

Varnhagen, em carta endereçada de Lima ao imperador, reconsiderou a situação:

> ultimamente pouco tenho podido estudar no meio das lides e dificuldades da política destes países. Espero que mediante o favor e a justiça de V. M. I. chegará o dia em que poderei ser promovido a alguma Legação no Sul da Europa, ao menos aí concluía a 2ª edição da minha obra, que, por muitos motivos, me foi impossível realizar nestes países.[104]

Regressar à Europa era, portanto, voltar às investigações. Ao retornar ao Rio de Janeiro, em função do rompimento das relações diplomáticas entre Brasil e Peru, enviou, em 26 de outubro de 1867, nova carta ao imperador, na qual reiterou sua demanda de transferência para um país europeu. Ele enfatizou as razões intelectuais de sua solicitação, lembrando que o desejo de terminar a segunda edição da sua *História geral* não era um desejo pessoal, mas uma maneira de ajudar a nação. Depois, acrescentou: "Creio, Senhor, haver adquirido algum direito a fazer este pedido pelo modo como, para calar os gritadores, fui o primeiro a desejar, sem proferir a mínima reflexão em contrário, em 1858 e 1861, o servir algum tempo nas mesmas Repúblicas, começando pelo Paraguai". Varnhagen explicou também que mesmo que o governo brasileiro viesse a restabelecer contatos diplomáticos com o Peru, sentia-se muito "gasto" para reassumir tal posto. Além do mais, encontrava-se "desprestigiado por uma mui conhecida desaprovação do Governo Imperial", quando de sua declaração favorável ao Chile. Pior ainda era o fato de ser considerado "suspeito (Deus sabe que com muita injustiça) pela sua Mãe Pátria, como desafeto a ela". A situação era tão desesperadora e "repugnante" que Varnhagen preferia, em caso de uma resposta negativa a seu pedido, ser "posto em disponibilidade, ou mesmo ser demitido, do que em ter de ir para qualquer delas", incluindo aí o Chile, pátria de sua mulher. Recordou ainda ao imperador que três colegas diplomatas mais jovens na carreira lhe haviam passado à frente nas promoções. Não se sentia, contudo, menos habilitado que eles. Essa situação fora criada, segundo Varnhagen, pela inveja que inspirava sua condição de "literato e escritor". Para combatê-los, o historiador "só contava com a proteção e justiça de

---

[104] *CA*, p. 308.

V. M. I., que sabe muito bem que quem escreve sempre tem de engendrar alguns comprometimentos".[105]

A esta altura da vida, Varnhagen sabia qual a diferença entre ele e os outros diante do imperador: a sua já consolidada produção bibliográfica. Sendo assim, não hesitou em fazer seus pedidos tendo por justificativa a necessidade de continuar suas investigações. É importante observar aqui sua afirmação de que contava apenas com a proteção do próprio monarca. Trata-se de uma manifestação reiterada diversas vezes pelo historiador que foi, entre os homens de letras brasileiros, aquele que mais cartas enviou ao imperador.[106] Pedro II, o *sábio*, era seu protetor, mas também uma espécie de interlocutor acadêmico. Com frequência, aparecem, em sua correspondência, relatos diplomáticos, pedidos de ordem pessoal ou para um terceiro, mas ele escrevia, sobretudo, para falar de suas atividades intelectuais, redigindo verdadeiros relatórios de pesquisa. Se o monarca não acrescentou quase nada às suas obras, ao menos ele, supostamente, o leu, o escutou. As *orelhas reais*, como as de um psicanalista, compensavam um pouco a fria recepção que seus trabalhos tinham, em geral, no meio cultural brasileiro, especialmente no IHGB.

Varnhagen, efetivamente, foi criticado no Brasil menos por sua obra do que por sua personalidade. Há, entre os comentadores do historiador, uma quase concordância, às vezes tácita, às vezes manifesta, que sua existência não suscitava grande simpatia. A paranoia, que se nota em sua produção epistolar, bem como em torno das polêmicas geradas por seus estudos, não era totalmente desprovida de fundamento. Para alguns, ele não passava de um bajulador. Ter-se declarado um monarquista incondicional, não somente em sua correspondência com o imperador, em suas prestações de contas para o ministério, mas também, publicamente, no interior de sua obra, em muito contribuiu para consolidar essa imagem.[107] Não é menos verídico que o imperador tornou-se seu *protetor*. O clima de desconfiança que envolvia Varnhagen foi atestado por José Ricardo Moniz, ao que tudo indica um de seus poucos amigos, o qual contou como o historiador era visto pelos colegas

---

[105] *CA*, p. 312-314.

[106] Heitor Lyra conta 37 cartas, porém na *CA* de Varnhagen, organizada por Clado Ribeiro de Lessa, encontram-se, entre 241 cartas, 67 endereçadas ao imperador (LYRA, 1977 p. 117).

[107] *HGB*, 1857, p. X.

do IHGB: "Os Pôrto-Alegres, Macedos, Joaquim Norberto que de longe o elogiavam, logo que ele deles se aproximou não o chamavam senão por um trapeiro. Varnhagen não se sentia bem no Instituto".[108] Todavia, foi em uma carta justamente de Manuel de Araújo Porto Alegre (que viria a ser padrinho de seu segundo filho), datada de 26 de junho de 1851, endereçada a Paulo Barbosa da Silva, que encontrei, de modo mais claro, a descrição das relações de Varnhagen com o soberano e a percepção que dele tinham certos membros da corte imperial: "Acha-se aqui o Varnhagen, que tem sido muito festejado, e a quem aconselhei que se safasse o mais breve possível, pois se poderia azedar dentro da vinagreira. S. M. o tem tratado com muita distinção".[109] As opiniões e o apoio de Pedro II funcionavam como recursos práticos (sobretudo financeiro, pois Varnhagen era apenas um assalariado do Estado, que se lamentava frequentemente dos baixos vencimentos que recebia) e como uma forma simbólica de se fazer aceito social e culturalmente. Varnhagen, além de brasileiro, era o historiador que mais havia contribuído para a história brasileira até então. Em todo caso, a nação, em seu grau mais elevado, parecia reconhecer nele alguém cuja importância, sobretudo intelectual, era incontestável.

Intrometido, infeliz e, finalmente, nobre

Em 22 de fevereiro de 1868, por um decreto imperial, Varnhagen foi transferido para a Áustria, como ministro residente na corte de Francisco José I. Somente uma vez mais voltou ao Brasil. As repúblicas da América Latina tornaram-se apenas matéria mnemônica e notas abundantes, apesar das queixas sobre a dificuldade de pesquisar. Em Viena, Varnhagen pôde retomar seus estudos com o tempo e a calma que julgava necessários, pois o Brasil não tinha questões diplomáticas relevantes para tratar com o governo austríaco.

Antes de se instalar definitivamente, aproveitou a viagem para revisitar alguns países europeus. Em Lisboa, tomou contato com a obra de Richard Henry Major sobre o infante d. Henrique, o navegador.[110]

---

[108] J. R. Moniz, "Recordações acêrca de Varnhagen" *apud* Rodrigues (1967, p. 173-174).

[109] Porto Alegre (1990, p. 60).

[110] Major não apenas conhecia a obra de Varnhagen como o chama de "meu valioso amigo", Major (1868, p. 372-378). Ver também carta de Varnhagen ao imperador, 1868, *CA*, p. 323.

Em desacordo com o inglês, escreveu uma carta para contestá-lo. Os pontos de discordância não eram muito significativos, o que não impediu que a controvérsia obtivesse, durante algumas semanas, certo destaque no *Jornal do Comércio* de Lisboa.[111]

Ainda na capital portuguesa, visitou os trabalhos de restauração do monastério de Belém, efetuados sob a direção do arquiteto Joaquim Possidônio Narciso da Silva. Quando jovem, o historiador fizera estudos de arquitetura, chegando mesmo a escrever um trabalho sobre os monumentos portugueses.[112] Não satisfeito em apenas visitar o local, Varnhagen expressou algumas observações críticas ao projeto do arquiteto. Estando já em Viena, o historiador respondeu a uma longa carta de Narciso da Silva e, sem constrangimento, fez-lhe uma série de sugestões.[113]

Depois de Lisboa, seu destino foi Paris, mais precisamente a Biblioteca Imperial, onde analisou o mapa atribuído a Gaspar Viegas de 1534, cuja existência teria sido revelada por Ferdinand Denis. Para Varnhagen, o mapa nada tinha de original, nem mesmo, possivelmente, sua autoria. Entretanto, encontrou dois outros mapas, para ele autênticos, assinados por Jacques de Vau de Claye, em 1579. Em carta ao então primeiro-secretário do IHGB, Joaquim Caetano Fernandes Pinheiro, remetida de Viena em 20 de julho de 1868, noticiou a descoberta e exibiu uma interpretação acerca de seus conteúdos, concluindo que eram "do maior interesse histórico".[114]

Após Paris, Varnhagen chegou enfim a Viena, assumindo, em 4 de julho de 1868, suas funções como ministro residente em Viena, o que segundo Clado Ribeiro de Lessa, teria sido uma escolha do próprio Varnhagen. No entanto, parece não terem sido fáceis os primeiros tempos. Foi a majestade que, mais uma vez, extravasou suas angústias:

---

[111] Varnhagen contestava, entre outras coisas, a afirmação de Major de que a "Vila do Infante", fundada por d. Henrique, estivesse situada no promontório de Sagres. Um documento contemporâneo, a carta de doação de 19 de setembro de 1460, mostrava, claramente, segundo Varnhagen, que a vila se situava sobre a ponte chamada "Terça Nabal". Ele criticava ainda o fato de Major não ter tratado das concessões feitas pelos reis d. Afonso e d. João II aos descobridores das novas terras, ver Lessa (223, 1954, p. 238-239).

[112] Varnhagen [s./d.].

[113] *CA*, p. 328-330.

[114] *CA*, p. 326-327. A carta de Varnhagen foi lida na sessão do IHGB de 25 de setembro de 1868 (*Revista do IHGB*, 31, 1868, p. 346-348).

> Sinto-me nervoso, doença que nunca sofri, e toda a aplicação me cansa e me causa tédio, inclusivamente a dos estudos históricos, cujos trabalhos aturados eram antes para mim um encanto em que passava o tempo sem o notar! Se sigo neste andar, com semelhante relaxação do espírito por outro ano mais, creio que me despedirei das letras, e começarei nelas a duvidar de mim mesmo.[115]

Alguns meses depois, as queixas aumentaram. Varnhagen não se sentia à vontade na capital austríaca. Ele gostaria de ter mais prestígio. Para tanto, solicitou a Pedro II para trocar de posto com o ministro brasileiro em Bruxelas, o qual gostaria de ir para Viena:

> Desta maneira se conciliaria tudo, eu e o Sr. Brito seríamos atendidos em nossas aspirações, e o serviço ganharia; pois a consciência me diz que, fora da Alemanha, me encontrarei sempre menos apoucado e poderei fazer mais figura. E nesta convicção até nem me atrevi aplicar-me de novo ao alemão, que ao chegar aqui reconheci que havia quase de todo esquecido.[116]

Acrescente-se às inibições sociais e à dificuldade com a língua, o problema econômico. Viena era uma cidade cara para alguém como Varnhagen.[117] Em outra carta ao imperador, de 21 de outubro de 1870, a qual principiava com um lamento deprimido acerca da morte da filha de apenas três anos, ele aproveitou, mais uma vez, para informar ao soberano que a situação tornara-se tão difícil que decidira "adotar o único sistema possível, para sofrer menos das humilhações oficiais; sistema que consistiu em procurar *representar menos*, e manter-me na maior reserva e modéstia possível".[118] Além disso, sua produção historiográfica estava paralisada, pois tinha que fazer tudo no ministério. Pobre Varnhagen!

---

[115] *CA*, p. 334.

[116] *CA*, 1870, p. 338-339. Em 1918, Capistrano de Abreu, aparentemente sem conhecer essa carta de Varnhagen, colocou em dúvida seu domínio do idioma alemão: "creio que, se algum dia soube a língua paterna, esqueceu-a depressa quase por completo. Se soubesse, e aproveitasse o livro de Guths-Muths, poderia ter antecipado a Wappaeus a muitos respeitos" (ABREU, 1954, p. 84). Encontrei pelo menos um texto atribuído a Varnhagen escrito em alemão. Trata-se do prefácio à obra do frei Luiz de Sousa (BN-RJ, 26,4,19D).

[117] *CA*, p. 345-348.

[118] *CA*, p. 348-349.

Parece que sua elevação ao posto de ministro plenipotenciário, em 15 de abril de 1871, alterou significativamente o quadro. Ele retomou o trabalho, sobretudo as pesquisas históricas e etnológicas, e publicou a *História das lutas com os Holandeses*, já anunciada na primeira edição da sua *HGB*. Neste mesmo ano, Pedro II fez sua primeira viagem à Europa. Varnhagen, ansioso, relatou ao imperador que estava contando os dias para sua chegada a Viena.[119] No ano seguinte, obteve uma licença do Ministério dos Negócios Estrangeiros brasileiro e partiu para Lisboa, a fim de explorar, ainda uma vez, os arquivos e as bibliotecas da cidade, ocasião em que tomou conhecimento das primeiras críticas ao romantismo português, feitas, principalmente, por Teófilo Braga e Adolpho Coelho contra Castilho, Garret etc. Varnhagen intrometeu-se na polêmica.[120] Ainda em 1872, devido à participação ativa no congresso de estatística de São Petersburgo, foi eleito um dos vice-presidentes da "Comissão Permanente".[121]

O já Barão de Porto Seguro consagrou, em 1873, parte de seu tempo aos preparativos da Exposição Universal em Viena, da qual se tornou um dos vice-presidentes do júri.[122] Em 1874, o então Visconde de Porto Seguro, aproveitando-se da condição de membro da comissão de estatística, fez uma viagem para a Escandinávia. Explorou, como de hábito, museus, arquivos e bibliotecas. Em Copenhague, no museu das Antiguidades do Norte, localizou, na coleção de etnografia dinamarquesa, os quadros de Albert Eckhout, que fizera parte da comitiva de Maurício de Nassau e pintara índios, negros e mestiços brasileiros. Varnhagen teria sido o primeiro a chamar a atenção de Pedro II para

---

[119] *CA*, p. 358.

[120] Em uma carta, datada de 1º de março de 1873, a seu biógrafo, José Carlos Rodrigues, então editor da revista, *O novo mundo*, publicada em Nova York, Varnhagen o previne por meio de um *post-scriptum*: "Desculpe-me V. Sª se tomo a liberdade de lhe recomendar que esteja prevenido contra os juízos de Adolpho Coelho e Theophilo Braga contra Castilhos e outros amigos. São todos apaixonados e só pensam em fazer mal. Eu estive em Portugal, no ano passado e conheci todas estas misérias" (*CA*, p. 395-396).

[121] Chegando um pouco antes do início do congresso, Varnhagen aproveita a ocasião para visitar Moscou e ir a Nijni Novgorod. Para o relatório de Varnhagen sobre o Congresso ver: "Correspondência acerca do Congresso de estatística reunido em São Petesburgo em 1872" (*CA*, p. 372-380).

[122] Ver o relatório de Varnhagen para o governo brasileiro (*CA*, p. 401-405).

esses quadros, o qual, mais tarde, mandou copiá-los. Por fim, em 1876, participou, em Budapeste, de dois eventos científicos: outro congresso de estatística, no qual apresentou um trabalho,[123] e o congresso, assim chamado, pré-histórico. Além disso, publicou aquela que é sua obra mais enigmática, escrita em francês (para atingir um público mais amplo), intitulada *L'Origine Touranienne des Américains Tupis-Caribes et des Anciens Egyptiens*, na qual procurou provar, por meio da filologia comparada e da etnografia, que a origem dos índios brasileiros encontrava-se no mundo antigo.[124] Nosso colega, agora sênior, não dava sinais de estar perdendo a forma.

A última autópsia

Vista faz fé.
(Varnhagen)[125]

Antes de escrever, Varnhagen viu.
(Ferdinand Denis)[126]

Tudo viu, tudo examinou.
(Capistrano de Abreu)[127]

No início de 1877, Varnhagen publicou a segunda edição da *HGB*. Um episódio nela narrado foi, de certo modo, responsável por sua última viagem ao Brasil. No capítulo sobre a ocupação do Rio de Janeiro pelas tropas do francês Duguay-Trouin, o historiador afirmou: "a primeira lição que devemos colher" é que a capital do império não podia continuar sediada na cidade do Rio de Janeiro.[128] Desde o *Memorial orgânico*

---

[123] "*Quelques renseignements statistiques sur le Brésil, tirés de sources officielles par le délégué au congrès de Budapesth, Vicomte de Porto-Seguro*". Vienne: Imprimerie de la Cour Impériale et Royale, 1876, 23p., *apud CA*, p. 466 e p. 468-476.

[124] VARNHAGEN, Francisco Adolfo de. *A origem turaniana dos americanos tupis-caraíbas e dos antigos egípcios* (1876) *in* Glezer; Guimarães (2013).

[125] Varnhagen (1867a, p. 36).

[126] Denis (1877, p. 224-225).

[127] Abreu (1878) *apud* Varnhagen (1928, p. 502).

[128] *HGB*, 1877, p. 814.

de 1849, o assunto o preocupava.[129] Para dirimir, com a maior brevidade possível a questão, solicitou ao governo uma licença de seis meses e partiu para o Brasil. Em seu retorno a Viena, escreveu um opúsculo específico sobre o tema: *A questão da capital: marítima ou no interior?*, cuja epígrafe de Foissac revelava sua intenção: "Que influência não exerce a posição de uma cidade sobre o destino de um povo inteiro! Às vezes por ela se explicará a elevação de uma nação".[130] Nesse pequeno texto, retomou as considerações que fizera sobre o assunto na *HGB*:

> Publicadas estas linhas, o próprio acento de convicção que elas respiram fez estremecer a nossa consciência timorata, em presença da responsabilidade tomada, em tal obra, ante a posteridade. Figurou-se-nos que não ficaríamos tranquilos enquanto, por nossos *próprios olhos*, nós não desenganássemos de todo, e à mesma posteridade, se tínhamos ou não razão em todos os nossos planos e propostas engendrados sobre o papel, no silêncio do gabinete.[131]

No Brasil, percorreu, mais uma vez, a região onde nascera. Após, encaminhou-se em direção a Goiás. Trabalho e sacrifício ditaram novamente o ritmo do movimento do investigador:

> empreendemos (levando conosco os competentes instrumentos, incluindo nada menos que três barômetros) à custa de quaisquer trabalhos e sacrifícios, enquanto para eles nos sentíamos com forças, uma penosa viagem a cavalo, nada menos que até a província de Goiás, por nossas primitivas estradas, para *de visu* e como antigo engenheiro, reconhecer essa notável paragem que a contemplação e o estudo dos melhores mapas nos havia revelado.[132]

Para conhecer, reconhecer e assim abastecer a capacidade descritiva, era preciso antes ver, mas com olhos afiados, criteriosos, se

---

[129] Em 1849, Varnhagen defendia que a capital não podia estar localizada em um porto de mar, no entanto não indicou um lugar específico, somente afirmou que ela deveria ser transferida para o interior, ver Varnhagen (1849, p. 3-6). Sobre o *Memorial orgânico*, ver Wehling (2013, p. 160-199).

[130] Varnhagen (1877a, p. 1).

[131] Varnhagen (1877a, p. 12, grifos meus).

[132] Varnhagen (1877a, p. 12-13).

poderia dizer científicos, como os de um "antigo engenheiro". O resultado foram descrições que mostravam como a situação do Brasil profundo não se alterara muito desde as viagens de John Mawe, de Spix e de Martius, de Neuwied ou de Saint-Hilaire, entre outros, nos anos 1810-1820. A despeito das dificuldades do itinerário, o historiador considerou seus resultados proveitosos. Não somente confirmou o lugar propício, no seu entender, para a instalação da capital, sobre a qual tinha um "pressentimento bem apoiado em dados geográficos", como o considerou acima de suas expectativas. Além disso, a região mostrava-se apropriada à colonização europeia, da qual era um infatigável defensor.

Antes de voltar à Europa, passou pela Bahia. Varnhagen queria conhecer Porto Seguro e Ilhéus. Nessas cidades, realizou averiguações com o objetivo de encontrar as fontes de suas respectivas fundações. Achou alguns documentos, mas se decepcionou com o péssimo estado de conservação em que se encontravam. A viagem, contudo, não foi inútil, mas "de grande vantagem", porquanto o "conhecimento individual" que fez dessas "duas localidades, núcleos de duas de nossas capitanias primitivas" ampliou sua capacidade de escrever a história: "melhor poderei descrever para o futuro".[133] O olho, como diria Foucault, "torna-se o depositário e a fonte da clareza".[134] Não se tratava apenas de uma compensação à inexistência de documentos acessíveis ou confiáveis, mas de um expediente cognitivo: isto é, a visão surgia não como último recurso, mas como instrumento de saber, logo não como metodologia alternativa, mas como fundamento epistemológico do ato de pesquisar. Ou seja, não significava buscar no presente os traços do passado de forma instantânea e irrefletida. A autópsia não consistiu, em Varnhagen, em um dado imediato da consciência e sim em um trabalho intelectual que requeria conhecimento anterior e constante interlocução entre a inatualidade pretérita e o presente.

A morte e o cuidado de si

Varnhagen tinha a intenção de um dia, "depois de acabar a nossa *História da Independência*", publicar o diário desta viagem – durante a qual acreditava inclusive ter encontrado o local exato da chegada de

---

[133] *CA*, 1877, p. 487-490.
[134] Foucault (1963, p. IX).

Cabral e da celebração da primeira missa – e "(que resultou até em proveito de nossa saúde), com as observações feitas, especialmente com respeito à ortografia dos pontos percorridos, na ida e na volta; o que tudo apontávamos em cada noite, apesar das fadigas do caminho, e depois de haver andado, desde as 6 da manhã, às vezes oito e nove léguas".[135] O historiador-viajante não teve tempo de escrevê-lo. As vicissitudes da viagem provocaram-lhe uma doença fatal. Em 29 de junho de 1878, com 62 anos, o Visconde de Porto Seguro morreu em Viena, longe, como sempre, de sua terra natal.[136] Varnhagen deixou a esposa e dois filhos, Xavier e Luís. O primeiro, nascido em Lima, morreu em 1894, aos 29 anos. Sua mãe publicou, em 1896, suas memórias, escritas originalmente em francês. Luís, nascido em Viena, adotou a nacionalidade materna e, como o pai, tornou-se diplomata, porém do governo chileno. Seu último posto foi o de ministro plenipotenciário em Berlim. Morreu, no Rio de Janeiro, em 1939. Os filhos de Varnhagen não tiveram descendentes. Antes da metade do século XX, os Porto Seguro não existiam mais.[137]

No testamento de Varnhagen, constava a orientação de que, no local de seu nascimento, fosse erigido um monumento à sua memória. Quatro anos após sua morte, nas terras da Real Fábrica de Ferro de São João de Ipanema, sua vontade foi atendida. Em uma das faces do pedestal se lê a seguinte inscrição: "À memória de Varnhagen, Visconde de Porto Seguro, nascido na terra fecunda descoberta por Colombo, iniciado por seu pai nas coisas grandes e úteis. Estremeceu sua Pátria

---

[135] Varnhagen comunicou suas conclusões sobre Cabral ao IHGB, ver "Nota acerca de como não foi na coroa Vermelha, na enseada de Santa Cruz, que Cabral primeiro desembarcou, e em que fez dizer a primeira missa", *Revista do IHGB*, 40, 1877, p. 5-37. Suas afirmações foram fortemente contestadas. Para o comentário sobre o provável diário, ver Varnhagen (1877a, p. 13).

[136] Seu filho, Xavier de Porto-Seguro, confirmou, em suas memórias, que a viagem foi a causa de sua morte: "no fim de nosso segundo ano de colégio, meu pai teve a infeliz ideia de fazer uma viagem ao Brasil. Essa viagem foi a causa de sua morte. Ele ficou seis meses ausente, e voltou com uma doença nos pulmões" (PORTO-SEGURO, 1896, p. 21).

[137] Ver Porto-Seguro (1896) e Lessa (223, 1954, p. 296-297). Sobre a relação de Varnhagen com sua família, é possível se ter alguma ideia a partir de sua correspondência e do pequeno livro de seu filho Xavier Porto-Seguro. No que se refere à perspectiva deste texto, no entanto, nota-se que não era raro Varnhagen deixar a família pelo trabalho intelectual. Ver, por exemplo, *CA*, p. 463 e p. 478-479.

e escreveu-lhe a História. Sua alma imortal reúne aqui todas as suas recordações".[138] Não se sabe quem escreveu esse epíteto. Pode ter sido um amigo, um admirador, alguém da família ou o próprio Varnhagen. Seja como for, a solicitação do historiador não precisa ser percebida apenas como um reflexo egocêntrico, mas talvez como uma atitude preventiva. Tudo indica, a partir do que se sabe sobre sua vida, que Varnhagen tinha consciência de não ser muito popular em seu país e desconfiava da fidelidade de seus colegas em preservar sua memória. Ele sempre reivindicou que a pátria reconhecesse seus grandes homens. Parece que não mudou de opinião, mesmo após a morte! Eis aqui, mais uma vez, um dos limites do paradoxo varnhageniano que venho tentando entender e demonstrar ao longo deste ensaio: o melhor historiador da nação tinha dificuldades em ser reconhecido como desejava, sobretudo no IHGB; o grande patriota não estava quase nunca em sua pátria. José Veríssimo foi um dos poucos comentadores de Varnhagen a chamar a atenção para essa aparente contradição:

> Consagrou toda a sua laboriosa existência a estudar a história do Brasil, e a servi-lo com dedicação e zelo em cargos e missões diplomáticas. Sente-se-lhe, entretanto, não sei que ausência de simpatia, no rigor etimológico da palavra, pelo país que melhor que ninguém estudou e conhecia, e era o do seu nascimento. Não é patriotismo, entenda-se, que lhe desconhecemos, esse o tinha ele, como qualquer outro e do melhor. Faltava-lhe, porém, não lho sentimos ao menos, aquele não sei quê íntimo e ingênuo, mais instintivo que raciocinado, sentimento da terra e da gente. Ele não tem as idiossincrasias do país.[139]

Nota-se, tanto em sua correspondência quanto em sua obra, que Varnhagen passou boa parte de sua vida procurando resolver esta ambiguidade ou, no mínimo, dominar este sentimento de desterrado. Ele procurou estabelecer uma ligação constante, uma coerência íntima entre os termos contraditórios de sua existência, como brasileiro (levando-se em consideração que ele é o único em seu núcleo familiar – filhos nascidos no estrangeiro, esposa estrangeira, filho de estrangeiro), e como

---

[138] Citado em GARCIA, Rodolfo. "Ensaio bio-bibliographico sobre Francisco Adolpho de Varnhagen, Visconde de Porto Seguro" *apud HGB*, 1928, II, p. 452.

[139] Veríssimo (1954, p. 191).

historiador da nação. A imensa obra dedicada ao Brasil não seria, para ele, uma maneira de estar sempre entre os brasileiros? "Toda a humildade não é bastante para que eu não reconheça que a *História do Brasil*, ao menos em muitos de seus períodos, fica com a minha obra de uma vez escrita, e que ela viverá (a obra) eternamente, e fará eternamente honra ao Brasil e ao reinado de Seu Excelso Protetor", afirmou, sem uma ponta de humildade, em carta a Pedro II.[140] Como a obra de Tucídides: uma aquisição para sempre.[141]

Acredito que o conjunto dos trabalhos e daquilo que se sabe sobre sua vida (há, como na maior parte das vidas, pontos sombrios e uma infinidade de detalhes que escapam) pode ser interpretado como tentativas de organização de duas temporalidades distintas e simultaneamente imbricadas: a da história do Brasil e a de sua biografia. O mesmo cuidado em atribuir um sentido à história da nação, seu passado, presente e futuro, ele teve consigo. A historicidade foi um instrumento desse duplo reconhecimento. Com ela se conheceu, se compreendeu. Com ela, Varnhagen provou sua nacionalidade e a do próprio país. A historiografia varnhageniana encerrou assim um drama de ordem psicológica particular, no qual tudo se confundia constantemente: ao mesmo tempo resposta a uma questão existencial e tentativa de explicação às necessidades, conscientes ou inconscientes, do Brasil: quem são os brasileiros? De onde vieram? Sua obra, sua carreira diplomática, seus abundantes escritos epistolares, seu testamento, elementos constituintes desta retórica da nacionalidade, participaram de uma lógica simultaneamente retrospectiva e prospectiva, por meio da qual percebem-se a consistência e a constância que ele desejava conferir à sua existência. Estratégia de ação que não passou de uma ilusão biográfica?[142] Não estou convencido. Parece-me, que mais do que projetar uma simples ilusão, os traços da vida e o conjunto da obra de Varnhagen revelaram senão uma crença pessoal em quem ele era, no que ele representava de fato e no que poderia vir a representar, ao menos, uma sólida intenção de não apenas inventar uma biografia, mas também de protegê-la, ou seja, uma vontade intensa de cuidar de si.

---

[140] *CA*, p. 213.

[141] "Trata-se de aquisição para sempre, mais que de uma peça para um concurso", Prefácio à *História da guerra do Peloponeso*, *apud* Hartog (2001c, p. 81).

[142] Bourdieu (1986, p. 69-72).

Do homem-monumento ao homem-inteiriço: entre a ironia e o reconhecimento

A ironia

A morte de Varnhagen provocou, evidentemente, certas reações, sobretudo no IHGB. Durante a sessão de aniversário da instituição, em 15 de dezembro de 1878, Joaquim Manuel de Macedo, então primeiro-secretário, no necrológio dedicado a Varnhagen afirmou, em meio a várias críticas, que o historiador recém-falecido teria sido, por seus trabalhos históricos, um "homem-monumento".[143] A definição de Macedo foi interpretada de diferentes maneiras por comentadores, críticos e apologistas de Varnhagen. Para Basílio de Magalhães e Clado Ribeiro de Lessa, tratava-se de um grande elogio e de uma avaliação positiva da obra varnhageniana.[144] Agripino Grieco viu, na fórmula de Macedo, uma fina ironia, pois Varnhagen "mais do que um homem era uma estátua", aliás "lemo-lo com proveito mas nenhum prazer temos em lê-lo, e muito menos nos daria prazer o tê-lo por vizinho ou fazer em companhia dele uma longa viagem por terra ou por mar".[145] A expressão de Macedo, acompanhada de um dos primeiros julgamentos da obra de Varnhagen, e os comentários nada elogiosos de Grieco conduzem a uma última característica desta breve antologia de sua existência: seu caráter suscetível, principalmente quando sua obra era objeto de reparos.

Na notícia necrológica sobre Varnhagen, publicada no *Jornal do Commercio* de 16 e 20 de dezembro de 1878, Capistrano de Abreu sintetizou os termos da crítica subsequente. Após alguns elogios à obra do Visconde de Porto Seguro, observou que:

> Também ele tinha muitos pontos vulneráveis. Era dos homens inteiriços, que não apoiam sem quebrar, não tocam sem ferir, e matam moscas a pedradas, como o urso do fabulista. Em muitos pontos em que a sua opinião não era necessária, ele a expunha complacentemente, com tanto maior complacência quanto mais se afastava da opinião comum. Suas reflexões às vezes provocam um movimento de impaciência que obriga a voltar a página

---

[143] *Revista do IHGB*, 41, 1878, p. 489.
[144] Magalhães (1928, p. 95); Lessa (223, 1954, p. 293-294).
[145] "Crítica" *apud* Menezes (1969, p. 1289).

ou a fechar o volume. Muitos assuntos sem importância, ou de importância secundária, só o ocupam por serem descobertas suas. A polêmica com João Lisboa, em que tinha talvez razão, porém em que teve a habilidade de pôr todo o odioso de seu lado. Homem de estudo e de meditação, desconhecia ou desdenhava muitas das tiranias que se impõem com o nome de conveniências; sensível ao vitupério como ao louvor.[146]

Do *homem-monumento* ao *homem-inteiriço* definiu-se um perfil de críticas a Varnhagen. O necrológio de Macedo abriu espaço para exames mais atentos à personalidade de Varnhagen e o de Capistrano de Abreu, restrito às características pessoais do historiador que tinham relação com sua obra, inauguraram uma forma de avaliação mais ponderada e criteriosa.

O reconhecimento

Os dois artigos de Capistrano de Abreu, de 1878 e 1882, tornaram-se importantes também por patrocinar o retorno da obra varnhageniana ao primeiro plano da historiografia brasileira. Em 1903, ao escolher o nome do Visconde de Porto Seguro como patrono de sua cadeira na Academia Brasileira de Letras, Oliveira Lima reforçou essa tendência. Ainda no início do século XX, em 1906, Capistrano de Abreu começou, porém não terminou, a revisão para uma nova edição da *HGB*, que foi concluída, quase vinte anos depois, por Rodolpho Garcia. Em 1916, o IHGB publicou, pela primeira vez, o trabalho inédito de Varnhagen sobre a *História da Independência do Brasil*. Nesse mesmo ano, por ocasião do centenário de seu nascimento, Pedro Lessa proferiu um discurso no IHGB, no qual enfatizou a relevância da obra de Varnhagen. Em São Paulo, ainda em 1916, Remígio de Bellido publicou uma das biografias mais detalhadas do historiador até aquele momento.[147] Em 1923, foi fundado, em São Paulo, o *Instituto Varnhagen*, de efêmera duração. Varnhagen teve direito também a uma sala no IHGB com o seu nome. Seu retrato foi colocado, em 1919, na biblioteca do Ministério dos Negócios Estrangeiros do Brasil e, em 1944, na galeria dos historiadores no Arquivo Nacional do Rio de Janeiro. O cinquentenário de sua morte,

---

[146] Abreu (1878) *apud* Varnhagen (1928, p. 505).
[147] Bellido (1916).

em 1928 (ano da publicação da terceira/quarta edição da *HGB*), não foi esquecido pelo IHGB. Em 1937, durante a cerimônia de lançamento da pedra fundamental de um monumento em homenagem a Varnhagen, Affonso Celso, então presidente do IHGB, declarou:

> Na primeira glorificação pública a Varnhagen manda a justiça que mencione nomes ligados ao dele – os dos anotadores da edição completa da *História geral* – Capistrano de Abreu e Rodolfo Garcia, sem esquecer os seus principais apologistas, membros do Instituto: Barão do Rio Branco, Oliveira Lima, Basílio de Magalhães, Max Fleiuss. Colocando a efígie de Varnhagen num dos mais lindos e notórios sítios centrais da metrópole magnífica, quer o Instituto dar-lhe significação simbólica; sugerir ao povo a ideia de que a investigação consciente do passado pátrio – lição profícua para o presente, incutidora de suspiciosa confiança no porvir – basta a tornar benemérito da mesma História, imortalizado, quem a isso se consagre, como Varnhagen.[148]

A declaração do presidente do IHGB recordava algumas funções da história ilustrada pela experiência varnhageniana. A primeira – "glorificação pública" – tinha por objetivo não somente prestar homenagem ao historiador, mas também instruir o "povo", do qual ninguém era mais distante do que Varnhagen.[149] Contudo, o essencial era que sua produção historiográfica simbolizava a ideia de que a pesquisa séria é recompensada pela própria história. A estátua de Varnhagen tornou-se assim passível de ser percebida como um símbolo material da *historia magistra vitae*. A inauguração do monumento ocorreu durante as comemorações do centenário da fundação do IHGB, em 21 de outubro de 1938: um busto em hermes no Jardim da Glória. Seguiram-se outras homenagens ao historiador, sendo uma das mais significativas a

---

[148] FLEIUSS (1943, p. 106-107).

[149] Este distanciamento não foi suficiente para impedir que, de certa forma, o "povo", que ironia, por circunstâncias que ainda desconheço, o tenha homenageado, por meio da escola de samba Mocidade Independente de Padre Miguel, com o samba-enredo "Vida e obra de Francisco Adolfo de Varnhagen", o qual ficou em 7º lugar no carnaval carioca de 1969. José Honório Rodrigues (1979b, p. 121) menciona o episódio. Agradeço ao colega Evandro dos Santos o detalhe sobre a colocação da escola.

transferência, em 1978, de seus restos mortais que estavam no Chile. Eis a inscrição na placa comemorativa:

> Monumento: Francisco Adolfo de Varnhagen; Local: Avenida Gal. Osório; Data da inauguração: 29 de junho de 1978; Escultor: Ernesto Biancalana; Dizeres da placa: "Estão aqui depositados os restos mortais de Francisco Adolfo de Varnhagen, Visconde de Porto Seguro. Paulista de Sorocaba, o pai da história do Brasil (17/2/1816 – 29/6/1878). Transladados de Santiago, Chile, no centenário do falecimento. 29/6/1978."

O *homem-monumento*, o *homem-inteiriço*, o *pai da história do Brasil* estava finalmente em casa. Nada podia ser melhor para um obstinado pelas origens. Ser colocado no início da cadeia historiográfica brasileira significou a materialização de sonhos nunca abertamente revelados, mas dos quais deixou muitos indícios. Capistrano de Abreu dizia que Varnhagen, como Alexandre Herculano na história portuguesa, "teve que fazer quase tudo".[150] O reconhecimento pelos historiadores do fim do século XIX e início do XX das dificuldades do trabalho histórico operado pelo IHGB e por Varnhagen deve ser relacionada à proximidade temporal deles com os *iniciadores*. A produção científica da história apenas estava dando seus passos iniciais. Capistrano de Abreu, portanto, assinalou bem não a origem da narrativa historiográfica, mas determinado começo: Varnhagen.[151] Ele era datado, localizado, visível, preso ao tempo dos homens e da ciência. Como todo discurso científico tem necessidade de um marco fundador, de um início, Varnhagen foi adaptado a essa condição primordial. O que houve antes dele dispersou-se diante do gigantismo de sua obra. No melhor dos casos, tornaram-se fontes históricas, no limite, crônicas, no pior, esquecimento. Varnhagen passou a desempenhar, para a história do Brasil, o mesmo papel que Cícero atribuiu a Heródoto em relação à história: *pai*. A definição, como demonstra Manoel Salgado Guimarães, "já era adotada por seus contemporâneos".[152] A historiografia do fim do século XX, quer dizer

---

[150] Abreu (1882) *apud* Varnhagen (1928, p. 439).

[151] No sentido que Paul Ricœur concede aos termos: "O começo é histórico, a origem é mítica" (2000, p. 174).

[152] Guimarães (2011, p. 222-223). Guimarães dá como exemplo uma carta de João Francisco Lisboa a Francisco Adolfo de Varnhagen, de Lisboa de 9 de maio de

a historiografia acadêmica, não se preocupou muito em desmentir ou desqualificar essa analogia.[153] O uso de modelos da historiografia clássica com o objetivo de legitimar a primazia de um moderno, mediante sua identificação com um antigo, está longe de ser um procedimento incomum, embora Heródoto também tivesse a fama, vinda igualmente da Antiguidade, de mentiroso.[154] Até agora nada encontrei que permitisse estender essa comparação a Varnhagen que, no máximo, foi acusado de exageros e erros, alguns provenientes de uma concepção narcisista da história. Além da paternidade reconhecida, outra característica em comum é possível de ser estabelecida: tanto o antigo como o moderno eram viajantes e suas obras não podem ser dissociadas dessa experiência, do movimento constante que ela implicava.[155] Entretanto, não deixa de ser curioso que Varnhagen não tenha sido comparado – até onde eu saiba, por sua preocupação com a verdade e com uma narrativa pretensamente isenta, escrita por um autor que se quer ausente – a Tucídides, modelo de historiador para os eruditos do século XIX, inclusive para o imperador.[156] Varnhagen, tal como Tucídides, até escreveu uma história de seu tempo presente, embora o brasileiro não a tenha publicado em vida.[157]

***

1856, na qual afirma: "Ao partir do Rio de Janeiro para esta Capital, vinha já com o propósito de dirigir-me a v. e., a quem respeitava e estimava já como incansável e erudito investigador das cousas pátrias, e ultimamente como pai da nossa história" (VARNHAGEN, 1867a, p. 67).

[153] Reis (1997, p. 106-107).

[154] Para o caso de Heródoto ver: Momigliano (1960, p. 29-44, sobretudo as páginas iniciais); Hartog (1991, p. 12, p. 313-316, p. 379-380).

[155] Segundo Arnaldo Momigliano, Heródoto foi, entre os autores da Antiguidade, aquele que mais viajou, o que lhe confere também o título de pai da etnografia (MOMIGLIANO, 1992, p. 58-59). Ver também: Hartog (1991, p. 379).

[156] Pires (2012); Pires (2014).

[157] Sobre a recepção de Tucídides pela historiografia oitocentista, ver Hartog (2005, p. 82). Até o momento, desconheço o motivo que levou Varnhagen a não publicar a *História da Independência*. A hipótese mais comum é a de que ele não teve tempo. Pode ser. Desconfio, todavia, que não seja apenas essa a razão. Talvez fizesse parte dessa precaução, desse cuidado de si que mencionei acima, afinal escrever sobre pessoas muito próximas poderia causar embaraços desnecessários. Ver *CA*, p. 432, p. 440 e p. 467 e também o prefácio à *História da Independência* e Lessa (224, 1954, p. 150).

Em 2016, o IHGB consagrou um seminário comemorativo aos 200 anos do nascimento de Varnhagen.[158] Apesar da idade avançada, a julgar pelos trabalhos apresentados, parece ir bem o velho Varnhagen. Editado, traduzido, glosado, interpretado e, por conseguinte, supostamente, lido. Livros, artigos e eventos lhe são dedicados. De pensador da história a intérprete do Brasil, de diplomata a homem político, de geógrafo a etnólogo, de literato a linguista, ele se afigura um erudito de mil encantos.

Essa obra múltipla é, como na música erudita, um conjunto de movimentos. Mais do que decompô-la em suas formas e unidades, minha intenção é a de nela entrar, fazer um movimento em seu interior, para perceber a composição de algumas de suas fugas. Se a metáfora musical da fuga mostra-se pertinente, eu digo, então, que busco entender a constituição de polifonias de contrapontos imitativos de um tema principal, no caso, a invenção da nação. Se o itinerário desta antologia da existência de Varnhagen foi obediente à cronologia, então, desde agora, o descontínuo e o fragmentário passam à condição de recursos heurísticos. Esses movimentos de intervenção na obra, aparentemente desarmônicos, são maneiras (não as únicas, é certo), penso eu, de se compreender e de se perceber como se compõe, se impõe e se escreve a história.

---

[158] Seminário Varnhagen 200 anos, ocorrido na sede do IHGB, Rio de Janeiro, em 25 e 26 de outubro de 2016.

Movimentos em Varnhagen

I Movimento

O historiador em seu ateliê

Os arquivos e bibliotecas da Europa, especialmente os de Portugal, contêm tão ricos e preciosos manuscritos sobre o Império que muito conviria ao Instituto tomar providências, para os possuir por cópia. Sobre este assunto deveria talvez intervir o governo, que, devendo alimentar o espírito de nacionalidade, deve ter presente que são a primeira base talvez desta, a história e o conhecimento do país natal.

(Varnhagen, carta a Januário da Cunha Barbosa, 5 de outubro de 1839)[159]

O ateliê de Varnhagen era um gabinete itinerante. Seu interior era, simultaneamente, um exterior, uma abertura a qual impedia de fixá-lo em determinado lugar, seja físico, seja intelectual. Esta mobilidade enérgica refletiu e induziu suas artes de fazer. Destarte, seu trabalho no arquivo mostrava-se, ao mesmo tempo, intenso e diligente. Ele via, lia e copiava (ou mandava copiar) com agilidade os documentos que lhe interessavam. Em que pese a premência de cada viagem, sua escrita, nervosa e deselegante, quase nunca era titubeante. Se Varnhagen fosse um verbo, estaria sempre no modo imperativo, sem, no entanto, impedir modulações verbais e oscilações discursivas. Por conseguinte, seus movimentos, constantemente pressionados pelo tempo, tornaram-se causa e efeito de sua obra, cuja itinerância traduz uma maneira de ser e de conhecer. Entrar em seu ateliê é, pois, entrar no universo nômade de sua criação. Escolhi duas portas de entrada, ambas remetendo ao século XVI: a primeira, trata da reconstituição de um antigo códice; a segunda, da evidência da história nos relatos de viagem.

[159] *CA*, p. 39-40.

Como se reconstitui um manuscrito: a marca de Varnhagen

Manuel Oliveira Lima, em 1903, contou, a respeito de Varnhagen, uma anedota divertida e muito significativa:

> Quando, muito novo ainda, eu estudava paleografia na Torre do Tombo, tendo por mestre José Basto, um dos auxiliares de Herculano na obra grandiosa dos *Portugaliæ Monumenta Historica*, costumava ansioso esquadrinhar, nos maços de papéis bolorentos, de caracteres semiapagados debaixo da poeira dos séculos, algum documento que na minha prosápia juvenil julgava dever ser decisivo para a solução de qualquer dos enigmas da nossa história, que os tem, conquanto date de ontem. Ora, era com viva surpresa e não menos vivo desapontamento que, em quase todos aqueles papéis, se me deparava a marca discreta do lápis de um pachorrento investigador que me precedera na faina e que verifiquei não ser outro senão Francisco Adolfo de Varnhagen.[160]

Luis Camilo de Oliveira Neto, alguns anos mais tarde, também na Torre do Tombo, confirmou ter visto nos documentos que consultou o mesmo que Oliveira Lima: um pequeno *V* feito a lápis à margem das folhas.[161] Mais recentemente, em 2004, o historiador Eduardo Neumann relatou-me que, pesquisando no arquivo de Simancas, também encontrou documentos com a "marca" de Varnhagen.

A presença do sinal de Varnhagen nos documentos, assim como sua correspondência, sobretudo a dos anos 1840, comprova que ele levou a sério os encargos que lhe foram atribuídos como membro do corpo diplomático brasileiro. No entanto não apenas isso, ela reforça igualmente sua vocação para a pesquisa. Assim, por exemplo, no início desta década, ele escreveu a Januário da Cunha Barbosa, secretário-perpétuo do IHGB, para descrever sua peregrinação a vários arquivos na província de São Paulo, quando constatou, desolado, a desorganização e a falta de documentos.[162] Etapa fundamental à investigação, o trabalho de arquivo era para Varnhagen, como para boa parte

---

[160] Lima (1964, p. 121-156). Ver, do mesmo autor: Lima (1911, p. 39).
[161] Citado por Lessa (223, 1954, p. 106).
[162] *CA*, p. 52-54.

dos historiadores brasileiros doravante, uma precondição para atingir o conhecimento histórico: "Lá virá tempo" – anunciou, em 1943, a Barbosa – "em que eu não tenha arquivos e então o organizar dos documentos, a redação histórica será o meu cuidado".[163] A publicação por Varnhagen de um manuscrito do século XVI, cuja autoria é atribuída a Gabriel Soares de Sousa, viajante português que teria sido senhor de engenho na Bahia, o qual se tornou uma fonte incontornável para historiadores e mesmo para escritores em relação ao período colonial brasileiro, ilustra bem sua atividade no interior dos arquivos.

Gabriel Soares de Sousa (1587)

> *Vejo vir o tempo no qual não precisaremos mais basear a história moderna em crônicas, mesmo naquelas dos historiadores contemporâneos dos fatos – salvo quando transmitem um conhecimento de primeira mão –, para não falar dos trabalhos de segunda mão originados nessas fontes. A história será feita somente de testemunhos diretos das fontes mais autênticas.*
>
> (Leopold von Ranke, 1845)[164]

> *O moderno método de pesquisa histórica está fundado na distinção entre autoridades originais [fontes] e derivadas.*
>
> (Arnaldo Momigliano, 1950)[165]

Peri existiu. O personagem principal de *O guarani* é, segundo seu autor, um índio que representa verdadeiramente sua raça. Um texto escrito no século XVI auxiliou José de Alencar na descrição do nativo: "preferi guiar-me por Gabriel Soares que escreveu em 1580, e que, nesse tempo, devia conhecer a raça indígena em todo o seu vigor e não degenerada como se tornou depois".[166] O referente da ficção é construído desde um

---

[163] *CA*, p. 103.

[164] Citado em Grafton (1998, p. 51).

[165] Momigliano (1950, p. 283-315). Sigo aqui, neste ponto parcialmente, a excelente tradução de Pedro Telles da Silveira, *História antiga e o Antiquário*, anos 1990, Porto Alegre, v. 21, n. 39, p. 19-76, jul. 2014. Para um breve e importante comentário desta passagem de Momigliano ver: Kriegel (1996, p. 17-22).

[166] Alencar (1857, nota 8, p. 32 da primeira edição).

elemento exterior ao relato: um texto cuja credibilidade repousa na certeza de que aquilo que foi visto pelo narrador é confiável. O romance de Alencar baseou-se em um tipo de documento, muitas vezes identificado ao gênero dos relatos de viagem, que passou a ser definido, em dado momento, como uma *fonte histórica primária* ou uma *autoridade original*. Um relato que reenviava o leitor a um tempo no qual era possível ver a raça indígena tal como ela deveria ter sido em sua plenitude. Por intermédio dos olhos de Gabriel Soares de Sousa, José de Alencar matizou o jogo entre o visível e o invisível e determinou a realidade: ele viu o índio em seu estado puro e não o índio corrompido pelo tempo, espécie de simulacro impeditivo de uma ficção real. A visão do *outro* no século XVI é, portanto, percebida como uma imagem verdadeira no século XIX.

Acerca desse relato que subsidiou o romance de José de Alencar, Varnhagen lera suas *Reflexões críticas*, quase duas décadas antes, em 7 de novembro de 1839, na Academia Real de Ciências de Lisboa, a qual não apenas publicou o trabalho como acolheu o autor entre seus associados.[167] Nessa leitura, o jovem Varnhagen apresentou várias revelações sobre o texto, inclusive a identificação do autor. Se a recepção em Lisboa parece ter sido a melhor possível, a do IHGB, embora em geral tenha sido positiva, não passou sem ruído. A comissão encarregada de exarar um parecer sobre a obra, após vários elogios, fez algumas restrições às interpretações de Varnhagen: "A Comissão apressa-se, contudo, a declarar que está mui longe de levantar daqui uma querela ao ilustre autor das *Reflexões críticas*, o qual há muitos anos fora de sua pátria não poderia julgar per si acerca da verdadeira pronunciação de todos os nomes Brasílicos".[168] O desejo de não polemizar atingiu a análise fonética e as escolhas ortográficas de Varnhagen para certos nomes diante da discordância entre os autores antigos. Sem querer forçar meu argumento a ponto de torná-lo paranoico, o fato é que, desde seu ingresso no IHGB, seus colegas, sempre que podiam, não perdiam a chance de apontar seus equívocos, sendo que, nesse caso em particular, ainda que sutilmente e de modo enviesado, o peso da crítica recaiu sobre algo caro a Varnhagen: certa dificuldade

---

[167] Varnhagen (1839).
[168] PONTES, R. de S. da Silva; SERQUEIRA, Thomaz J. P.; VIANA, Cândido J. de A. "Parecer acerca da obra intitulada *Reflexões criticas sobre o escrito do seculo XVI, impresso com o titulo de 'Noticia do Brazil'* no T. 3º da Collecção de Not. Ultr., por Francisco Adolfo de Varnhagen, membro correspondente do Instituto", Revista do IHGB, 2, 1840, p. 109-112.

com a cor local, decorrente de seu longo afastamento[169] – nessa situação específica, os sons e as formas de transcrição das línguas faladas no passado e em seu tempo no Brasil.

Décadas depois, entretanto, Capistrano de Abreu, em momento de raro entusiasmo, recuperou Varnhagen, por meio de uma de suas sentenças com ares peremptórios: "quando foram publicadas [*Reflexões críticas*] produziram o efeito de uma revelação, abriram um mundo novo às investigações de todos aqueles que se ocupavam de nossos anais".[170] A versão definitiva dessas *Reflexões críticas* apareceu, em 1851, acompanhando o *Tratado descritivo do Brasil* (1557) de Gabriel Soares de Sousa na *Revista do IHGB*.[171] Na carta em que encaminhou o trabalho ao Instituto, Varnhagen apresentou o livro como a obra "talvez a mais admirável de quantas em português produziu o século quinhentista, prestou valiosos auxílios aos escritos do padre Cazal e dos contemporâneos Southey, Martius e Denis, que dela fazem menção com elogios não equívocos".[172] O padre Cazal, o poeta e historiador Robert Southey, o viajante naturalista Karl von Martius e o viajante e literato francês Ferdinand Denis alargaram de maneira significativa, como se nota a seguir, as redes de recepção de uma obra que, segundo Varnhagen, "corria espúria, pseudônima, e corrompida no título e na data".[173] Acrescente-se às circunstâncias de criação, produção e circulação do texto a desaparição do original.

Robert Southey, em sua obra *History of Brazil*, publicada na Inglaterra entre 1810 e 1819, utilizou um exemplar anônimo do manuscrito, ao qual faz referência constante ao longo do segundo capítulo do primeiro volume, em que descreve os índios do século XVI. Em nota explicativa, o historiador inglês definiu a importância do relato que ele estava seguindo: "Quando Jan de Laet escreveu, os tupiniquins eram *ad summum paucitatem redacti*. Eram esses selvagens os mais irreligiosos, obstinados e vingativos. Está isto em contradição com o caráter que lhes

---

[169] Cardoso (2012).

[170] Abreu (1878) *apud* Varnhagen (1928, p. 503).

[171] *Revista do IHGB*, 14, 1851, p. 3-423.

[172] A carta de Varnhagen ao IHBG, datada de 1º de março de 1851, em Madri, aparece como prefácio ao livro de Sousa (1974, p. 1). Seguirei esta edição e não a do IHGB, por ser a mais completa. Ver também a nova edição organizada e apresentada por Fernanda Trindade Luciani: SOUSA, Gabriel Soares. *Tratado descritivo do Brasil em 1587*. São Paulo: Hedra, 2010.

[173] Sousa (1974, p. 1).

atribui o autor das *Notícias*, que é autoridade mais antiga, por que escrevia o que viu e aprendeu no país".[174] Para Southey, o princípio que rege, diferencia e valida o relato de um autor desconhecido é, paradoxalmente, a autópsia. O anonimato acha-se amplamente compensado pelo nível das informações e pela objetividade do sujeito que narra.

Ayres de Cazal, ao contrário, tinha dúvidas sobre o autor do manuscrito. Em um comentário crítico sobre o relato, o padre, em nota de pé de página, afirmou: "Francisco da Cunha, ou qualquer que é o Autor do MS. intitulado: *Descrição Geográfica d'América Portuguesa*, escrita em quinhentos oitenta e sete, diz que Gonçalo Coelho fora o primeiro explorador da Costa Brasílica (depois de Cabral, e Lemos); mas não nos declara em que ano".[175] Na nota seguinte concluiu:

> A razão, por que cuido ser o mencionado MS. de Francisco da Cunha, é por dizer o Autor da Justificação referida, que aquele fizera um Roteiro da Costa Brasílica por ordem de Dom Cristovam de Moura: e uma das duas cópias, que vi, e que não passa da primeira parte (não me lembro se toda) traz uma Dedicatória àquele Fidalgo, datada em Corte de Madri, no princípio de março de quinhentos oitenta e sete. Esta Dedicatória falta na cópia do que existe na Real Biblioteca, e que é muito maior.[176]

Os comentários de Cazal não somente atribuíam a autoria do manuscrito a Francisco da Cunha, a partir de uma conjunção de fatores um pouco exagerados e aleatórios, mas também demonstravam que ele exerceu certa influência sobre outros autores, mesmo se, para ele, o exemplo tenha sido negativo.

O testemunho de Martius não foi menos significativo. O viajante naturalista citou o manuscrito na introdução de sua obra *Herbarium Florae Brasiliensis*, impressa em Munique, em 1837, e o colocou entre aqueles que se ocuparam da flora brasileira. Em sua opinião, o autor poderia ser Francisco da Cunha. Em outro livro, Martius referiu-se ao relato dizendo: "Num dos mais antigos documentos portugueses do século XVI, não existem enumerados mais do que três povos, entre os quais, os tupis são divididos em nove tribos". Em nota explicativa

---

[174] Southey (1810, v. I, nota 12, p. 627-628).
[175] Cazal (1817, t. I, p. 42).
[176] Cazal (1817, t. I, 43-44).

sobre a natureza da fonte, acrescentou: "Notícia do Brasil, descrição verdadeira da costa daquele Estado, que pertence à Coroa do reino de Portugal, feita por seu autor desconhecido, mas que depois foi verificado ser Gaspar Soares de Lisboa".[177] As divergências acerca da identificação do autor continuaram insuficientes para desqualificar as informações que o manuscrito continha. Martius teve a oportunidade, no entanto, de fazer uma última e definitiva correção:

> Neste agrupamento de nomes das plantas, em língua tupi, era necessário reportar-se às primitivas fontes históricas. Entre as acessíveis para mim, está em primeiro lugar a *Notícia do Brasil*, escrita nos últimos decênios do século XVI, por Gabriel S. de Sousa, conforme demonstrou Adolfo Varnhagen. Bem que os escritos de Léry e Thevet sejam mais antigos do que aquele documento, não se podem comparar, na abundância e clareza das informações, com a *Notícia do Brasil*.[178]

Este livro, que data da primeira metade do século XIX, não somente evidenciou não haver mais dúvida acerca do autor do manuscrito, como apresentou um estatuto no campo historiográfico: é uma fonte histórica importante. Quem nele fala possuía a autoridade de um cientista, de um viajante naturalista que, entre outras obras, havia redigido a monografia premiada em concurso do IHGB, cujo tema era *como se deve escrever a história do Brasil*.[179]

A recepção de Ferdinand Denis foi um pouco diferente dos autores anteriormente citados. Em *Brésil*, publicado em 1837, Denis afirmou ser Francisco da Cunha o autor do manuscrito: "Francisco da Cunha é, como eu posso provar, o autor deste valioso *Roteiro*. Essa preciosa crônica contém mais fatos sobre as antigas nações do Brasil que qualquer outra obra contemporânea".[180] Denis não apresentou nenhuma prova

---

[177] MARTIUS, K. von. *Von dem Rechtszustande Brasiliens* (1867, Leipzig). Citado por Pirajá da Silva em Sousa (1974, p. 251-252).

[178] MARTIUS, K. von. *Pflanzennamen in der Tupisprache, 1858. Beiträge zur Ethnographie und Sprachenkunde Amerika's zumal Brasiliens*. T. II, p. 373. Citado por Pirajá da Silva em Sousa (1974, p. 252).

[179] MARTIUS, Karl von. "Como se deve escrever a história do Brasil", *Revista do IHGB*, 6, 1844. Republicado na *Revista do IHGB*, 219, 1953, p. 187-205. Procurei analisar este texto em detalhe em: Cezar (2003, p. 173-208).

[180] Denis (1837, p. 11, nota ***).

determinante para identificar o autor do manuscrito, salvo a própria autoridade, que não era pouca. Supõe-se que, no manuscrito antigo por ele consultado, estivesse escrito o nome de Francisco da Cunha como sendo o autor legítimo. Essa hipótese não deve ser descartada, uma vez que, em algumas cópias do alfarrábio, havia assinaturas sobrepostas. No entanto, em 1864, na introdução à edição do livro do padre Yves d'Evreux, Denis, em curto comentário, finalmente atribuiu o texto a Gabriel Soares de Sousa:

> Bem que este missionário [Fernand Cardin] não possa, pela importância de documentos, comparar-se a Gabriel Soares, a quem se deve recorrer sempre que se queira ter ideia exata da nacionalidade dos índios e da emigração das suas tribos, contudo, muito se lhe assemelha pelo seu estilo: como ele, despreza os preconceitos que o faz amar os selvagens e, com animação, pinta admiravelmente o índio na sua aldeia, dando-nos a saber a grandeza ingênua de seu caráter.[181]

A confirmação do nome do autor foi creditada a Varnhagen, em nota de pé de página:

> foram estas duas obras exumadas pelo Sr. F. A. de Varnhagen, historiador tão conhecido no Brasil. Essa última [de Gabriel Soares de Sousa] da qual existe um MS., na biblioteca imperial de Portugal, foi reproduzida igualmente por seu hábil editor na *revista trimestral*.[182]

Denis havia tomado conhecimento do trabalho de Varnhagen bem antes. Por isso, o historiador não hesitou em servir-se de sua autoridade na apresentação da obra ao IHGB, assim fechando um círculo:

> Esta restauração dei-a por enquanto por acabada. Desde que o Sr. Ferdinando Denis a inculcou ao público europeu, com expressões tão lisonjeiras para um de vossos consórcios, creio que devemos corresponder a elas provando nossos bons desejos, embora a realidade do trabalho não vá talvez corresponder à expectativa do ilustre escritor francês quando disse: – *Ce beau livre a été l'objet d'une* (permiti-me, senhores, calar o epíteto com

---

[181] Denis (1864, p. XXXI).
[182] Denis (1864, nota 2, p. XXI).

que me quis favorecer) *dissertation de M. Adolfo de Varnhagen. Le écrivain que nous venons de nommer a soumis les divers manuscrits de Gabriel Soares à un sérieux examen, il a vu même celui de Paris, et il est le seul qui puisse donner aujourd'hui une édition correcte de cet admirable traité, si précieux pour l'empire du Brésil.*[183]

Foi o próprio Varnhagen quem, após ter consultado e confrontado várias edições, restaurou o relato e atribuiu sua redação definitiva a Gabriel Soares de Sousa. De acordo com sua avaliação, esse texto seria "tão correto quanto se poderia esperar sem o original, enquanto o trabalho de outros e a discussão não o aperfeiçoarem ainda mais, como terá de suceder".[184] Os procedimentos de reconstituição que tornaram o relato válido como documento inscrevem-se em um conjunto de regras aceitas por eruditos, antiquários e letrados da época, os quais se revelavam bem menos ortodoxos do que se poderia esperar das *ciências positivas* do século XIX. Varnhagen, por exemplo, esclareceu os limites da fonte: na ausência do original, é o texto possível, aberto ao debate.

Para chegar a este resultado, ele consultou, em 1847, o códice existente na Biblioteca de Paris, além de examinar "uns vinte mais" espalhados entre a Europa e o Brasil. O périplo de Varnhagen, entretanto, não foi suficiente para que ele encontrasse o manuscrito original:

> *Vi* três na Biblioteca Eborense, mais três na Portuense, e outros na das Necessidades em Lisboa. *Vi* mais dois exemplares existentes em Madri; outro mais que pertenceu ao convento da congregação das Missões e três da Academia de Lisboa, um dos quais serviu para o prelo, outro se guarda no seu arquivo e o terceiro na livraria conventual de Jesus. Igualmente *vi* três cópias de menor valor que há no Rio de Janeiro (uma das quais chegou a estar licenciada para impressão); a avulsa da coleção de Pinheiro, na Torre do Tombo, e uma que, em Neuwied, me mostrou o velho príncipe Maxiliano, a quem,

---

[183] "Este belo livro ... foi o tema de uma dissertação do Sr. Adolfo de Varnhagen. O escritor a quem acabamos de nomear submeteu os vários manuscritos de Gabriel Soares a um exame sério, viu até mesmo o de Paris, e é o único que pode dar hoje uma edição correta desse admirável tratado, tão precioso para o império do Brasil", Varnhagen *apud* Sousa (1974, p. 1), francês no original. Sobre Denis, ver: Rouanet (1991); Zilberman (2006a, 2006b); Laborie (2013).

[184] Varnhagen *apud* Sousa (1974, p. 2).

na Bahia, fora dada de presente. Em Inglaterra deve seguramente existir, pelo menos, o códice que possui Southey [...]. Nenhum daqueles códices, porém, é, a meu *ver*, o original.[185]

Varnhagen chamou a atenção para um problema grave da pesquisa histórica: o copista, aquele que pode incorrer em atitudes que adulteram o original.[186] Assim, não é estranho que o historiador tenha se deparado com "uma infinidade de cópias mais ou menos erradas, em virtude de leituras erradas feitas por quem não entendia do que lia".[187] Essa seria uma das causas que dificultavam a reconstituição do códice e a elucidação quanto ao autor: "as mesmas cópias, por desgraça, foram tão mal tiradas que disso proveio que o nome do autor ficasse esgarrado, o título se trocasse e até na data se cometessem enganos!".[188] Contudo, o número de transcrições é um indicador da importância do manuscrito: "graças, porém, às muitas cópias que nos restam – a uma de Évora sobretudo, creio poder dar no exemplar que vos ofereço o monumento de Gabriel Soares".[189]

Alguns comentadores do relato acentuaram os equívocos e os anacronismos dos diferentes manuscritos. Por exemplo, em uma edição portuguesa da obra, publicada em 1989, Luis de Albuquerque afirmou que os textos de Gabriel Soares de Sousa:

> Apresentam variações entre eles, e, por vezes, incluem partes que são claramente apócrifas, como aquela que faz menção à existência de plantas de café e de chá no sertão da Bahia – quando nós sabemos que o cafeeiro somente foi introduzido no Brasil em 1727, pelo comandante Francisco de Melo Palheta, ou seja, cem e quarenta anos após Gabriel Soares de Sousa ter oferecido uma cópia de sua obra a Cristóvão de Moura.[190]

Essa versão tomou por base a edição da Academia das Ciências de Lisboa de 1825 (integrada à *Coleção de Notícias para a História e Geografia*

---

[185] Varnhagen *apud* Sousa (1974, p. 1-2, grifo meu).
[186] Canfora (2002, p. 15-24).
[187] Varnhagen *apud* Sousa (1974, p. 201).
[188] Varnhagen *apud* Sousa (1974, p. 2-3).
[189] Varnhagen *apud* Sousa (1974, p. 2).
[190] Albuquerque (1989, p. 260).

das Nações Ultramarinas, tomo III, parte I), com a qual Varnhagen não estava de acordo, embora reconhecesse seus méritos por se tratar da primeira edição. No entanto, segundo o historiador brasileiro, o códice era "pouco fiel", pois, para ele, o revisor não conhecia a "nomenclatura das coisas da nossa terra".[191] Mesmo sem ter lido Luis de Albuquerque, Varnhagen teria uma resposta a ele!

Tratava-se, portanto, de uma missão reservada a um profissional, a um historiador e não a amadores. Era preciso competência e inteligência; era preciso método (embora Varnhagen não tivesse falado em método científico). O principal procedimento metodológico do qual se serviu Varnhagen para restaurar o códice foi a comparação entre os vários exemplares, por intermédio da verificação de datas, de nomes nativos da fauna e da flora, de aspectos da população e do cotejo com outras fontes. Além disso, Varnhagen publicou um apêndice ao livro de Gabriel Soares de Sousa com 270 comentários, ou seja, mais ou menos um para cada capítulo, os quais compõem um metatexto do lado visível e analítico das ações que recriaram o relato e que permitiram a identificação do autor. Prudente e cartesiano, ele objetou *a priori* possíveis críticas:

> O tempo fará ainda descobrir algumas correções mais que necessitar esta obra, já pelo que diz respeito a nomes de locais que hoje só poderão pelos habitantes deles ser bem averiguados, já por alguns nomes de pássaros, insetos, e principalmente de peixes não descritos nos livros, e só conhecidos dos caçadores, roceiros e pescadores.[192]

Ou seja, a crítica documental limitada, de ontem e de hoje, repousa na insuficiência metodológica fundamentada e dependente da autópsia. É preciso ver! É preciso tempo para ver!

Este labor investigativo condensou-se, desde Cazal ao próprio Varnhagen, na descoberta do autor. Em que pese o mencionado "Parecer da Comissão" do IHGB, que avaliou *As reflexões críticas* sem convicção mais efetiva, afirmar "parece que se acha demonstrado que o autor não é Francisco da Cunha, mas sim Gabriel Soares de Sousa", o fato é que, desde Ferdinand Denis, não encontrei, até onde pude verificar, nenhuma

---

[191] Varnhagen *apud* Sousa (1974, p. 3).
[192] Varnhagen *apud* Sousa (1974, 201-202).

contestação à autoria nem a quem a atribuiu.[193] Contudo, esse reconhecimento autoral foi baseado em uma hiperinterpretação de Varnhagen. Na referida mensagem, remetida ao IHGB, na qual explicou o processo de restauração do manuscrito, ele anexou outra carta, cujos conteúdo, data e assinatura revelariam a autoria. Ao oferta-la a um protegido de Filipe II, d. Cristóvão de Moura, o autor da missiva explanou:

> Obrigado de minha curiosidade, fiz, por espaço de 17 anos, em que residi no Estado do Brasil, muitas lembranças por escrito do que me pareceu digno de notar, as quais tirei a limpo nesta corte em este caderno, enquanto a dilação de meus requerimentos me deu para isto lugar; ao que me dispus entendendo convir ao serviço de El-Rei nosso Senhor, e compadecendo-me da pouca notícia que nestes reinos se tem das grandezas e estranhezas desta província, no que anteparei algumas movido do conhecimento de mim mesmo, e entendendo que as obras que se escrevem têm mais valor que o da reputação dos autores delas. Como minha tenção não foi escrever história que deleitasse com estilo e boa linguagem, não espero tirar louvor desta escritura e breve relação que a V. S. eu ofereço [...]. Em Madri, 1º de março d 1587 – Gabriel Soares de Sousa.[194]

Estava terminado. O manuscrito, finalmente, pertencia a Gabriel Soares de Sousa! Prescindindo de um método crítico mais apurado, como aquele aplicado à *Doação de Constantino*, ou de um aparato teórico, como em *O que é um autor?*, Varnhagen conferiu, com base em uma forte impressão, um "indiscutível caráter de unicidade" à obra e à autoria, condição, de acordo com Canfora, de um *original*.[195]

Do século XVI ao XIX, dele ao XXI, de Gabriel Soares de Sousa a Robert Southey, passando por Denis, Varnhagen e Alencar, chegando aos dias atuais, mais importante que a função de autor é a crença na visão de quem escreveu. Porém, acreditar parece tornar-se mais fácil quando se supõe a existência de determinado autor. Eis que outro círculo deste movimento se encerra.

---

[193] PONTES, R. de S. da Silva; SERQUEIRA, Thomaz J. P.; VIANA, Cândido J. de A. "Parecer acerca da obra intitulada *Reflexões críticas...*, *Revista do IHGB*, 2, 1840, p. 109. Ver também: Azevedo (2007, p. 20-25).

[194] Varnhagen *apud* Sousa (1974, p. 2).

[195] Canfora (2002, p. 9); Valla (1993); Foucault (2001b, p. 817-849).

As formas da evidência: relatos de viagem

Before my God, I might not this believe
Without the sensible and true avouch
Of mine own eyes.
(Shakespeare, *Hamlet*, 1.1-54-56)[196]

Ver não é saber mas crer.
(Capitão Burton)[197]

Ver com os próprios olhos. "É assim que nosso livro vos contará (as curiosidades e diversidades da Grande Armênia) em clara e boa ordem, como Monsenhor Marco Polo, sábio e nobre de Veneza, as descreve porque as viu com seus próprios olhos" – escreveu Polo no início do relato no qual narrou suas viagens.[198] Cristóvão Colombo, em carta a Luís de Santangel, expôs o que ele vira e o que ele não vira (homens monstruosos, por exemplo) no Novo Mundo.[199] Caminha, em seu famoso relato ao rei dom Manuel, fez uma confissão preliminar à narração: "creia bem por certo que, para alindar nem afear, não porei aqui mais do que aquilo que vi e me pareceu".[200] "Eu vi e assisti a todas estas cerimônias" – afirmou Hans Staden em um relato conturbado, publicado em 1557, sobre suas aventuras no Brasil.[201] Não seria diferente com André Thevet, que, naquele mesmo ano, publicou *Les Singularités de la France Antarctique*, no qual descreveu o que se passara durante sua curta permanência em terras brasílicas "por ter observado ocularmente".[202] Jean de Léry, em 1578, explicou ao leitor que "se alguém achar ruim que", quando à frente, "eu falar do modo de fazer dos selvagens, use com muita frequência

---

[196] "Diante de meu Deus; eu jamais acreditaria nisso/ Sem a prova sensível e verdadeira/ Dos meus próprios olhos" (Shakespeare, *Hamlet*, 1.1-54-56, tradução adaptada de Millôr Fernandes).
[197] Citado por Lenclud (1995, p. 129).
[198] Polo (1998, p. 39).
[199] Colombo (1992, "Lettre à Luis de Santangel (15/II/1493)", p. 208-217).
[200] Caminha (1987, p. 59).
[201] Staden (1979, p. 218).
[202] Thevet (1997, p. 305).

este modo de falar: eu vi, eu me encontrava, isso me aconteceu – e coisas semelhantes", ele responderá que "além do mais são matérias de meu próprio assunto e ainda, como se diz, que isso é falar de ciência, isto é, de vista e de experiência".[203] Autopsiar, portanto. Eis o que se poderia chamar de uma constante epistemológica dos relatos de viagem desde Heródoto.[204]

Se ver é um gesto intelectual expresso pelo relato de viagem, isso não lhe garante nenhuma unidade textual: é um gênero literário sem lei. Se sua tradição foi bem estabelecida e sua leitura atravessou o tempo, esse tipo de escrita continua avesso a debates teóricos.[205] Contudo, mesmo sendo uma narração fugidia, a qual resiste a toda descrição minuciosa que não seja uma simples taxonomia de seus conteúdos, a versatilidade do texto que narra uma viagem se manifesta por meio de uma liberdade formal e de uma plasticidade que o tornam adaptável a diferentes sociedades. Ademais, o relato de viagem pode se fixar sobre determinadas formações discursivas e ser regrado por códigos específicos. Assim, por exemplo, é encontrado integrado às matérias de um diário (o *Journal de Voyage* de Montaigne, 1774), de uma autobiografia ou de um ensaio etnográfico (o *Tristes Tropiques* de Claude Lévi-Strauss, 1955), de obras epistolares (as *Lettres d'un voyageur* de George Sand, 1837), ou transcrito em forma diferente daquela de sua primeira ocorrência (por exemplo, *Voyage au Canada*, relato retrospectivo em que Jacques Cartier retomou as notas de diferentes diários de bordo, 1534-1541).[206] Da mesma maneira que pode se adaptar às exigências desse conjunto de possibilidades literárias, o relato de viagem constitui-se em um campo disponível aos diferentes discursos que o percorrem e que o articulam tais como o discurso do geógrafo, do naturalista, do etnógrafo, do administrador, do economista, do militar, do missionário, do arqueólogo, do *marchand,* do amante de obras de arte, do historiador. Cada um deles é dotado de seu próprio léxico, o que não os impede de se cruzarem. Trata-se de um texto cuja condição fragmentária o torna passível de ser

---

[203] Léry (1994, p. 98).
[204] Hartog (1991); Zangara (2007).
[205] Como mostra Hoenen (1990, p. 11-27). Para uma tentativa de compreender os relatos de viagem como um gênero literário, ver Doiron (1984, p. 15-31). Para um balanço epistemológico do relato de viagem, ver Gabilondo (2018).
[206] Montaigne (1983); Lévi-Strauss (1990); Sand (2004); Cartier (1992).

apreendido segundo o desejo do receptor. Assim, o relato de viagem não tem fronteiras.[207]

Os relatos dos viajantes que estiveram no Brasil desde o século XVI têm sido, portanto, trabalhados e analisados em diversos campos de saber.[208] Se há, contudo, pluralidade de recepções, uma percepção parece comum a todas: o conteúdo dos relatos expressa uma manifestação da verdade daquilo que os viajantes viram. Neles parece haver, efeito da autópsia, uma *intenção de verdade*. É muito provável que seja por essa razão que a historiografia, desde o século XIX, momento de sua primeira aproximação consistente com a ciência, serve-se desses relatos como documento histórico. Uma fonte que presumivelmente viu o que descreve e alegadamente experimentou o que viu. Os relatos de viagem participam, desse modo, do discurso da evidência da história.

Mais próxima da filosofia e da retórica, a evidência é uma resposta a um dilema clássico do conhecimento histórico, ou seja, de "como manter a diferença de princípio entre a imagem do ausente como irreal e a imagem do ausente como anterior?".[209] A *evidência*, simultaneamente, resolve e mascara a questão. Ela a resolve, porque, na maior parte das vezes, acredita-se que o passado está lá, em algum lugar da memória coletiva ou da individual, que o passado já foi presente e perceptível à visão de alguém, e hoje é anterioridade. Ela a mascara, porque a certeza de que o passado tenha sido é muitas vezes frágil, pois pode tanto não ter se realizado, como ser produto de uma ilusão, isto sem levar em conta possíveis falhas da memória. Entretanto, as lembranças e as ilusões, considerando suas potenciais precariedades, fazem parte da história. Desse modo, a evidência, ao longo do tempo, é uma variante de outro debate clássico do campo historiográfico: a querela entre história e ficção.[210]

***

---

[207] Ver, nesse sentido, o questionamento inicial de Pasquale Aniel Jannini ao analisar o relato de Champlain: "La ricezione dei 'voyage' di Champlain nella storiografia letteraria" (1984, p. 27).

[208] O "Dossiê: Brasil dos viajantes", publicado pela *Revista USP*, SP, n. 30, 1996 (disponível em: <https://www.revistas.usp.br/revusp/issue/view/1882/showToc>, acesso em: 18 mar. 2018), é um bom exemplo.

[209] Ricœur (2000, p. 306).

[210] Hartog (2005, p. 11-16).

Lévi-Strauss, em uma famosa passagem de *Tristes trópicos*:

> Penetrar, pela primeira vez, talvez, em uma aldeia tupi ainda intacta, seria reencontrar, depois de 400 anos, Léry, Staden, Soares de Sousa, Thevet e o próprio Montaigne que meditou, nos *Essais,* no capítulo dos canibais, sobre uma conversa que tivera com índios tupis encontrados em Rouen. Que tentação![211]

Varnhagen, um século antes de Lévi-Strauss, ponderou:

> Ao lermos esta parte da descrição da cidade, quando aportamos na Bahia em princípio de maio deste ano, quase acompanhávamos o autor [Gabriel Soares de Sousa] passo a passo, tanta verdade há em sua descrição.[212]

O traço em comum entre essas duas passagens é a experiência da viagem. Ambos, o antropólogo do século XX e historiador do século XIX, confirmam *in loco* a veracidade das narrativas do século XVI. Os fantasmas dos viajantes que os acompanham são os mesmos e têm a mesma função: fontes dignas de fé. Fundamentos e provas de seus discursos, entretanto, suas formas de apreensão são divergentes. Para Lévi-Strauss, os relatos de viagem podem até mesmo representar o despertar de uma "consciência etnológica", cujas marcas se fazem sentir em filósofos do Iluminismo. Para Varnhagen, esse tipo de narrativa, por mais importante que possa ser, é, sobretudo, um texto produzido em uma circunstância na qual a subjetividade encontra caminhos de expressão constantemente abertos. Lá onde Lévi-Strauss conseguiu encontrar formas de expressão de uma sociedade independente de seu estatuto de objetividade empírica (transmissão de formulações míticas, por exemplo), Varnhagen apenas percebeu ou se interessou pelo dado bruto, pelo grau de veracidade que sua transcrição confere ao passado.[213] Em princípio, portanto, sua utilização deveria passar pelo crivo de um método exegético que lhe extraísse a verdade desmitificada da história. Foi o que ele fez e valorizou, com certeza, em Gabriel Soares de Sousa.

A apreensão e o uso que Varnhagen fez de outros relatos do século XVI, que não foram por ele editados – André Thevet, Jean

---

[211] Lévi-Strauss (1990, p. 428).
[212] Varnhagen *apud* Sousa (1974, p. 212).
[213] Sobre o assunto ver: Hartog (2005, p. 175-189); Iegelski (2016, p. 269-354).

de Léry, Hans Staden e Pero Magalhães Gândavo, entre outros –, foram, igualmente, submetidos a um trabalho crítico, mais ou menos exaustivo, em busca da materialidade pretérita. Eles são fontes, ao lado de Gabriel Soares de Sousa, sobre o primeiro século português no Brasil, e compõem o acervo documental, notadamente, do primeiro volume da *HGB*. Em que pese serem utilizados em temáticas semelhantes, a recepção dos relatos obedece a lógicas distintas, valorizando, aqui e acolá, os aspectos cartográficos, os toponímicos e as informações relativas às populações indígenas. De modo geral, figuram como notas de pé de página, tendo por função reforçar ou comprovar o argumento do autor. Nada mais tradicional. O texto, contudo, apresenta sutilezas semânticas.

Por exemplo, Varnhagen afirmou que "nem chegariam a um milhão os índios que percorriam nessa época nosso vasto território, hostilizando-se uns aos outros, – às vezes cada duas léguas, se a terra atraía por pingue mais alguma gente, como sucedia nos arredores da Bahia".[214] O dado contábil advém de Gabriel Soares de Sousa, cuja afeição pelos números é uma das características de seu relato. Ao escrever sobre a língua dos índios, Varnhagen, além de se servir novamente do mesmo autor, acrescentou Gândavo: "Essas gentes vagabundas, que guerreando sempre povoavam o terreno que hoje é do Brasil, eram, segundo parece, verdadeiras emanações de uma só raça ou grande nação; isto é, procediam de uma origem comum, e falavam todas dialetos da mesma língua".[215] E seguiu, em nota: "com esta opinião vai de acordo quanto dizem a tal respeito Gândavo, Gabriel Soares, o Padre João Daniel e d'Orbigny".[216] O historiador complementou, no corpo do texto: "E não só falavam dialetos idênticos, como em geral se denominavam a si quase sempre do mesmo modo: *Tupinambá*. Se no Maranhão como no Pará, na Bahia como no Rio,[4] houvésseis perguntado a um índio de que nação era, responder-vos-ia logo: Tupinambá".[217] Essa passagem foi explicada na seguinte nota: "na Bahia, assevera-o Gabriel Soares e, no Rio de Janeiro, Staden, Laet e Thevet". Entretanto, de volta à narrativa principal, ressalvou: "alguns dos vizinhos tratavam, como se vê de Staden, por *Tupiniquins*".[218]

---

[214] *HGB*, 1854, p. 98.
[215] *HGB*, 1854, p. 99.
[216] *HGB*, 1854, p. 99.
[217] *HGB*, 1854, p. 99.
[218] *HGB*, 1854, p. 99-100.

Não há, nesses exemplos, hierarquização de fontes. Todos os viajantes, inclusos o naturalista francês Alcide d'Orbigny e o jesuíta João Daniel, cujo relato foi publicado, por iniciativa de Varnhagen, na *Revista do IHGB* (1841), foram citados indistintamente como comprovações do argumento do autor.[219] Observe-se, no entanto, que, na mesma medida em que a fonte era segura, uma afirmação peremptória, o movimento da escrita mostrava-se, aparentemente, vacilante. Assim, ele usou a forma verbal do futuro do pretérito para mostrar que os índios não "chegariam" a um milhão, buscando tal certeza em Gabriel Soares de Sousa e explicitou: "eram segundo *parece* verdadeiras emanações".[220] *Parecer* uma verdade é um ardil retórico: não se tem certeza absoluta, mas tudo leva a crer que os acontecimentos se passaram deste modo. Ademais, essa era a "opinião" de Gândavo e de Gabriel Soares de Sousa. Essas concepções faziam parte do acervo semântico do discurso da unidade linguística do nativo, que visava, em última instância, provar que essas "verdadeiras emanações" não passavam de "invasões" do território, em algum impreciso momento histórico.[221]

Não obstante, os pontos de vista de um e outro são desiguais. Gândavo é menos preciso que Gabriel Soares de Sousa. Tal imprecisão encontra-se, porém, dentro de uma margem de erro aceitável, que de modo algum abala a credibilidade do relato. É o caso do apelo de Varnhagen para que se desconsiderem "todos esses catálogos de nomes bárbaros e dissonantes, com que se tem pretendido distinguir os habitantes de um distrito pelas alcunhas, às vezes duplas e até múltiplas", pois seriam elas geralmente atribuídas por "injúria ou vitupério" e "poucas vezes por honra ou apreço". Varnhagen propôs então uma unificação dos nomes, "para melhor nos entendermos hoje em dia". Em nota a essa passagem, destacam-se novamente as opiniões dos portugueses:

> O antigo escritor do Brasil, Gândavo, bem que acreditasse que certos nomes designavam verdadeiramente nações diferentes – era de opinião que ainda que todos os Gentios da

---

[219] De Orbigny, Varnhagen cita em outra nota a obra *L'homme américain (de l'Amérique méridionale) considéré sous ses rapports physiologiques et moraux*, 2 v., Paris, Pitois-Levrault, 1839. Padre João Daniel, *Revista do IHGB*, 3, 1841, p. 39-52. Sobre o jesuíta, ver Costa (2007, p. 95-112).

[220] Grifo meu.

[221] Varnhagen (1876) *in* Glezer; Guimarães (2013, p. 346-448). Cezar (2008, p. 43-65).

costa se achavam divididos, "todavia na semelhança, condição, costumes e ritos gentílicos todos são uns". A mesma opinião sustenta Gabriel Soares (I, c. 13, 39, etc.), dos escritores antigos o que mais se dedicou à etnografia brasílica.[222]

A Gândavo foi imputado um pequeno equívoco, cuja origem seria uma crença que julgava verdadeira, efeito, possivelmente, de uma vontade honesta. O diminuto erro foi compensado pelo reconhecimento da unidade antropomórfica das nações indígenas da costa. À opinião de Gabriel Soares de Sousa, nesse caso, não caberia, porém, recurso: por ter sido o que mais se consagrou aos estudos deste povo, ele sabia mais. Todavia, o definidor e proprietário de verdades não eram os dois autores e sim o próprio Varnhagen. Logo, na mesma perspectiva da avaliação de Gândavo, ele não se furtou de apontar uma ou outra falha em informações prestadas por Gabriel Soares de Sousa:

> Porém ainda não tinham de começar a colonizar-se as terras do Pará e Maranhão. A armada que (segundo o dito embaixador, não concorde com Soares) se compunha de oito ou nove caravelas e alguns bergantins perdeu-se, como a de Aires da Cunha, nos baixos do Maranhão; e apenas conseguiram escapar-se Luiz de Mello, com alguns dos companheiros, que foram, como os seus predecessores de naufrágio, ter às Antilhas.[223]

Diante da indefinição numérica (o que é raro no relato de Gabriel Soares de Sousa), Varnhagen não se posicionou claramente entre os dois informantes: a decisão de escolher entre uma fonte e outra foi deixada como prerrogativa do leitor. A um dos poucos erros atribuídos, de fato, ao autor por ele definido, a crítica foi feita com dose significativa de eufemismo: "regresso que não chegou a realizar, por haver Deus disposto de sua vida, ao cabo de dezesseis anos de governo" – explicou o historiador, referindo-se ao terceiro governador-geral do Brasil, Mem de Sá, em cuja nota explicitou: "Gabriel Soares conta quatorze, *naturalmente* por engano".[224] Aqui não ficou para o leitor a decisão, sua inexatidão,

---

[222] *HGB*, 1854, p. 103.
[223] *HGB*, 1854, p. 216.
[224] *HGB*, 1854, p. 269, grifo meu.

como em Gândavo, foi um erro natural que, antes de comprometer a fonte, lhe conferiu "carne e sentido".[225]

Do mesmo modo, quando Varnhagen flagrou uma análise parcial ou incompleta de Gabriel Soares de Sousa, ele não o repreendeu por isso, ao contrário, procurou, no relato, um entendimento mais amplo: "Uma fusta desta esquadra, ajudada talvez das correntes, foi aportar próximo ao Cabo de S. Roque, onde se dizia o Rio Pequeno, e aí sofreram os que nela iam toda a sorte de hostilidades de parte dos índios" – escreveu Varnhagen no corpo do texto, acrescentando em nota: "Soares (I, cap. 10) não explica se ali foram ter desde logo, ou depois de destroçados; esta versão parece natural quando diz (cap. 13) que outros navios se perderam pela extensão dos baixos que vão da Paraíba até o Maranhão".[226] Soares não elucidou, porém induziu uma explicação, por poderem suas observações ser generalizadas ou tornadas essências (natural). O texto, portanto, faz o historiador supor.

Daí ao incentivo à imaginação, o passo está dado:

> Estes hábitos marciais e a dura condição, em que sem ter a eles respeito, as guardavam os maridos, talvez desse algumas vezes ocasiões à revolta ou transmigração de muitas juntas, do que proviria, por ampliação, a notícia de uma nação de novas Amazonas, no rio que daí tomou esse nome. Que o fato existiu de algum modo não se nos oferece dúvida, não tanto porque o narrou Orelhada, como por que a notícia chegou às costas do Brasil através dos sertões. Porém, seria isso um fato extraviado de algum bando de mulheres que admitindo de novo a companhia dos homens, por deverem conhecer que sem eles não podiam perpetuar com filhas femininas sua nação feminina, tiveram que ceder aos mesmos homens pela força, no que a eles pertence em todos os países. – O certo é que os exploradores que vieram mais tarde já não encontraram essas caprichosas guerreiras, que constituem, na história da América, um mito semelhante ao da Ásia na antiguidade.[227]

---

[225] "Na prática, o historiador sabe bem, como o sociólogo, interromper discretamente a análise dos resultados estatísticos para intercalar o pequeno relato – caderno do professor, a lembrança de alguma infância, o romance – que lhe confere, de uma só vez, carne e sentido" (RANCIÈRE, 1992, p. 203-204).

[226] *HGB*, 1854, p. 157.

[227] *HGB*, 1854, p. 128.

Em nota complementou: "Soares, II, 182, esta tradição sobretudo quando naturalmente por notícias dos índios diz que elas eram vizinhas dos 'Ubirajaras' que nós *imaginamos* povos do Amazonas".[228] Receptor dessa tradição, testemunha de traços de um povo cuja única certeza para o historiador era que ele existira, em algum lugar e em algum momento do passado, Soares, mais uma vez, tornou-se cúmplice de argumentos marcados por livres associações (*talvez* ou *nós imaginamos*).

Diferente mostra-se o caso do cosmógrafo André Thevet, com quem Varnhagen teve menos tolerância. Suas críticas mais duras e diretas foram dirigidas aos acontecimentos envolvendo a expulsão dos franceses do Rio de Janeiro, no século XVI:

> resolvido o ataque, começaram os *nossos* a desembarcar na ilha e a assestar nela artilharia, com a qual e a das naus combateram a fortaleza por dois dias e duas noites até que os Franceses, sem água nem pólvora, capitularam em número de setenta e quatro, e alguns escravos.

Em nota complementar ajuntou:

> Thevet (*Cosmog.* f. 908 v.) diz que se entregara esta "*par composition*"; e acrescenta, que só havia no forte dez Franceses: mas sua autoridade é dada por suspeita pelos próprios contemporâneos. Também cai em dizer que a esquadra de Mem de Sá se compunha de "26 *navires de guerre et quelques vaisseaux à rame*".[229]

A apreciação de Varnhagen não dissimulou a relação com a nacionalidade da fonte: os *nossos* não apenas venceram como contaram a verdade sobre os eventos. Thevet errou não por que tivesse uma crença ingênua como Gândavo, nem cometeu pequeno engano como Gabriel Soares de Sousa. Thevet é aquele cuja autoridade foi questionada em seu próprio tempo. Paradoxalmente, seu conterrâneo, Jean de Léry, foi um de seus principais acusadores, sendo aquele, como mencionei anteriormente, que odiava a "mentira e os mentirosos". Esse axioma estabeleceu um critério metodológico que englobou o narrador, as fontes e o próprio relato.[230]

---

[228] *HGB*, 1854, p. 128, grifo meu.

[229] Em francês no original: "*por composição*"; "26 navios de guerra e alguns barcos a remo", *HGB*, 1854, p. 240.

[230] Léry (1994, p. 93). Segundo Fornerod, "a ética do narrador garante veracidade a sua história, porém é necessário que o leitor confie no relato que ele percorre

Quem mentiu, para ele, foi Thevet, e o fez "cosmograficamente, quer dizer a todo mundo".[231] O ódio de Léry contra os mentirosos tornou-se, ao longo do tempo, um elemento de validação de seu relato. Uma estratégia aparentemente inocente, mas que, de certa maneira, contribuiu para a produção de um *efeito de teoria*,[232] cujo resultado conduziu a etnologia contemporânea a considerar Léry mais honesto que Thevet. Suas falhas, após um trabalho de leituras sucessivas, foram assimiladas a uma lógica da evidência, assim explicada por Gérard Lenclud:

> não acreditamos que estes viajantes enganaram-se, nós sabemos. É por isto que, lendo seus relatos, nós os decodificamos, quer dizer corrigimos seus erros, e operamos uma classificação entre esses relatos que coloca, em nome da veracidade, Léry, por exemplo, mais alto que Thevet.[233]

Não foi somente por afirmar que aquilo que ele dizia era verdade ou por detestar os mentirosos que Léry foi qualificado como autor mais verdadeiro, sobretudo em relação a Thevet. A organização interna de seu relato contribuiu para se criar este efeito de texto. Deveras, todos estes operadores, cuja função é fazer o texto dizer a verdade, advêm de uma problemática mais geral, a qual Michel de Certeau definiu como uma "economia de tradução".[234] Assim, por exemplo, o fato de Léry ter aprendido o idioma tupi e de, frequentemente em seu relato, citar palavras em língua nativa, acompanhadas de tradução e explicação "produz – como escreve François Hartog – seguramente um efeito de exotismo, mas também um efeito de seriedade".[235]

Ao descrever as "ideias religiosas e a organização social dos tupis", Varnhagen voltou a criticar Thevet. No corpo do texto, escreveu:

> com os olhos, sem o que nada seria possível. É por esta razão que Léry dirige-se àqueles que apresentam qualidade morais e análogas às suas. Ao redor da verdade, que a transparência do estilo mantém na sua pureza, estabelece-se uma verdadeira simbiose entre o narrador e seus leitores" (FORNEROD, 1995, p. 48).

[231] Léry (1994, p. 67).

[232] Sobre esta noção, ver Bourdieu (1982, p. 13-17).

[233] Lenclud (1995, p. 115-116). Na versão atualizada deste artigo, Lenclud, suprimiu às menções a Léry e Thevet, Lenclud (2013, p. 71-72)

[234] Certeau (1993, p. 233).

[235] Hartog (1991, p. 250).

Apesar da frequência das trovoadas nestes climas carregados de eletricidade, os Índios não se tinham familiarizado com seus terríveis fenômenos: receavam-se do trovão, que consideravam como uma manifestação de ira de *Ibag* ou do firmamento. Não passava sua metafísica mais além deste inato terror; nem cremos que concebiam a ideia de um ente superior, imaterial e infinito a reger este infinito Orbe.[236]

Thevet, em nota, foi chamado a se manifestar quanto a esta metafísica:

> *"C'est icy qu'il fault que ie me mocque de celuy, qui a esté si temeraire, que de se vater d'avoir fait un livre de la religion que tiennent ces sauvages"* – diz Thevet (*Cosm.* f. 910). E isto sem advertir que também ele caiu em tal presunção, e que com mais credulidade ou invenção que observação faz quase um tratado acerca da "religião" dessa gente.[237]

A ironia de Thevet em relação ao autor não identificado de um livro sobre a religião indígena foi percebida por Varnhagen como uma manifestação da incapacidade de o francês se autoavaliar. Sem problema. Esta foi uma das tarefas do historiador brasileiro: Thevet fez algo pior que o suposto autor que ele criticou, pois seu comentário revelou sua incapacidade de observação, regra básica do código (científico ou não) que preside as informações contidas nos relatos de viagem.

Se Thevet já era posto em dúvida em seu tempo, se ele era "pretencioso", por que, então, Varnhagen serviu-se de seus relatos? A escassez documental acerca do século XVI brasileiro seria a primeira explicação: Thevet era simplesmente incontornável. Por conseguinte, mesmo que sua capacidade de observação não seja nenhuma prova de virtuosidade objetiva, é incontroverso que, embora por curto período, ele esteve no Brasil. Logo, alguma coisa de aproveitável seu relato deveria ter. Por exemplo, no mesmo contexto da religião dos índios, Varnhagen escreveu que eles "olhavam com superstição para as fases da lua, e alguns a festejavam alegres em certas conjunções". Suas fontes, citadas em nota de pé de página, foram os testemunhos oculares de: "Léry, 19. Soares,

---

[236] *HGB*, 1854, p. 123.

[237] "Aqui é preciso que eu zombe daquele que foi tão imprudente de se vangloriar de ter feito um livro da religião que tem esses selvagens" (em francês no original). (*HGB*, 1854, p. 123).

II, 161. Thevet, Sing., f. 81".[238] Aí está, portanto, uma das utilidades de Thevet: sua autópsia.

Thevet e Léry foram, igualmente, testemunhas de tradições orais: "A tradição recolhida da boca dos índios, em tantos pontos do Brasil e por autoridades diferentes, é concorde em asseverar que parte dessa civilização, sobretudo a cultura e preparação da mandioca, fora trazida por um barbado alienígena de quem conservavam grata memória".[239] O complemento segue em nota: "Thevet, Léry e o célebre jesuíta Nóbrega". Os franceses escutaram a voz nativa e registraram sua memória. Foi a primeira e única vez que Varnhagen os classificou como "autoridades". No entanto, note-se, estão acompanhados de uma celebridade portuguesa a qual, apesar de jesuíta (ordem religiosa pela qual Varnhagen não tinha muita estima), tornou-se uma referência intelectual imprescindível ao se falar do Brasil quinhentista. Ademais, para uma multidão de homens de letras do século XIX, Varnhagen incluso, todo o cuidado era pouco com os "criativos" franceses, também eles "amigos do maravilhoso",[240] os quais, por certo, na maioria dos casos, tinham visto e escutado o que diziam, mas nem sempre o interpretaram como deveriam: às vezes, além de parciais, eles seriam portadores de uma "imaginação ardente".[241]

***

A intervenção e o uso que Varnhagen fez dos relatos de viagem não se limitou à citação autoral. O viajante que viu, pode, tal-qualmente, ser ator dos eventos narrados – eis os casos de Léry, Gabriel Soares de Sousa e Staden.

Léry foi personagem de episódios envolvendo a fundação da França Antártica:

> Entretanto chegava à colônia um reforço de perto de trezentos homens, em três navios armados por conta da coroa. Comandava-os Bois le Comte, sobrinho de Villegagnon. Vinham juntamente

---

[238] *HGB*, 1854, p. 124.
[239] *HGB*, 1854, p. 135.
[240] *HGB*, 1857, p. 96.
[241] Porto-Alegre (1851, prólogo). Auguste de Saint-Hilaire, Ferdinand Denis e Jean Baptiste Debret seriam exemplos positivos, no século XIX, de franceses bem-intencionados.

dois teólogos Calvinistas, sendo um deles Jean de Léry, Genebrino, a cuja pena devemos um importante livro acerca desta expedição com muitas notícias sobre a etnografia dos índios, livro que só mais de vinte anos depois se imprimiu.[242]

Não houve polêmica em torno de Léry. Sua obra, embora "importante", foi menos citada, contudo, do que a de Thevet. Além disso, Léry não foi integrado aos acontecimentos como um ator relevante. Distanciado de Villegagnon, que arrancou de Varnhagen adjetivos como aventureiro "ambicioso e hipócrita", a inscrição de Léry no episódio mostrou-se sóbria e sem desdobramentos na trama propriamente dita.[243] Léry foi antes um espectador e anotador da história, não um protagonista relevante.

Agentes ativos da história foram Staden e, especialmente, Gabriel Soares de Sousa. A atuação de Staden foi anunciada por Varnhagen no capítulo XI, dedicado à "Crônica das seis capitanias cuja colonização vingou". Em uma delas, São Vicente teria sido preso pelos gentios "um certo Hans Staden, que do fato nos transmitiu notícia".[244] No capítulo XVII, que trata do "triste governo de D. Duarte da Costa", sua história foi contada. Com seu testemunho, Varnhagen pensou em passar ao leitor "uma perfeita ideia do que era o governo e o ditatorado de Cunhambebe", líder nativo da região que "se gabava da proeza de haver trincado carnes de uns dez mil dos seus inimigos, para cuja morte concorrera".[245] Feito cativo pela gente de Cunhambebe, Staden "conseguindo escapar-se, voltou a Hesse sua pátria, e em Marburgo publicou em alemão a narração de quanto sofrera e observara, e merece que lhe dediquemos algumas linhas".[246]

A atípica história de Staden é digna de análise justamente pela posição que ele ocupou em seu dramático depoimento: ele sofreu, mas observou. Entretanto, Varnhagen preveniu o leitor: "seria demasiado longo e alheio a nosso fim acompanharmos o prisioneiro em todas as suas peregrinações obrigadas. Baste-nos saber que não o mataram pelas

---

[242] *HGB*, 1854, p. 231.
[243] *HGB*, 1854, p. 230.
[244] *HGB*, 1854, p. 150.
[245] *HGB*, 1854, p. 226-227.
[246] *HGB*, 1854, p. 227.

contínuas protestas que ele fazia de não ter que ver com os Portugueses". Em resumo,

> a obra de Staden nos informa de um incêndio lançado pelas canoas da Bertioga à aldeã índia Mambucaba, de uma vitória ganha pelos de Cunhambebe, em uma expedição que fez com trinta canoas, guarnecida cada uma de mais de vinte combatentes; e nos dá ao final uma ideia da frequência com que visitavam os navios Franceses estas paragens, – principalmente o Rio de Janeiro.[247]

No entanto, o conjunto de informações que Varnhagen retirou de Staden, sobre quem ele não depositava nenhuma desconfiança aparente, constituiu-se muito superior às anteriormente mencionadas.[248] Staden foi, por exemplo, um dos autores mais citados no que tange à tradução da língua nativa.[249] A inserção do viajante na *HGB* parece ter sido tão valorizada pelo historiador que ele se contentou com a imagem indefinida que o relato lhe passou acerca da presença francesa no litoral brasileiro. Receber uma ideia da fonte não era exatamente a lição mais ortodoxa de perspectivas objetivistas do século XIX, para as quais os documentos eram recursos de prova, não de inspiração. Varnhagen não estava tão protegido nem tão imune, quanto se poderia supor, às matérias produzidas pelas sensações. Nesse caso, ele simplesmente não ratificou com outras evidências a "ideia" que o texto lhe passou. Staden, tal como Gabriel Soares de Sousa, contribuiu, portanto, para a imaginação do historiador.

O grande personagem da *HGB*, entre os autores cujos relatos enquadram-se no gênero de viagem, foi Gabriel Soares de Sousa. Varnhagen apropriou-se das autorreferências que o senhor de engenho deixou registradas em sua narrativa, adicionou um ou outro documento e os introduziu na cena quinhentista. Ele surgiu como homem político na

---

[247] *HGB*, 1854, p. 228.

[248] Varnhagen não acompanhou, nesta avaliação, seu interlocutor Ferdinand Denis, que, em 1837, havia lançado algumas suspeitas sobre o relato de Staden ("Eh bien, *le croirait-on?*"; "E bem, nós acreditaríamos?"), além de salientar a questão da escassez de fontes sobre o século XVI (DENIS, 1837, p. 42). Ver também: Julien (1979, p. 181-182).

[249] Por exemplo: Varnhagen falou sobre as armas dos índios: "tangapema tungapé ou tacapé". Em nota ele cita: "[...] Staden diz Iwarapeme" (*HGB*, 1854, p. 112 – outros exemplos na p. 125, nota 1, e na p. 226, nota 3). Em outros trabalhos de Varnhagen, Staden aparece igualmente como tradutor (VARNHAGEN, 1876 *in* GLEZER; GUIMARÃES, 2013).

tardia aclamação de Filipe II no Brasil, o que, na Bahia, "se efetuou sem a formalidade do juramento", como comprovou, em nota de pé de página:

> Carta Régia de 16 de novembro de 1581, apresentada em Câmara aos 19 de maio de 1582; sendo juiz ordinário Francisco Fernando Pantoja; e vereadores Antonio da Costa, Fernão Vaz e Gabriel Soares de Sousa; procurador da cidade João Ribeiro; e escrivão da Câmara João Pereira.[250]

Ademais ele esteve envolvido em conflitos locais, como o da imposição de um novo comando político na Bahia, o qual gerou resistências entre os mandões da região: "O bispo e outros moradores principais por sua parte retiraram-se da cidade para as roças. Da Câmara era vereador Gabriel Soares de Sousa, proprietário do engenho de Jiquiriçá, e a quem devemos um importante escrito de que trataremos ao diante [...]. O provedor-mor Cristovam de Barros, já senhor de um novo engenho na Bahia, e amigo de Gabriel Soares, tão pouco era afeto ao intruso chefe".[251] No primeiro fragmento, Varnhagen salientou, mais uma vez, a condição política do protagonista e transmitiu ao leitor uma informação aparentemente inútil sobre seu relato, por se tratar de uma das referências mais constantes da história paralela – a das notas de pé de página – da *HGB*. Entretanto, esta foi uma das estratégias do discurso varnhageniano: valorizar, sempre que possível, as próprias descobertas. No segundo fragmento, o historiador fez questão de enfatizar a positividade das ações do personagem, cujos laços de amizade foram importantes na estrutura de poder baiana e, por extensão, brasileira.

A Gabriel Soares de Sousa autor, Varnhagen dedicou-se no capítulo XXIII da *HGB*: "Escritores contemporâneos – O Brasil em 1587". Trata-se de um balanço intelectual: "é tempo de pararmos um pouco a contemplar os progressos feitos durante meio século de colonização". Antes, porém, advertiu o leitor ser necessário dedicar algumas linhas a "dois escritores contemporâneos que fazem já honra ao Brasil-colônia, onde viveram muitos anos, e onde, ao que parece, faleceram". Eram eles o jesuíta Fernão Cardim e Gabriel Soares de Sousa, cujas obras tornaram-se "verdadeiros monumentos históricos", projetando "toda a luz para avaliarmos o estado da colonização do nosso país na época em que escreveram".[252]

---

[250] *HGB*, 1854, p. 280.
[251] *HGB*, 1854, p. 283.
[252] *HGB*, 1854, p. 294.

Medida de progresso, "como produção literária, a obra de Soares é seguramente o escrito mais original, mais produto do próprio exame, observação e pensar, e até diremos mais enciclopédico da literatura portuguesa nesse período". Na continuação desse excerto, o provável exagero de Varnhagen sustentou-se por outra injustiça. Ao compará-lo ao gramático Gândavo, afirmou:

> autor que, mais que por esta sua obra sobre o Brasil [*História da Província Santa Cruz, a que vulgarmente chamamos Brasil*, 1576], nos merece atenção, por haver sido amigo de Camões, e por haver, por assim dizer, posto em contato com o nosso país o grande poeta, quando escreveu em verso a epístola a oferecendo a D. Leoniz Pereira, antigo governador de Malaca: "A breve história sua que ilustrasse. A terra Santa Cruz pouco sabida". Nos *Lusíadas* apenas Camões se lembrou do Brasil, escrevendo uma vez este nome e outra o de *Santa Cruz*; nunca o de América, se nos não enganamos.[253]

O relato de Gândavo é muito mais do que um catálogo de relações públicas da colonização ou um afeto a Camões. A partir da terceira impressão da *HGB*, ele foi citado, com frequência, pelos organizadores e comentadores da edição. Por um lado, me vem à mente que Varnhagen possa ter considerado que o "grande poeta" português tenha desdenhado um pouco do Brasil (ele evidentemente não se enganou quanto às citações)[254] e aí atingido Gândavo. Por outro, penso entender algo de sua intenção. O intuito de Varnhagen, por mais que tenha tentado se conter, era o de sempre supervalorizar seu achado e seu trabalho. Mesmo que o estilo de Gabriel Soares de Sousa em nada lembrasse a poesia (de resto como o do próprio historiador), sendo "rude, primitivo e pouco castigado", nem por isso deixou de arrebatá-lo: "confessamos que ainda hoje nos encanta o seu modo de dizer". Pode parecer uma provocação a Camões. Entretanto, em uma leitura complacente de Varnhagen, pode-se conjecturar que a sedução pelo "modo de dizer" do relato quinhentista relacionava-se à perspicácia de sua visão: "e ao comparar as descrições com a realidade, quase nos abismamos ante a profunda observação que não cansava, nem se distraía variando de assunto". Um narrador que não divagava, que era objetivo, estava tão longe da poesia quanto perto

---

[253] *HGB*, 1854, p. 294-295.
[254] *HGB*, 1854, nota 2, p. 295.

estava da paixão científica própria do século XIX. Habitante destes dois mundos, Varnhagen, quando queria ou precisava, sabia muito bem o caminho a seguir. A existência de condicionantes poéticos em sua obra dificilmente foram assumidos ou surgiram explicitamente. Esse submundo ficcional, passional, tendencioso, vacilante fazia parte de outra estrutura semântica que compartilhava a mesma superfície discursiva, mas na qual injunções subjetivas inauditas desorganizaram a ordem textual (como se verá nos próximos *Movimentos*).

Varnhagen estendeu a comparação com Camões e Gândavo a outros autores, antigos e modernos:

> Como corógrafo, o mesmo é seguir o roteiro de Soares que o de Pimentel ou de Roussin; em topografia ninguém melhor do que ele se ocupou da Bahia; como fitólogo faltam-lhe naturalmente os princípios da ciência botânica; mas Dioscorides ou Plínio não explicam melhor as plantas do Velho Mundo que Soares as do Novo, que desejava fazer conhecidas. A obra contemporânea que o jesuíta José de Acosta publicou em Sevilla, em 1590, com o título de *História natural e moral das Indias*, e que tanta celebridade chegou a adquirir, bem que pela forma e assuntos se possa comparar à de Soares, é-lhe muito inferior quanto à originalidade e cópia de doutrina. O mesmo dizemos das de Francisco Lopez de Gomara e de Gonçalo Fernandez de Oviedo. O grande Azara, com o talento natural que todos lhe reconhecem, não tratou instintivamente, no fim do século passado, da zoologia austro-americana melhor que seu predecessor português. Em uma etnografia geral dos povos bárbaros, nenhumas páginas poderão ter mais cabida pelo que respeita ao Brasil, que as que nos legou o senhor de engenho das margens do Jiquiriçá. – Causa pasmo como a atenção de um só homem pode ocupar-se em tantas coisas "que juntas se veem raramente," – como as que contêm sua obra, que trata a um tempo, em relação ao Brasil, de geografia, de história, de topografia, de hidrografia, de agricultura entretrópica, de horticultura brasileira, de matéria médica indígena, das madeiras de construção e de marcenaria, da zoologia em todos os seus ramos, de economia administrativa e até de mineralogia![255]

[255] *HGB*, 1854, p. 295-296.

Paradigma de uma fonte histórica seria pouco para definir este relato. Quase nada escapou à narrativa, pois contém quase tudo: o mapa; o registro que supre a escassez documental do primeiro século da América Portuguesa; a voz do colono e, de certo modo, da nativa; a memória. Homem de múltiplas aptidões, ele fez a história: no século XVI, como ator, e, desde o século XIX, como fonte. O "olho totalizante" (Certeau) ou o "poder omnividente" (Foucault) de Gabriel Soares de Sousa foi organizado por Varnhagen de modo a recriar um espaço (noções cartográficas, localização e taxonomias de plantas, animais, povos etc, até caminhos imaginários por onde teriam passado as notícias sobre as amazonas) e um tempo (quando o Brasil começou, com quem, como evoluiu e venceu os inimigos internos – índios bravos – e externos – franceses e holandeses) que coubessem na categoria definida *a priori* de Brasil.[256]

***

Os exemplos tratados aqui não esgotaram, por certo, as formas de recepção dos relatos de viagem na obra de Varnhagen, mas, possivelmente proporcionaram uma introdução às formas de apropriação pela historiografia de suas fontes. No caso específico da *HGB*, seria preciso analisar as diferenças da segunda para a primeira edição, que não se restringem à reorganização de capítulos ou a correções pontuais, mas apresentam alterações na ordem da escrita, com supressões de passagens inteiras ou parciais do próprio autor ou de citações de terceiros, muitos dos quais viajantes citados em 1854-1857 e apagados ou subsumidos na versão de 1877, como se a evolução da escrita do autor os tivesse incorporado como evidências. Similar trabalho poderia ser feito nas edições da *HGB post-mortem*, sobretudo na terceira-quarta, realizadas em tempos diferentes por Capistrano de Abreu e Rodolfo Garcia. O objetivo seria tentar reconstituir e atingir, ainda que de maneira limitada, certo ponto do horizonte de expectativa do relato de viagem e promover a aproximação à difícil questão dos efeitos da narrativa.[257]

---

[256] Certeau (1980, p. 140-141); Foucault (2001a, p. 195).

[257] Ver a segunda tese de Jauss em: Jauss (1982, p. 22-24). Especificamente sobre a recepção dos relatos de viagem, ver: Roche (1997, p. 552).

Desse modo, para além de uma história das notas de pé de página, se poderia avançar em outras questões vinculadas à ordem do texto.[258] Por exemplo, pensar o relato de viagem quinhentista como um componente do "nível profundo da consciência", a partir do qual o historiador oitocentista escolheu as estratégias conceituais para explicar e representar seus dados. Ato essencialmente poético, aqui se está em um domínio de prefiguração da escrita.[259]

Responsáveis por uma *retórica da alteridade*, os viajantes, pela tradução e escrita, transformavam em imagem, em evidência, para o leitor aquilo que lhe diziam os testemunhos, o que lhes diziam suas orelhas, e, principalmente, seus olhos. "Bom pé, bom olho", dizia Léry.[260] Uma arqueologia do olhar poderia mostrar como o ver do viajante não era nem dado nem descoberto, mas construído.[261] Presentes lá onde o visível (os índios nus) e o invisível (as amazonas) cruzavam-se, situados entre um tempo e um espaço no qual a realidade imaginada e a imaginação do real sobrepunham-se, os viajantes produziram matéria para a história, desde informações socioeconômicas e cartográficas a impressões culturais e psicológicas. Tudo graças à experiência vivenciada, sem a qual as reflexões filosóficas e teológicas não passariam de abstrações escolásticas. Nesse sentido, é possível identificar na *HGB*, ainda que dispersa, a estrutura do texto de viagem: suas noções geográficas, o cromatismo com o qual desenhou e pintou a natureza, a forma como descreveu os índios, os caminhos da ocupação portuguesa, seu discurso sobre identidade e alteridade etc. O olhar e a escrita de Varnhagen são tributários do movimento das viagens que tornam evidente, por e pela experiência, a história: *experientia est rerum magistra*.

---

[258] Grafton (1998, p. 172-173). Para o caso específico de Varnhagen, ver: Batalhone Júnior (2011).

[259] White (1992, p. 12).

[260] Léry (1994, p. 234).

[261] "A visão não nos dá um acesso direto a um mundo pronto; ela nos dá uma descrição de objetos que são em parte estruturados e constituídos pela própria visão" (PUTNAM, 1981, p. 146).

II Movimento

Veto ao ficcional: crônica, estilo, biografia

"Novela ou história, qual destas duas é mais verdadeira?", perguntava-se em 1840, n'*O Panorama*, revista de cunho romântico, Alexandre Herculano. Resposta: "Nenhuma se o afirmamos absolutamente de qualquer delas", pois "quando o caráter dos indivíduos ou das nações é suficientemente conhecido, quando os monumentos, as tradições e as crônicas desenharem esse caráter com pincel firme, o noveleiro pode ser mais verídico do que o historiador". Por quê? "Porque está mais habituado a recompor o coração do que é morto pelo coração do que vive, o gênio do povo que passou pelo gênio do povo que passa". Quem domina esta arte? "Quem sabe fazer isto chama-se Scott, Hugo, De Vigny, e vale mais, e conta mais verdades que boa meia dúzia de bons historiadores".[262]

De acordo com Fernando Catroga, Herculano sugeriu aqui uma hermenêutica, que não chegava a se constituir em novidade, segundo a qual "a empatia para com o passado seria mais fácil de alcançar através da intuição artística do que das reconstituições racionalizadas dos monumentos e documentos 'que muita vezes – segundo Herculano – foram levantados ou exarados com o intuito de mentir à posteridade'".[263]

Não obstante, a percepção de que *res factae* e *res fictae* seriam separáveis, como a forma e o conteúdo ou como processo histórico e ornamento retórico, é uma crença muito difícil de ser desarticulada. Essa convicção, que se consolidou no século XIX, tinha por fundamento a ideia simples e poderosa de que os fatos históricos poderiam ser estabelecidos de modo objetivo e puro a partir das fontes. Charles Dickens a imortalizou, em 1854, na abertura de *Hard Times*: "Ora, eis o que quero:

---

[262] HERCULANO, Alexandre. *O Panorama*, IV, 1840, p. 243 (citado por CATROGA, 1998, p. 51).

[263] HERCULANO, Alexandre. *O Panorama*, IV, 1840, p. 243 (citado por CATROGA, 1998, p. 51).

Fatos".[264] Amparado em uma série de dispositivos teóricos e metodológicos, que ocultavam as dificuldades inerentes à investigação histórica, o problema ressurgia na segunda etapa desta idealizada operação historiográfica: aquela da transposição dos fatos à narrativa, momento em que a história, fosse ela filosófica, científica ou apenas amadora, mas objetivista, utilizaria os recursos estéticos, mesmo que sob uma "má consciência".[265]

O debate remonta à *Poética* de Aristóteles, quando o estagirita definiu a superioridade da poesia trágica (que diz respeito ao geral) em relação à narrativa histórica (limitada ao particular), marcando assim "um corte importante: uma espécie de aquisição para sempre – ou um fardo que a historiografia não cessará de sopesar ou se esforçará em depor".[266] De Chladenius e Lessing, no século XVIII, a Ranke, passando pela conferência de Humboldt sobre a tarefa do historiador, em 1821, por Walter Scott na Inglaterra, por René Chateaubriand, Augustin Thierry e Prosper Barante, na França, no século XIX, ao "eclipse da narrativa" e ao retorno do que nunca deixou de ser narrativo no século XX, a relação entre o historiador e o poeta não parece ter afastado nem contido este fardo ou, nas palavras de Koselleck, ele continua a interpelar os historiadores, pelos menos aqueles preocupados com a teoria da história.[267]

---

[264] *"Now, what I want is, Facts"* (DICKENS, Charles. *Hard times*, I, I).

[265] Jauss (1989, p. 89-113).

[266] Aristóteles, 1451b, 1-15. Hartog (2001c, p. 14). Sobre a recepção desta passagem da *Poética*, ver o excelente reexame que propõe Luiz Costa Lima a partir da análise de dois historiadores contemporâneos, o classicista Arnold Wycombe e o historiador G. E. M. Ste. Croix, além de seus comentários acerca do legado da Antiguidade, em Lima (2006, p. 181-211). Ver também a análise pontual que Bérenger Boulay faz dos capítulos 9 e 23 da *Poética*, procurando mostrar, na esteira de Paul Ricœur, que a posição de Aristóteles não invalida completamente uma poética da narrativa histórica (o que é questionado, em outros termos, por Costa Lima, 2006, p. 182-183): Boulay (2006, p. 171-187). Ginzburg relativiza a influência desta passagem da *Poética*, e propõe a análise da *Retórica* como mais significativa para os historiadores, ver Ginzburg (2002, p. 47-63). Para uma crítica a Ginzburg, ver: Pires (2013, p. 24-44). Para uma crítica forte ao uso de Aristóteles por Ricœur, *Poética*, e Ginzburg, *Retórica*, ver Hartog (2013b, p. 111-152).

[267] Koselleck (1990a, p. 252-253). Sobre Chladenius, ver Chladenius (1988, p. 71), e os comentários de Koselleck (1990b, p. 167-170, p. 272-273) e Koselleck *et al*. (2013, p. 135-138 e p. 191-196). A conferência de Humboldt pode ser lida em Humboldt (2010, p. 82-100). Sobre a construção textual em Ranke, ver Grafton (1998, p. 48-77). Neste mesmo sentido, ver ainda: Gay (1990, p. 63-93) e White (1992, p. 175-202). Ricœur (1983-1985). Para o debate entre história e ficção no século

***

A historiografia brasileira do século XIX não esteve imune à querela entre o histórico e o ficcional. O IHGB, frequentado em profusão por historiadores, poetas e literatos, local onde se travaram batalhas intelectuais acerca da definição do que era próprio ou impróprio à história como campo de saber, testemunhou algumas das discórdias e das aproximações entre a história e a poesia. Nem sempre as posições estiveram marcadas com nitidez, e parecia difícil a homens de letras como Gonçalves de Magalhães, Gonçalves Dias, Joaquim Manoel de Macedo, membros do IHGB, reprimirem a veia poética, mesmo quando pensavam estar fazendo história. A conciliação teórica, dependendo de quem escrevia, mostrava-se não apenas possível como, muitas vezes, também incontornável ou até desejável.[268] Mesmo poetas podiam agir no sentido de inviabilizar candidaturas ao IHGB de outros poetas indicados por membros da própria instituição.[269]

Não se tratava de um debate intenso, mas pontual, localizado aqui e ali de modo irregular, o qual lentamente atravessou o século. O problema epistemológico da emergente historiografia realizada no IHGB consistia em estabelecer regras e procedimentos metodológicos de intervenção e

XIX, ver Bann (1995, p. 17-29). Sobre a relação entre os narrativistas franceses, Ranke, Byron e Scott, ver Bann (1984, p. 93-111). A coletânea de textos de Lionel Gossman sobre história e literatura, especialmente sobre a historiografia romântica, é importante para a primeira metade do século XIX (ver GOSSMAN, 1990). A introdução de Marcel Gauchet aos textos fundamentais de Barante, Cousin, Guizot, Michelet, Mignet, Quinet e Thierry, que caracterizam o que chama de o "momento romântico" da historiografia, também é importante (GAUCHET, 2002).

[268] Um caso exemplar é o da "Memória histórica e documentada da revolução da província do Maranhão desde 1839 até 1840", de Gonçalves de Magalhães, publicada na *Revista do IHGB*, 11, 1848, p. 263-362 (e reeditada *in Novos Estudos*, n. 23, p. 14-66, mar. 1989). Ver também o relatório que autoriza a publicação do trabalho em Lagos (1848, p. 89-147). Analisei estes textos em Cezar (2004, p. 43-80).

[269] O caso da sra. Beatriz Francisca de Assis Brandão é exemplar. Sua candidatura, proposta por Joaquim Norberto de Sousa e Silva (presidente do IHGB de 1886 a 1891), João José de Sousa Silva Rio e Luiz Antonio de Castro, em 25 de outubro de 1850, foi rejeitada por um parecer exarado por Gonçalves Dias e Joaquim Macedo de Macedo argumentando, basicamente, que o IHGB era uma local de estudos históricos e geográficos. Ver *Revista do IHGB*, 13, 1850, p. 520 (para a demanda) e p. 529-530 (para o parecer). Para um comentário, ver Guimarães (1995, p. 459-613, sobretudo p. 489).

estimular a busca de fontes históricas. Se havia uma disputa intelectual um pouco mais clara na cultura oitocentista brasileira era pela melhor forma de escrever a história e assim dominar o passado.[270]

Varnhagen, cuja vocação para a polêmica era reconhecida por todos, pouco se preocupou com discussões estritamente teóricas, sem que isso significasse negligência absoluta. Como para a maior parte dos historiadores, em todos os tempos, a reflexão de Varnhagen sobre seu ofício aparecia dissimulada, em comentários breves, em explicações ocasionais, em réplicas etc. Não surpreende, portanto, que sua relação com a literatura e a poesia não tenha se iniciado pela análise teórica, mas por um ensaio literário – a *Crônica do descobrimento do Brasil* – também publicado, em 1840, n'*O Panorama*. Segundo Flora Süssekind, esta crônica insere-se em um movimento mais amplo, aquele da construção da figura de um *narrador de ficção* na produção literária brasileira dos anos 1930 e 1940 do século XIX, ao mesmo tempo que esboça a figuração do narrador como historiador nacional.[271] Em 1845, veio a lume *Épicos brasileiros*, reunião dos poemas "O Uraguay", de José Basílio da Gama, e "Caramuru", de José de Santa Rita Durão, acrescidos das respectivas notícias biográficas e de comentários.[272] O livro precede, portanto, o *Florilégio da poesia brasileira*, de 1850, em cuja introdução encontra-se o *Ensaio histórico sobre as letras no Brasil*.[273]

Nele, Varnhagen buscou a gênese da literatura nacional. Embora se possa presumir que, em sua visão, ela só poderia ter começado com a "civilização" aportada pelos portugueses, o *Ensaio* revela uma assimetria ou descompasso: como os primeiros a chegar estavam atrás de fortuna material e não da "glória imortal" que só as letras conferem, "como se as letras se encolhessem com medo do Atlântico", foi preciso aguardar que o Brasil "se civilize e que os poetas aí nasçam".[274] Interessa-me deste texto, exaustivamente estudado por historiadores e críticos da literatura

---

[270] Guimarães (2007, p. 93-122).
[271] VARNHAGEN, Francisco Adolfo de. Chronica do descubrimento do Brazil. *O Panorama: jornal litterario e instructivo da Sociedade propagadora dos conhecimentos uteis*, v. 4, jan./dez. 1840, 18/I: p. 21-22; 1º/II: p. 33-35; 8/II: p. 43-45; 15/II: p. 53-56; 29/II: p. 68-69; 14/III: p. 85-87; 28/III: p. 101-104. Süssekind (1990, p. 19-20 e p. 179).
[272] Varnhagen (1845).
[273] Varnhagen (1850b).
[274] Varnhagen (1850a, p. XI).

brasileira, o apelo à originalidade acompanhado de uma frágil, porém não menos importante, crítica à imitação:

> Deus o fez bem, para que os poetas, em vez de imitarem o que leem, se inspirem da poesia que brota com tanta profusão do seio do próprio país e sejam, antes de tudo, originais – americanos. Mas que por este americanismo não se entenda, como se tem querido pregar nos Estados Unidos, uma revolução nos princípios, uma completa insubordinação a todos os preceitos dos clássicos gregos e romanos e dos clássicos da antiga mãe-pátria. Não.[275]

A preservação de noções fundamentais legadas pela cultura clássica seria um modo de conter a ilusão de que, para ser um "poeta original", fosse necessário "retroceder ao *abc* da arte, em vez de adotar e possuir-se bem dos preceitos do belo, que dos antigos recebeu a Europa".[276] Por isso, a poesia deveria ser "descritiva", ou seja, deveria descrever, com base na observação, a natureza nova, virgem e intacta do Brasil. Essas eram a originalidade e a autonomia possíveis, desejáveis, às quais a literatura nacional poderia chegar.[277] Portanto, os poetas descreviam com pincéis e olhos dos antigos, não os imitavam. Opções estéticas e juízos políticos encontravam-se neste receituário.

Por conseguinte, além de reconhecer que o *abc* já existia, não seria "um engano, por exemplo, querer produzir efeito e ostentar patriotismo, exaltando as ações de uma caterva de canibais que vinha assaltar uma colônia de nossos antepassados só para os devorar?".[278] Na censura aos românticos indianistas brasileiros, o peso atribuído ao suposto processo civilizatório pode gerar a impressão de que Varnhagen desejasse simplesmente excluir a cultura indígena dos elementos formadores da literatura nacional. Contudo, não é tão simples assim. Ele ao menos reconheceu que "os indígenas tinham um gênero de poesia que lhes servia para o canto" e que eram "grandes oradores". Não por outra razão, "os missionários jesuítas, conhecendo estas tendências, trataram de empregar a música e a poesia como meios de catequese". Em consequência, "daí proveio

---

[275] Varnhagen (1850a, p. XVI).
[276] Varnhagen (1850a, p. XVI).
[277] Coutinho (1968, p. 15).
[278] Varnhagen (1850a, p. XVI).

o primeiro impulso da poesia e do teatro no Brasil".[279] Isso é muito e pouco, pouco e muito. Muito porque, de modo geral, não se espera de Varnhagen sensibilidade em relação aos índios (nem aos jesuítas!), no entanto, em uma lógica da diferença, é pouco. Pouco, porque, tal como fez em relação às origens dos tupis, ele deslocou o valor cultural do nativo para outra ordem do tempo: para um primórdio do qual parte um legado – discursos esparsos que escaparam do círculo religioso, que atravessaram os séculos até sua recepção por Varnhagen, que os converteu não em essência da nação, mas simplesmente em passado – o que, em uma lógica perversa, é muito.

Além disso, no *Ensaio* foram estabelecidos procedimentos metodológicos e critérios para escrever a história literária. O mais geral dizia respeito ao pertencimento à obra: para fazer parte de seu *Florilégio* era condição ter nascido no Brasil, "salvo casos mui especiosos ou de pretendidas argúcias".[280] O autor propôs também notícias biográficas prévias às poesias e um encadeamento cronológico, começando no século XVI e projetando-se ao século XIX. Porém, um movimento temporal descontínuo desassossegou essa linearidade cronológica, na medida em que Varnhagen previu retornos a obras das quais apenas o título conhecia: "para chamar sobre elas a importância, a fim de que se publiquem, se se chegam a encontrar".[281]

O *Ensaio* e o *Florilégio* foram considerados por alguns estudiosos da literatura como fundadores da "historiografia literária brasileira".[282] Essa condição, que certamente não desagradaria Varnhagen, faz parte dos dispositivos intelectuais destinados a produzir uma literatura nacional sob a égide do "veto ao ficcional".

***

Em *O controle do imaginário*, Luiz Costa Lima, demonstrou como o veto à ficção do século XVI ao XVIII desenvolveu-se a partir de

---

[279] Varnhagen (1850a, p. XII).
[280] Varnhagen (1850a, p. VI).
[281] Varnhagen (1850a, p. XXVI).
[282] Entre os estudiosos da literatura, ver Veríssimo (1954, p. 192-193); Coutinho (1968, p. 13); Martins (1952, p. 68-69). Antônio Cândido o insere na formação do cânon literário brasileiro, Cândido (1981, 1, p. 350). Moreira (1967, p. 155-169). Especificamente sobre o *Florilégio*, ver Oliveira (2012, p. 121-136).

uma tradução redutora da mímesis aristotélica como *imitatio,* pensada como modo de controlar as matérias do imaginário, destituindo-lhe a possibilidade do estatuto de verdade por critérios da verossimilhança, alcançados por meio de fórmulas que os exilavam no reino das artes da ilusão (fabulação, ficção, erro). A hipótese de Costa Lima visou a rediscutir o conceito de mímesis: o controle se impõe quando o ficcional é subjugado por disposições preliminares e exteriores, tornando a mímesis em relação à verdade apenas discurso da semelhança e não da diferença.

Especificamente sobre o caso brasileiro, o veto ao ficcional implicou procedimentos destinados à invenção de uma literatura "autenticamente nacional". Além de estar assentado no primado da observação ("o escritor deve se prender ao observado"), "o serviço à pátria implicava o culto do documental, do verídico, do factual, a pretexto de que só assim se compreenderia e formularia a diferença da natureza e da sociedade nossas".[283] Essa literatura do espelhamento da realidade desarticulou o potencial subversivo da ficção ao instituir o discurso da semelhança como paradigma: a ficção e seus produtos responderiam a códigos prévios e externos. "Nosso nacional", "nossa nação" seriam efeito desse enquadramento retórico, consequência da reelaboração do conceito de mímesis que desloca e afasta o ficcional da "realidade". Ou seja, a mímesis como produção de diferença é controlada com o intuito de anular o potencial desestabilizador do ficcional. Por isso, "onde a ficcionalidade aponte, é de se esperar que os defensores da verdade institucionalizada estendam suas garras".[284]

Nesse sentido, o discurso historiográfico – para ficar restrito ao século XIX, que encontra nessa base nacional quase sua razão de ser – é um forte aliado do cânone da semelhança. Machado de Assis, no Brasil, Flaubert e Michelet (de certo modo), na França, tiveram a capacidade de "driblar" o veto. Pouco são os "dribladores", menos ainda os que fizeram com maestria. Varnhagen sempre esteve no grupo opressor. *A crônica do descobrimento,* o *Ensaio* e o *Florilégio,* mas também a questão mais geral do estilo e do uso do gênero biográfico, fizeram parte deste movimento colaboracionista de veto ao ficcional de Varnhagen.

---

[283] Lima (2007, p. 429-435).
[284] Lima (2007, p. 413).

Crônica do descobrimento do Brasil (1840)

22 de abril de 1500. Chegada da frota de Pedro Álvares Cabral ao Brasil.

"O leitor que julgue, já que o não pode experimentar, qual seriam o alvoroço e o assombro que esta visão produziu, desde o capitão-mor até ao ínfimo grumete, naqueles mil e tantos portugueses suspensos sobre as águas nos castelos ambulantes de madeira, que depois deram leis ao mundo".[285] Leitor que julga os sentimentos históricos (a tripulação), metáforas que criam leis (nos castelos ambulantes de madeira), eis uma amostra do tom de a *Crônica do descobrimento do Brasil*, obra ficcional de Varnhagen.

Esse texto, em uma perspectiva mais ampla, insere-se entre aqueles que elaboraram a figura do narrador de ficção na produção literária brasileira dos anos 1930 e 1940 do século XIX.[286] Os relatos de viagem, como a *Carta* do escrivão Pero Vaz de Caminha, constituem fontes privilegiadas desse processo intelectual. Literatos e historiadores buscam neles tanto a "cor local" real como o exótico que encanta. No entanto, ver a paisagem brasileira de outrora era não ver a paisagem, posto que ela, de certa forma, estava predeterminada pelos relatos.[287] A partir deles, estes narradores deveriam escrever

> guias seguros, museus de tudo, mapas imaginários, por meio dos quais se fixem marcos e fundações para uma literatura, uma história e uma história literária que funcionam como verdadeiras expedições de caça à própria origem e uma sonhada "essência da nacionalidade".[288]

Nessa perspectiva, a crônica de Varnhagen foi organizada com dois narradores: ele e Caminha, secretário do comandante a bordo da nave capitã[289]:

> Cedo veio a noite de 22 de abril de 1500, em que se realizou este descobrimento, segundo a narração, ingênua e circunstanciada,

---

[285] Varnhagen (1840, p. 21). Moreira (1967, p. 155-169, sobretudo p. 157-158).

[286] Süssekind (1990, p. 19-20 e p. 179).

[287] Cardoso (2016, p. 21-22).

[288] Süssekind (1990, p. 33-34).

[289] Para uma análise detalhada da *Carta* de Caminha e a expedição de Cabral, ver: Cortesão (1967; 1922). Ver também: Abreu (1976) e Abreu (1988, p. 64-71).

feita a el-rei por Pero Vaz de Caminha, testemunha ocular. Deste documento, já impresso, conserva-se o venerável original na Torre do Tombo. É o primeiro escrito de pena portuguesa no Novo Mundo e, nesta história, o seguimos, por vezes, textualmente.[290]

Declarou Varnhagen que seguir a narração de Caminha seria a maneira mais eficaz de adaptar a história do Brasil ao "gosto de todos".[291] Ele ensaiou, para tanto, fazer do missivista sua própria voz. A *Crônica* é uma espécie de cópia, mas também de desdobramento da *Carta*.[292] Ao falar do contexto da descoberta do Brasil pelos portugueses, o jovem historiador fez a crônica da escrita da *Carta* de Caminha.[293] Ele delegou ao personagem a tarefa de narrar as primeiras impressões dos portugueses desde o desembarque: descrições dos contatos iniciais com os índios, da paisagem etc. Tais cenas seriam custosas de representar:

> a imaginação mais fértil e viva, a poética de inspiração mais feliz, o pintor mais hábil e delicado, prestando-se todos auxílios mútuos, dificilmente poderão reproduzir o panorama sublime que, neste momento, se desenvolveu aos olhos destes descobridores.[294]

Caminha não imaginou, por não precisar, pois ele estava lá; ele se tornou a garantia da descrição autêntica da cor local dos primeiros tempos.

Varnhagen tentou representar Caminha no tempo presente da narração. Gestos, posturas e mesmo hábitos do escritor foram inventados pelo historiador. Se Caminha mostrou a realidade, o brasileiro demonstrou a suposta realidade de Caminha, conferindo-lhe carne e osso, logo, sentido à narração: "Pero Vaz na sua câmara recostado com

---

[290] Varnhagen (1840, p. 21).

[291] Citado por Magalhães (1928, p. 111).

[292] José Veríssimo, sempre crítico em relação a Varnhagen, considera esta aproximação com Caminha um problema: "Em 1840 escreve no *Panorama*, o célebre órgão da renovação literária portuguesa, uma *Crônica do descobrimento do Brasil*, que seria o primeiro romance brasileiro se não fosse apenas uma dessaborida crônica romanceada sobre a carta de Caminha, cujo descobridor na Torre do Tombo foi Varnhagen" (VERÍSSIMO, 1954, p. 192).

[293] Süssekind (1990, p. 184).

[294] Varnhagen (1840, p. 34).

o cotovelo no coxim e o rosto na palma da mão, ideava o escrever uma carta ao seu rei"; ou,

> Pero Vaz retirou-se ao seu camarim aonde tinha o que fazer. Era alta noite, estava ele em pelote e embuçado no ferragoulo, escrevendo o período que acima deixamos transcrito, e mais algumas particularidades não menos elegantes e curiosas. – Depois recostou-se, e dormiu.[295]

O historiador criou uma sorte de "ilusão referencial", no sentido atribuído por Roland Barthes:

> suprimido da enunciação realista a título de significado de denotação, o "real" volta a ela a título de significado de conotação: no momento mesmo em que se julga denotarem tais detalhamentos diretamente o real, nada mais fazem, sem o dizer, do que significá-lo; o barômetro de Flaubert, a pequena porta de Michelet afinal não dizem mais do que o seguinte: *nós somos o real*; é a categoria do "real" (e não os seus conteúdos contingentes) que é então significada; em outras palavras, a própria carência do significado em proveito só do referente torna-se o significante mesmo do realismo: produz-se um *efeito de real*, fundamento desse inverossímil inconfesso que forma a estética de todas as obras recorrentes da modernidade.[296]

Varnhagen procurou, em meu modo de ver, o qual pode parecer insensato, a produção de uma presença real com Caminha. O escrivão não foi apenas a fonte principal e o narrador secundário da *Crônica*, mas um personagem íntimo: "nosso Pero Vaz". Características em comum os aproximavam mais ainda. *Seu* Pero Vaz era tão perspicaz, cortês e observador, "que nascido neste século faria grandes serviços na carreira diplomática".[297] Possíveis colegas de profissão em outra vida, o fato é que a hipotética aproximação reforçou a cumplicidade entre eles, entre seus textos. Nessa perspectiva, é perceptível que, mesmo nas passagens menos literais retomadas da missiva de Caminha e marcadas por digressões pessoais, Varnhagen parece estar sempre em sua companhia, na medida

---

[295] Varnhagen (1840, p. 22 e p. 34).
[296] Barthes (1984, p. 186, grifos do autor).
[297] Varnhagen (1840 p. 35).

em que se colocou em seu lugar no esquema narrativo: ele se tomou por um viajante, viu e escreveu como ele.[298] Por exemplo:

> Rangem os remos d'encontro aos toletes e suas pás, fazendo na água serpejantes sombras, rutilam com o reflexo do sol, que ocasiona ao poente de cada batel uma faixa cintilante, a qual, ondeada ao de leve por um bafo mareiro, é capaz de deslumbrar a vista. O habitador da beira-mar em qualquer país da terra, que, ao menos uma vez, foi em leve baixel distrair-se longe das vozearias das praças e do tumultuar das ruas, e perante um livre horizonte respirou sossego, sabe com quanta facilidade o espírito, nesses momentos, propende a meditar nos assuntos que mais de perto lhe dizem respeito. É o que agora acontece. Observam-se muitos dos que, taciturnos e pensativos, vão nos batéis. Aqui o nauta empreendedor ideia como lhe poderá a sorte deparar ensejo de eternizar seu nome em todas as futuras cartas geográficas, até à custa do próprio sangue, como sucedeu a Nuno Tristão. Ali o nobre e intrépido guerreiro se afigura ter brandido as armas e voltar coroado de louros e coberto de triunfos, a encher-se de honrarias e a receber as vênias de seus concidadãos. Acolá o frade de capuz, cabeça cercilhada e cordões à cintura anseia a oportunidade de missionar em terra de infiéis para ganhar a salvação à custa do martírio. Além, o judeu usurário que, apesar de renegado de sua religião, não abjurou de se esquecer do seu ouro, dá tratos à memória para se recordar de novos meios de o adquirir, enganando os povos com os quais viesse a ter tráfego. Mais além, o aventureiro não perde as esperanças de melhorar e se restabelecer de seus males morais pela mudança de ares. Ao final, também não falta algum filósofo filantropo, que medite acerca dos destinos futuros daquele território, nem está longe a alma do historiador que lê, no rosto de cada um, todos estes pensamentos e memória e coordena tudo quanto se passa.[299]

Alojada, no interior do texto, a descrição de Varnhagen é a de um viajante naturalista: ele estabeleceu a taxonomia da tripulação, classificando-a em famílias e gêneros, ele orientou o olhar em relação à

---

[298] Süssekind (1990, p. 186).
[299] Varnhagen (1840, p. 68).

paisagem. No entanto, distanciou-se do relato quando emergiu a figura do historiador: esse leitor da reflexão e das lembranças alheias, esse ordenador de tramas. Um projeto nacional insinuou-se aqui: o olhar da tripulação é uma visão de seu destino no Brasil. Varnhagen não apenas contribuiu para a constituição de um narrador de obras ficcionais, ele ensaiou também, nessa mesma ficção, a primeira figuração do narrador como historiador da nação, cuja história, como se lê no epílogo da *Crônica*, ainda aguarda seu autor.[300] Este será ele mesmo... Vitória do veto!

Sobre o estilo: entre o sentimento e a objetividade histórica (I)

> *Os diversos micróbios literários se alojam, preferencialmente, nas extremidades e nas articulações dos livros de história, quer dizer nas introduções, conclusões e nos parágrafos de transição.*
> (Charles-Victor Langlois, *L'histoire au XIXe siècle*, 1902)[301]

> *Para além das belas palavras, a instabilidade dos significados.*
> (Fernando Nicolazzi, *Um estilo de história*)[302]

"O historiador [no século XIX] escreve, mas não é e sobretudo não deve ser um escritor".[303] Logo, deve preocupar-se com o estilo? Sim, desde que, ao fazê-lo, desenvolva um estilo que crie no leitor a impressão de que ele não o tem. O apagamento, ou o declínio, ou a inibição do autor é condição para a boa escrita realista, seja ela literária ou científica; portanto, o historiador é tanto mais escritor quando afirma não sê-lo! Essa magia tem um preço: a (in)compreensão de uns e outros.

Na introdução a este ensaio – "Antologia de uma existência" –, afirmei que Varnhagen não foi um autor que se destacou pelo bom estilo.

---

[300] Varnhagen (1840, p. 104).
[301] Charles-Victor Langlois, "L'histoire au XIXe siècle", retomado em *Questions d'histoire et d'enseignement*, Paris, 1902, p. 229, n. I, *apud* Hartog (1988, p. 155).
[302] Nicolazzi (2011, p. 21).
[303] Hartog (1988, p. 152).

Argumentei, em resumo, que ele, invertendo o paradoxo de Michelet, não *escrevia*, mas *redigia*. Para Capistrano de Abreu, faltava a Varnhagen "espírito plástico"[304] ou "não nos deu cousa que, ao menos de longe, lembre a arte".[305] A comissão encarregada de exarar um parecer sobre a *História da Independência do Brasil*, lembrou, gentilmente, que "não possuía primores de estilo que o recomendassem como excelente modelo de linguagem".[306] Oliveira Lima o percebeu como um autor sem extremidades: "se não era um homem de ciência como Humboldt, tão pouco era Varnhagen um estilista como Renan", embora escrevesse "com gravidade, com correção, por vezes com fluência, mas sem elegância nem brilho".[307] O julgamento de José Veríssimo não é muito diferente: "sem imaginação, sem qualidades estéticas de escritor, sem relevo ou elegância de estilo, Varnhagen escreve, todavia, decorosamente".[308] Para Agripino Grieco, como mencionei neste livro em "Varnhagen em movimento", "lemo-lo com proveito mas nenhum prazer temos em lê-lo".[309] João Ribeiro considerou que o historiador até podia desenhar bem, mas não pintava do mesmo modo, pois "faltava-lhe aquele ritmo que torna agradável a leitura. Era pesado, demasiado grave ou severo, sem a graça ou a sutileza dos pensamentos. Contentava-se de instruir, sem a preocupação de deleitar". Embora fosse um "sábio, faltava a elegância da expressão".[310]

Clado Ribeiro de Lessa declarou, com certo pesar, que a escrita de Varnhagen não "primava pela beleza do estilo literário, sua redação era pesada, sem cor e sem brilho". No entanto, diferentemente da maior parte dos comentadores, ele tinha uma explicação: o mimetismo das fontes, por estar habituado a ler "documentos de péssima redação, de autoria de iletrados escribas coloniais, e também era obrigado, por força do cargo que ocupava, a redigir abundantes cartas ofícios contidos literariamente dentro da rigidez das fórmulas protocolares consagradas".[311]

[304] Abreu (1878) *apud* Varnhagen (1928, p. 506).
[305] Abreu (1882) *apud* Varnhagen (1928, p. 441).
[306] Varnhagen (1916/1917, p. 17).
[307] Lima (1964, p. 132-133).
[308] Veríssimo (1954, p. 193).
[309] Agripino Grieco, "Crítica", *apud* Menezes (1969, p. 1289).
[310] Ribeiro (1961, p. 6-16).
[311] Lessa (224, 1954, p. 187-188)

Thiers Martins Moreira considerou um erro criticar Varnhagen pela "ausência de bom gosto" que o conduziria a críticas equivocadas. Para ele, Varnhagen era um historiador, ponto.[312]

***

Pensado desse modo, o estilo sucumbe duas vezes ao mesmo vácuo teórico: 1. como alforria estética, libera o historiador de compromissos formais e informais com a escrita; 2. como parte integrante da máquina de produzir sentido, inocenta o historiador de preocupações com a linguagem. Cria-se desse modo a ilusão de que o estilo é uma combinação de talento inato com aprendizado retórico destituída de importância heurística. Ter estilo é bom, é conveniente, é elegante, entretanto, para o historiador, é um luxo de príncipe. Seria ótimo que todos escrevessem como Gibbon, Michelet ou Marx. A verdade é que diante do poder das fontes, a narrativa e o estilo podem e devem ficar em segundo plano. É o caso de Varnhagen. Apesar de seu estilo pouco afetado pelas belas artes, suas qualidades de compilador e copista de documentos, de editor de obras raras se impuseram imperiosamente ao texto.

Contudo, o estilo negado ou desprezado não dissimula "uma rede de indícios que apontam uns para os outros e, somados, para o homem – o historiador em atividade".[313] O estudo do estilo é, portanto, um dos modos de se abordar o historiador em seus movimentos. Seja com linguagem manifesta, seja com aquela que só se deixa apreender na frase que escapa, no parágrafo que organiza ideias, na página saturada de signos, o estilo de um historiador revela muito mais do que os aspectos convencionais que seu texto aparenta. Por um lado, escreve Nicolazzi:

> falar sobre o estilo na história é pensar nas maneiras como tal praticante se relaciona com a tradição que o fomentou, com seus pares de profissão, com as expectativas de um público leitor, com o resultado de seu trabalho, com os princípios que norteiam a instituição, com as regras epistemológicas às quais se submete.[314]

---

[312] Moreira (1967, p. 167-169).
[313] Gay (1990, p. 24).
[314] Nicolazzi (2011, p. 24).

Por outro, a distinção entre forma e conteúdo perde pertinência. Não que a arbitrariedade geradora deixe de existir, mas a fronteira desestabiliza-se com mais frequência. Não é incomum que a um estilo muito precário, mesmo quando gramaticalmente correto, sejam associadas dificuldades de entendimento, de expressão. A contrapartida seria relacionar o bom estilo à compreensão clara e distinta das coisas. Não se precisa recorrer à filosofia da linguagem para saber que, em ambos os casos, trata-se de uma simplificação artificial da produção de sentidos. Mais certo de que há algo de inato no estilo é o fato de que ele é passível de ser aprendido: pela imitação, pelo estudo, pelo exercício. Por isso, ele é "um instrumento da razão prática",[315] cujo alcance ultrapassa as barreiras acadêmicas da impessoalidade, insinuando-se no universo psicológico ou passional de um escritor.

***

As críticas à escrita de Varnhagen foram suspensas desde o início dos anos 1970. Os historiadores brasileiros da historiografia não se interessavam pelo tema da escrita ou do estilo.[316] De modo geral, eles seguiam a orientação e o exemplo de José Honório Rodrigues, que escreveu assaz sobre Varnhagen antes desta década, mas que jamais preocupou-se com seu modo de escrever.[317]

Não obstante, a obra varnhageniana é plena de referências à questão do estilo na história, tanto o dele quanto o de outros autores. No prefácio ao segundo volume da *HGB*, de 1857, há uma observação, entre parênteses, que não deve passar despercebida: "(independentes do estilo e da maneira de pensar, que são especiais a cada historiador)".[318] Mais adiante, ele explicitou: "apesar da grave sentença de Buffon, temos a persuasão de que, como tudo quanto é humano, o estilo depende muitas vezes das disposições do ânimo, originadas de causas que nem sempre

---

[315] Gay (1990, p. 25).
[316] Odália (1979, p. 7-31); Odália (1997, p. 11-61); Fico e Polito (1992); Vasquez (1998, p. 917); Ambrosio (1999, p. 1253-1254); Reis (1999, p. 23-50); Guimarães (2001a, p. 75-96).
[317] Rodrigues (1988, p. 13-31); Rodrigues (1957, p. 44-49); Carpeaux (1964, p. 78); Wehling (1999, p. 150-152).
[318] *HGB*, 1857, p. VI.

está em nós remover".³¹⁹ O estilo aqui está ligado à individualidade do historiador que convive com certa liberdade de escrita e com coerções que provêm de fatores íntimos.

Ainda na *HGB*, no *Post editum* do primeiro volume, Varnhagen declarou:

> Não faltou quem então aconselhasse de publicar tudo em francês para ser maior o número de leitores e menor a responsabilidade, principalmente pelo que dissesse respeito aos apuros de linguagem, quando se tratava de ganhar tempo. Escusado é dizer que o arbítrio pareceu quase afrontoso e não foi aceito.³²⁰

O historiador sugeriu que escrevia melhor em francês do que em português, ou que escrever em francês desencorajaria a crítica, já que ele não era um nativo do idioma. Em todo caso, a proposta lhe conferiu uma posição particular no plano intelectual, a qual ele patrioticamente recusou. Por conseguinte, ele preferiu publicar seu trabalho em língua nacional, embora ela não fosse perfeita:

> Agora, porém que, impresso o livro, o autor se converte em leitor desapiedado de si próprio e que a letra de molde lhe revela desalinhos, os quais como que se ocultavam entre seus rabiscos; agora que, sem deixar de conhecer que a linguagem, bem que em geral castiça, segundo se esmerou em que saísse, poderia aqui e ali ser na dicção mais castigada, [...] agora que, ao cabo de tantas fadigas e vigílias, se vê tão pouco satisfeito, [...] vai sem escrúpulo apelar para a generosidade do público, a fim de que lhe perdoe o não haver retardado ainda mais a impressão e a publicação da obra, com o que houvera ela saído por certo mais acurada.³²¹

À desordem do texto corresponde o tempo que escoa, um cansaço que afeta a linguagem e a expectativa de benevolência do leitor. Apesar disso, Varnhagen publicou um *Suplemento* de correção a este tomo com a seguinte justificativa: "deixando de parte os retoques para o aperfeiçoamento da linguagem e apuro da frase e alguns melhoramentos no método da exposição, que serão atendidos na edição imediata, nos

---

[319] *HGB*, 1857, p. XI
[320] *HGB*, 1854, p. 477.
[321] *HGB*, 1854, p. 477.

limitaremos agora aos fatos essenciais".[322] Se bem que reconhecesse os problemas de sua escrita e que estes representassem uma dimensão de alguma importância em sua obra, o tempo, mais uma vez, tornou-se o mestre que autorizou a postergação de resoluções. Contudo, nem a passagem dos anos conduziu o historiador ao reparo da linguagem.

Duas décadas mais tarde, no prólogo à segunda edição da *HGB*, a promessa não se realizou: "pelo brilho e ornato do estilo não levamos, pois, a menor pretensão de campear". Mais do que ocasionalmente, frases redigidas à luz de documentos originais para a primeira edição foram deixadas em sua forma primária: "às vezes se encontrará um período escrito, com a diferença de mais de vinte anos de tempo, do que lhe segue e do que o precede". Essa amálgama de frases e períodos antigos e novos foi marcada por uma dificuldade própria aos historiadores: "todos sabem é difícil, ainda aos mais exercitados, o despegar-se dos travos e ressaibos que, por algum tempo, deixam no gosto as fontes de que se bebe". A dificuldade de se desvincular do "gosto dos arquivos" reforçou a função mimética das fontes. Se a relutância em abandonar a poeira dos documentos manifestou-se até em suas experiências ficcionais, como a *Crônica* baseada na carta de Caminha, então como poderia ser diferente em sua prática historiadora? Isso não o impediu de procurar uma linguagem "puritana e de boa lei" e de ter "mais de uma vez ouvido, com certo desvanecimento, da própria boca de alguns de escritores nossos, políticos e literatos, que a nossa obra havia tido grande parte a firmá-los no manejo da língua vernácula".[323] Se o estilo talvez seja insatisfatório, o efeito da escrita mostrou-se propedêutico: ele ensinou o idioma português aos brasileiros. Portanto, ainda que o estilo possa ter parecido despretensioso, ele não era apenas um ornamento da redação historiográfica, muito mais do que isso, ele era um componente discursivo da retórica da nacionalidade. O estilo em Varnhagen talvez não seja o mais agradável, mas funcionou, ensinou e interpelou.

***

Varnhagen não limitou a questão do estilo apenas a suas autoconsiderações. Encontram-se dispersos em seus trabalhos um número considerável de comentários acerca do estilo de outros autores que, geralmente,

---

[322] *HGB*, 1854, p. 481.
[323] *HGB*, 1877, p. XII.

serviram de fonte. Na carta, na qual anunciou a identificação de Gabriel Soares de Sousa como autor do manuscrito, Varnhagen não deixou de relacionar sua competência literária a suas potencialidades científicas. Embora o próprio viajante anunciasse que sua intenção não era a de escrever uma história que "deleitasse com estilo e boa linguagem", Varnhagen o absolveu ao ressaltar que, embora "nosso autor" seja realmente "singelo" e "quase primitivo no estilo", era ele "grande observador".[324] O perfil de Gabriel Soares de Sousa mostra-se compatível com o espírito científico do século, notadamente, a partir de 1850: a capacidade de observação aliada à objetividade descritiva. Assim, o que importava mesmo eram as informações aportadas pela experiência testemunhal, independente da forma narrativa. Entretanto, a questão do estilo não esteve ausente. Varnhagen pode até não ter sido claro ou ter dito pouco, mas lhe pareceu sempre importante lembrar ao leitor as compensações a um estilo ruim. Seria uma demasia chamar de "estilo científico", mas também não seria uma definição totalmente inadequada.

A obra do jesuíta Fernão Cardim, redigida entre 1583 e 1601, também editada por Varnhagen, é outro exemplo. Apesar de ser "seguramente mais insignificante e destituída de mérito científico" que a de Gabriel Soares de Sousa, ela é recomendável por seu "estilo natural e fluente e pela verdade da pintura feita com os objetos à vista e as impressões, ainda de fresco, recebidas dos encantos virgens que regalavam os olhos".[325] Em suma, eis um estilo que representa a conversão da autópsia em descrição da cor local. O estilo, quando do lado do belo, não é necessariamente menosprezível.

Em outro relato do século XVI, o de Pero Lopes de Sousa, também editado e publicado por Varnhagen, em 1839, ele anotou que: "do mérito do seu estilo ajuizarão os nossos literatos, e decidirão se algumas páginas descritivas não fazem recordar a saudosa melancolia do saudoso livro de Bernardim Ribeiro seu contemporâneo".[326] A comparação com o poeta bucólico português (1500-1552) não deixa dúvida quanto à valorização da veia poética do autor, considerado pelo historiador uma fonte incontornável

---

[324] Varnhagen *in* Soares (1974, p. 2). O julgamento do século XX não é muito diferente: "Soares de Sousa tem um espírito científico impressionante para sua época" (MÉTRAUX, 1928, p. 3).

[325] *HGB*, 1854, p. 296.

[326] Pero Lopes de Sousa (1839, p. xbiij).

para a história do Brasil. Poder-se-ia objetar que Varnhagen fosse ainda jovem e possivelmente um pouco sentimental, logo suscetível à atmosfera romântica. Não sei. Às vezes tenho a impressão de que Varnhagen, tal como Gibbon, nunca foi jovem.[327] Assim, parecem-me antes estratégias do texto, pois se não posso dizer que a dimensão poética autoriza o relato, tampouco posso afirmar que ela o interdita. Ao contrário, essa parece ser uma das razões que incitam sua leitura: "não convém antecipar as descrições que se leem no seu *Diário*, por vezes poético".[328]

O estilo do padre Vieira é igualmente objeto da pena severa de Varnhagen. Ele considera que "seu estilo sempre corrente e vivo é, às vezes, majestoso; pois inspirações lhe acudiam sublimes. Sua linguagem é sempre correta, agradável e pura".[329] No entanto, o estilo ou sua escrita foram passíveis de reparos. Em uma manobra textual, Varnhagen afastou-se da narrativa e cedeu lugar ao bispo d. Francisco Alexandre Lobo, um dos "mais respeitáveis" críticos de Vieira que tem reservas quanto à capacidade literária do jesuíta: "o gênio de Vieira bem que raro e sublime, não foi completo", em que pese seu "entendimento estupendo" e "a memória felicíssima", faltava-lhe uma "poderosa fantasia e imaginação rica e suave, que tudo pinta, tudo anima, tudo torna interessante, ou com viva propriedade de cores, ou pelo grave movimento e vida das imagens".[330] Não foram frequentes as escapadas de Varnhagen rumo ao anonimato autoral. Voltando à cena e legitimado pelas considerações do bispo, foi implacável com o jesuíta:

> deste modo para ser modelo de oradores sagrados faltavam a Vieira mais imaginação, menos ambição de parecer singular (ainda à custa de paradoxos e absurdos, contanto que provassem agudeza) e mais sensibilidade. Só falava ao entendimento; do coração nem se ocupava ou o fazia com pouco resultado. Tratava de convencer com razões – poucas vezes de mover os

---

[327] Edward Gibbon, *The autobiography of Edward Gibbon*, apud Gay (1990 p. 26).

[328] Pero Lopes de Sousa (1839, p. xbj). Citado também na notícia biográfica sobre Pero Lopes de Sousa que Varnhagen escreveu para a *Revista do IHGB*, 5, 1843, p. 352. Acerca do relato de Pero Lopes de Sousa, ver a apresentação e os comentários de Varnhagen a esta edição, além das edições sucessivas, de 1847, 1861 e 1867. Ver também: Pero Lopes de Sousa (1927); Barros (1840); Avella (1979); Radulet (1981), p. 61-82).

[329] *HGB*, 1857, p. 50.

[330] *HGB*, 1857, p. 51.

afetos. – Se houvera escrito alguma história, possuindo para isso tanto conhecimento dos homens e dos negócios, tanto critério, e tanto saber, se teria recomendado pela clareza e concisão, rejeitando o menos importante, certo de que a difusão pode ser obscuridade. – Para missionário lhe faltavam mais piedade e caridade.[331]

Eis o quadro do grande Vieira! Ofuscado por sua própria soberba, Varnhagen confundiu propositalmente estilo e biografia. Ele se movimentou, na obra de Vieira, por lances calculados: a crítica do bispo, as qualificações pessoais que revelam um estilo destituído de capacidade criativa e um racionalista quase extremo, características que poderiam até tê-lo tornado um historiador relativamente correto, compõem o conjunto de argumentos utilizados não apenas para colocar em questão a grandiosidade de Vieira, mas também, ou principalmente, a ordem dos jesuítas.

O problema do estilo nas fontes conduziu Varnhagen à discussão do grau de pureza da língua. Na introdução à *História da luta com os holandeses no Brasil*, cuja primeira edição é de 1871, o historiador analisou o trabalho de Manuel de Menezes, escrito do século XVII, mas que só foi editado em 1859. Aliás, com muitos erros segundo Varnhagen, que tivera a oportunidade de encontrar na Espanha uma cópia do manuscrito. Manuel de Menezes não tinha "grandes dotes de historiador, nem de cronista". Ele fatigava "o leitor dando-lhe conta de *questões de detalhes*" e seu estilo ainda que "corrente e claro, abusa de termos de mar; nem sempre guarda a conveniente gravidade e chega a ser descuidado, empregando alguns espanholismos desnecessários ou, antes, algumas palavras puramente espanholas no meio da locução portuguesa".[332]

A avaliação de Varnhagen é quase uma autocrítica. Também ele foi criticado por semelhante razão: não apenas pela intervenção de expressões estrangeiras, sobretudo de origem espanhola, em sua escrita, mas igualmente pela exaustão do detalhe.[333] Esse último ponto relaciona-se à acusação imputada por Capistrano de Abreu, entre outros, de que Varnhagen tratava

---

[331] *HGB*, 1857, p. 51.
[332] Varnhagen (1871, p. XIX-XX, itálico do original).
[333] O parecer da Comissão do IHGB encarregada de exarar o parecer acerca da *História da Independência do Brasil*, citado anteriormente, menciona os problemas de linguagem em Varnhagen (1916, p. 18). Recorde-se que, para Varnhagen, a língua portuguesa

de assuntos ou detalhes sem importância ou de importância menor pela simples razão de serem descobertas suas.[334] Certamente, essa prática não foi uma característica apenas de Varnhagen. De certa maneira, ela fez parte da metodologia moderna da história em vias de consolidação no século XIX. Exaurir até o mais ínfimo detalhe um tema qualquer para chegar à realidade fática, esgotar a fonte, é um modo de os historiadores evitarem se reconhecer no texto e, sub-repticiamente, manterem o domínio sobre a história. Charles Péguy considerava esta dupla pretensão do método histórico moderno como uma aspiração divina...[335]

A ironia de Péguy leva a pensar que parte considerável da historiografia do século XIX, na qual se pode incluir a brasileira, participou deste processo de institucionalização do discurso objetivo ou científico sobre o passado, em que a figura do historiador oscilava do *auctor* ao *scriptor*, reaparecendo aqui e ali com os traços do *compilator*, "esse que, visando a anular-se como autor, acrescenta ao texto notas cada vez mais numerosas e eruditas, tendendo até, a rigor, a converter-se em *scriptor*, o simples copista".[336] Em consequência, a regra do bom estilo oitocentista não poderia ser outra senão aquela que, tal qual Renan, define como um valor a clareza, a perfeita adaptação ao tema e o "total esquecimento de si próprio".[337]

A questão é como chegar a este ponto de abnegação absoluta? Varnhagen, parece-me, em que pesem suas tentativas, está muito distante de cumprir esta premissa teórica e metodológica. Seu estilo não engana. Ele é a marca que justamente "diferencia e distingue o historiador, é também a prova de sua invencível subjetividade".[338] Assim, se o estudo do estilo das fontes históricas ofereceu a Varnhagen a oportunidade de explicar a seus leitores como a função mimética se desenvolve desde a descoberta, passando pela crítica documental à escrita, ele igualmente lhe

era um dos idiomas entre outros que o cercavam, sendo, provavelmente, o espanhol, língua materna de sua esposa, o que preponderava em seu cotidiano familiar.

[334] Abreu (1878) *apud* Varnhagen (1928, p. 505). A citação completa encontra-se no capítulo "Varnhagen em Movimento".

[335] "Exaurir o imenso, o indefinido, o infinito do detalhe para obter o conhecimento de todo o real. Eles [os historiadores] não se dão conta que este novo método, este método científico, este método histórico moderno exigiria que eles se tornassem deuses" (PÉGUY, 1987a, p. 1415). Ver também: Péguy (1987b, p. 883).

[336] Hartog (1988, p. 151-152).

[337] Hartog (1988, p. 152).

[338] Gay (1990, p. 177).

conferiu a chance de observar seus efeitos. Positivos ou negativos, eles correspondem a intenções e respostas objetivas e subjetivas a problemas da operação historiográfica em termos mais amplos.

Parece-me que a análise do estilo na obra varnhageniana abre espaço para se refletir, em outra perspectiva, acerca do infindável debate entre história e literatura ou gênero ficcional. Se o estilo era ainda uma preocupação na época de Varnhagen, ele deixou de sê-lo em boa parte do século seguinte, coincidindo com o "eclipse da narrativa", cujo diagnóstico crítico se deve a Paul Ricœur.[339] Não é surpreendente, portanto, que a questão do estilo na história ressurja no debate historiográfico brasileiro e alhures no contexto intelectual do *linguistic turn*.[340] De qualquer forma, o estilo, tal como a narrativa, nunca deixou de existir, muito menos foi substituído por outra categoria estética, retórica ou heurística. Como um micróbio literário permaneceu latente no discurso do historiador. Vitória do Veto pela segunda vez!

Sobre a biografia: entre o sentimento e a objetividade histórica (II)

Entre os tantos inícios atribuídos a Varnhagen, o de pioneiro da biografia como um gênero "sério" no domínio da historiografia brasileira foi um deles.[341] Em consequência, tornou-se comum imputarem-lhe a defesa de uma concepção "idealista" de história, cujos movimentos seriam produto das ações dos grandes homens.[342] Arno Wehling, um dos primeiros a contestar tal noção, explicitou: "Varnhagen elegeu, à luz dos fundamentos ideológicos, filosóficos e científicos de seu momento histórico, alguns atores sociais privilegiados". Contudo, isso não significa que tenha escrito, "como alguns críticos condenaram, apenas a história dos grandes personagens". Sua obra de historiografia "não é uma "galeria de brasileiros ilustres" à Carlyle ou mesmo Plutarco".[343]

---

[339] Ricœur (1983, *Temps et récit*, 1, p. 171-216).

[340] Cezar (2015, p. 440-461).

[341] Rodrigues (1957, p. 277).

[342] Rodrigues (1967, p. 181); Reis (1997, p. 115).

[343] A propósito, salvo melhor juízo, enquanto a Plutarco coube uma menção, Carlyle foi completamente ignorado em sua *História geral:* "André Vidal era homem tão superior que necessitara um Plutarco para apreciá-lo" (*HGB*, 1857, p. 29).

A sugestão de Wehling foi a de procurar identificar os principais atores que constituem os elementos fundamentais da dinâmica social na obra de Varnhagen e subsumir os "heróis" em entidades coletivas tais como "os agentes mesológicos; as etnias e sua miscigenação; as instituições sociais e políticas; os grandes personagens e o próprio reino português".[344]

Ao redimensionar aquilo que era uma percepção evidente entre os historiadores brasileiros que se dedicaram a ler Varnhagen, a proposta de Wehling foi ao encontro das novas tendências nos estudos sobre a biografia no Brasil. Em relação ao século XIX, os trabalhos de Maria da Glória de Oliveira e Evandro Santos são exemplos desta inovação teórica e metodológica.[345] A primeira, em uma perspectiva mais geral, perseguiu diferentes modos de narrar vidas, alargando significativamente o potencial explicativo e o manancial de fontes. O Varnhagen biógrafo teve sua obra redimensionada em meio a contextos historiográfico e políticos distintos no tempo e no espaço. O segundo, operou em um campo mais próximo ao texto com o objetivo de analisar a presença e as múltiplas apropriações da biografia especificamente em Varnhagen. Em ambos os casos, Varnhagen aparece como um historiador mais complexo do que o simples o panegirista bajulador ou o adulador encomiástico dos grupos dominantes da sociedade.[346] Não que ele não o fosse, porém seu jeito desaforado, irritado e sua obsessão por entender a formação do Brasil como nação impediam a incontida subserviência às elites. Além disso, como bem lembra Maria da Glória de Oliveira, quem tinha por trás de si "o receituário metodológico prescrito por Martius, centrado na importância da 'mescla das raças' para a formação do Brasil, estava longe de se apoiar em um modelo de história com ênfase na exemplaridade dos feitos dos grandes homens".[347]

Essas abordagens menos dependentes das generalizações e dos manuais de historiografia, interessam-me pela abertura teórica que elas habilitam e estimulam. Proponho aqui não segui-las fielmente, mas, trilhando alguns de seus desvios, manter-me neste abismo do texto no qual me meti, e do qual esta espécie de hermenêutica da dúvida, que me assombra, não permite que eu me afaste. Reconheço, contudo, que tenho muita dificuldade de pensar a análise historiográfica de outra forma...

---

[344] Wehling (1999, p. 158).
[345] Oliveira (2012); Santos (2009).
[346] Santos; Cezar (2013, p. 144-161).
[347] Oliveira (2012, p. 23); Cezar (2003, p. 173-208).

***

Uma parte considerável dos grandes e dos nem tão grandes homens presentes na *HGB* de Varnhagen foram por ele biografados antes de 1854. São notícias biográficas, de modo geral curtas, publicadas na *Revista do IHGB*.[348] Elas foram inseridas em sua obra monumental não como recursos acessórios e ornamentais ou como simples "distrações", como sugere José Honório Rodrigues, mas como método e prova, texto e contexto.[349] No prólogo à segunda edição, ele explicou não ser sua intenção limitar "a narração dos sucessos políticos, [...] a estéreis biografias dos mandões".[350] As histórias de vida funcionam na economia do texto como elementos de ligação: primeiro, fazendo a conexão entre quadros particulares e conjunturas mais amplas;[351]

---

[348] "A presença varnhageniana na seção biográfica da *Revista do IHGB*, no conjunto, constitui 25 biografados e 31 textos, os quais mesclam biografias por ele elaboradas, pequenas reescrituras dessas (com o intuito de corrigir ou complementar informações) e reedições de estudos editados em outras publicações (nem todos de autoria do historiador)" Santos (2009, p. 15). Varnhagen publicou 25 notícias biográficas na *Revista do IHGB*, sendo 21 antes de 1854: d. Francisco de Lemos de Faria Pereira Coutinho (2, 1840, p. 388-394); Salvador Corrêa de Sá e Benevides (3, 1841, p. 100-112; compl.: 5, 1843, p. 237-241); José Fernandes Vieira (3, 1843, p. 88-96); Inácio de Andrade Souto Maior Rendon (5, 1843, p. 241-248); Martim Afonso de Sousa (5, 1843, p. 248-256); Francisco de Mello Franco (5, 1843, p. 367-373); Gaspar Gonçalves de Araújo (5, 1843, p. 373-376); Pero Lopes de Sousa (5, 1843, p. 376-379); Francisco Xavier Ribeiro Sampaio (7, 1845, p. 387-389); Fr. José de Santa Rita Durão (8, 1846, p. 276-283); Eusébio de Matos (8, 1846, p. 540-543); Antônio José da Silva (9, 1847, p. 114-124); Manoel Botelho de Oliveira (9, 1847, p. 124-126); Vicente Coelho de Seabra (9, 1847, p. 261-264); João de Brito Lima (10, 1848, p. 116-119); Fr. Manoel de Santa Maria Itaparica (10, 1848, p. 240-244); Tomás Antônio Gonzaga (12, 1849, p. 120-136; add.: 13, 1850, p. 405; 23, 1860, p. 405; 30, 1867, p. 425-426); Bento Teixeira Pinto (13, 1850, p. 402-405); Inácio José de Alvarenga Peixoto (13, 1850, p. 513-516); Domingos Caldas Barbosa (14, 1851, p. 449-460); Antônio de Moraes e Silva (15, 1852, p. 242-245); Jorge de Albuquerque Maranhão (25, 1862, p. 353-361); d. Antônio Filipe Camarão (30, 1967, p. 419-428; p. 501-508); Francisco José de Lacerda e Almeida (36, 1873, p. 177-184) e Antônio Pires da Silva Pontes Leme (36, 1873, p. 184-187).

[349] Rodrigues (1969, p. 47).

[350] *HGB*, 1877, p. XI.

[351] Trata-se de uma perspectiva muito próxima à de Victor Cousin, a qual é fortemente inspirada em Hegel: "o grande homem é a harmonia da particularidade e da generalidade; ele somente é grande homem a este preço, a esta dupla condição de

segundo, as biografias revelam atos produtores da nacionalidade brasileira do século XVI ao século XIX, pelo estabelecimento de modelos positivo ou negativo.[352]

Não existe, na galeria de indivíduos biografados por Varnhagen, distinção clara entre grande homem, homem ilustre e herói, o que não chega a se constituir em problema linguístico e muito menos político.[353] A indistinção, entretanto, explica-se, em parte e no caso específico de Varnhagen, porque também não há *a priori* diferenciação nítida entre ser um bom ou mau indivíduo: ambos são suscetíveis de serem biografados. O local de nascimento, de modo similar, não se constitui em um fator decisivo de singularização.[354] O que parece comum a este panteão esquisito é o posicionamento a favor da nação, a maioria, ou contra a nação, a minoria. Em ambos os casos, aos contemporâneos são oferecidas histórias de vida por seu valor exemplar, tenha sido o biografado benéfico ou maléfico ao país. Um exemplo de uma biografia nefasta (considerando que a primeira situação era a mais esperada pelo leitor oitocentista de biografias) é a do poeta Inácio José de Alvarenga Peixoto, notadamente por sua participação nos eventos da Inconfidência Mineira. Conforme Varnhagen, Alvarenga Peixoto, em seu segundo interrogatório, "não só confessou tudo, delatando seus amigos, como até, infelizmente, se mostrou baixo e servil, na adulação de seus opressores".

---

representar o espírito geral de seu povo", ou ainda: "o que faz o [grande] homem, é esta individualidade que se encontra misturada intimamente à generalidade. [...] Toda individualidade, quando desvinculada da generalidade, é plena de misérias". Enfim, "a regra fundamental da filosofia da história relativamente aos grandes homens é a de considerá-los pelo o que fizeram e não pelo o que queriam fazer, é a de se ater as grandes coisas concretizadas que serviram à humanidade e que permanecem ainda na memória dos homens, enfim de procurar estabelecer aquilo que os constituem como personagens históricos, aquilo que lhes conferiu força e glória; a saber, a ideia que eles representam, sua relação íntima com o espírito de seu tempo e de seu povo" (COUSIN, 1991, citadas, respectivamente, p. 254, p. 264 e p. 267). Victor Cousin é um autor conhecido pela primeira geração do IHGB, ver Pinheiro (1839, p. 61-62).

[352] Maria da Glória de Oliveira problematiza e aprofunda esta reflexão (OLIVEIRA, 2012, p. 84-85).

[353] Enders (2014).

[354] Ver, por exemplo, as biografias dos portugueses Martin Affonso de Sousa (1500-1564), de seu irmão (1510-1539), e a de João Fernandes Vieira (1613-1679), originário da Ilha da Madeira, então possessão portuguesa.

Ao biógrafo não cabe o perdão: "não seremos nós quem hoje o desculpe, quando semelhante desculpa poderia conduzir nada menos que a alentar, no futuro, novos exemplos de opróbrio, não de heroicidade e abnegação".[355] O biografado é transformado em réu no Tribunal da História, cuja metáfora significa que uma justiça se realizará no decurso do processo histórico.[356]

A regra geral, todavia, são biografias como a do dramaturgo Antônio José da Silva (1705-1739):

> Tinha-se Antônio José casado, em 1734, com Leonor Maria de Carvalho. Este matrimônio fora abençoado um ano depois, em outubro de 1735, nascendo uma menina que recebeu o nome da avó paterna. Era uma família feliz: a advocacia dava a Antônio José uma subsistência honesta e com que pagar a renda de um andar das casas em que vivia, junto à igreja do Socorro. O teatro oferecia-lhe pasto intelectual, granjeava-lhe a afeição do monarca e bastante popularidade; a filhinha e a mulher e sua velha mãe consistiam-lhe todas as delícias do coração. Eis, porém, que, aos 5 de outubro de 1737, quando se aproximava o segundo aniversário da dita filhinha Lourença, viu-se arrebatado subitamente por um familiar do Santo Ofício. Tal é o primeiro quadro da ação verdadeiramente trágica, que nos vai oferecer o resto de seus dias.[357]

Não aparecem, na narrativa, explicações teóricas, seja sobre a biografia, seja sobre a história, o que, até hoje, é um padrão absolutamente normal entre biógrafos e historiadores, os quais, de modo geral, não se sentem pressionados a explicar seus posicionamentos. Para Varnhagen, somente existiam os fatos da história da vida de um homem. Não ignoremos, contudo, o estilo bastante romanesco e sentimental que Varnhagen imprimiu ao excerto e à notícia como um todo. Ele propositalmente dramatizou a história de um autor de teatro popular, admirado pelo povo e pelo monarca, cuja vida foi seriamente perturbada, às vésperas do aniversário da filha, por uma acusação de heresia impetrada

---

[355] Varnhagen (1867b).
[356] Koselleck *et al.* (2013, p. 150-151).
[357] *Revista do IHGB*, 9, 1847, p. 120. O processo do Santo Ofício contra Antônio José da Silva, cujo apelido era "Judeu", foi publicado na *Revista do IHGB*, 59, 1896, p. 5-260.

pelo impiedoso tribunal da Inquisição. Não sem motivo, tal texto foi transformado em peça de teatro e em filme![358] Varnhagen, esperto, tinha suas razões para tal postura. António José da Silva foi integrado ao conjunto das fontes que se constituíram em provas e argumentos que visavam a consolidar sua opinião sobre a Inquisição.[359] "Quem como nós teve ocasião de estudar, em vários autos, as formas de processo que mais tarde se adotaram para esse tribunal não pode deixar de falar dele sem desde logo maldizê-lo".[360] A sensibilidade ferida do historiador o levou a críticas severas ao Santo Ofício:

> deste *Status in Statu*, cujos ditames, superiores a toda a lei, diminuíram ao rei a majestade, ao governo o poder, aos tribunais a justiça, aos prelados a autoridade eclesiástica e aos povos a liberdade – não só de discutir como até quase de pensar.[361]

A Inquisição agiu, na América Portuguesa, no século XVIII, quando o Brasil estava já "bastante colonizado e constituído", momento em que suas "riquezas começaram a seduzir os cobiçosos fiscais do chamado *Santo Ofício*".[362] Não seja esquecido que António José da Silva vivia com uma "subsistência honesta".[363]

Esta biografia permite que compreendamos uma das formas de Varnhagen organizar seu texto. A partir de notas biográficas coligidas em processos inquisitoriais, ele integrava a história brasileira em um movimento histórico mais geral, envolvendo Europa, América Portuguesa e América Espanhola. Histórias de vida como a de António José da Silva foram formas de captar o sentimento do momento, de construir e de naturalizar a cor local. Mesmo quando anonimizadas, embora não seja o caso desta, a conversão das histórias de vida em elementos constituintes

---

[358] A história António José da Silva inspirou Bernardo Santareno a escrever a peça *O Judeu*, de 1966. Em 1995, a vida de António José da Silva foi objeto do filme intitulado *O Judeu*, do cineasta e diplomata brasileiro Jom Tob Azulay.

[359] Sobre António José da Silva, ver Wachtel (2001, p. 300-313). Ver também Chartier (2012); Fréches (1982).

[360] *HGB*, 1854, p. 88.

[361] *HGB*, 1854, p. 88.

[362] *HGB*, 1854, p. 88.

[363] A boa situação econômica e a situação de cristão convertido parecem ser as razões principais para a perseguição de António José da Silva. Ver Menezes (1969, p. 630), Coutinho; Sousa (1990, p. 1242).

do contexto histórico auxiliou no combate contra uma instituição cujas influências foram "perniciosas" ao desenvolvimento da nação.

Em carta escrita em Lisboa, datada de 22 de julho de 1845, endereçada a Manuel Ferreira Lagos, então segundo-secretário do IHGB, portanto antes de publicar e, provavelmente, de escrever a notícia biográfica de Antônio José da Silva, Varnhagen fez um balanço de suas pesquisas sobre a Inquisição nos arquivos portugueses:

> Corri igualmente por alto as listas respectivas aos Tribunais de Coimbra, Évora e Goa; mas algum caso que nelas se topa e que diz respeito ao Brasil não deve ser considerado senão como exceção; pois que foi Lisboa quem se arrogou oficialmente a malfadada glória de limpar o Brasil do sangue israelita; cruenta empresa, que começa a ser executada, com ardor, do ano de 1704 por diante.[364]

Em seguida, ele descreveu a documentação que encontrara, tendo lhe chamando a atenção o número de mulheres processadas. O tom emocional perpassa toda a mensagem. A subjetividade que leva à emoção encontra-se, porém, na própria fonte. No processo impetrado a uma personagem feminina, presença rara tanto na obra quanto na correspondência, Varnhagen leu e anotou que:

> Thereza Paes de Jesus, de 65 anos de idade, parte cristã nova, casada com Francisco Mendes Simões, mestre de meninos; natural e moradora da cidade do Rio de Janeiro, Estado do Brasil, convicta, falsa, simulada, confitente, diminuta, variante, revogante e impenitente!![365]

Varnhagen criticou o fato em si e as alegações marcadas de passionalidade do documento. "Grande Deus! E com tais palavras cavilosas permitiste que a superstição e a maldade humana sofismassem na terra vossa alta justiça!".[366] Por fim, ele escutou do documento a voz surgida do passado:

> Por impossível que seja, o escritor, por mais que se queira persuadir que já não existe nenhuma dessas infelizes criaturas, é

---

[364] *CA*, p. 138.
[365] *CA*, p. 139.
[366] *CA*, p. 139-140.

instintivamente iludido pela imaginação, que quase lhe faz ouvir gemidos e lamentos desfalecidos das desgraças velhas moribundas, e, ao cair em si, apenas ousa clamar: — Quão mesquinhas, acanhadas e cheias de erros são as obras dos homens![367]

A perplexidade do pesquisador atingido pela própria fonte desdobra-se em uma metafísica da existência à qual o registro biográfico vem emprestar corpo e identidade, pois dos mais de dez nomes de mulheres e de homens perseguidos pela Inquisição, citados na carta, praticamente todos aparecem na análise dos horrores cometidos pelo Santo Ofício.[368]

Esses sofredores da história, como Antônio José da Silva, são paradigmas de mártires, não de heróis. A biografia de Salvador Corrêa de Sá Benevides (1594-1688) é a de um verdadeiro de herói varnhageniano. Segundo notícia biográfica publicada pelo historiador na *Revista do IHGB*, ela inicia sob o signo do enigma: "Os primeiros anos da biografia de Salvador acham-se, como acontece à de quase todos os guerreiros, envoltos em mistérios e incertezas: só aparece o herói desde que ele começa a granjear este título".[369] O cenário em que o biografado deixou suas marcas de heroicidade é o da guerra com os holandeses. Após descrever sua atuação, o biógrafo recorda ao leitor que o "retrato litografado que acompanha esta biografia" teve o fac-símile da assinatura "por nós escrupulosamente copiado em papel vegetal de uma de suas cartas autografadas". A justificativa para tanto esmero, além do fato de "hoje" serem "apreciados em todas as biografias", foi que a investigação provou a importância do "nosso herói — digno modelo para os vivos e vindouros".[370]

Personagem importante, tanto na *História geral* quanto na *História das lutas com os holandeses*, o "brioso" Salvador Corrêa é exemplo de herói e do papel e ação do indivíduo na história, no sentido que lhe atribui Hegel.[371] Sinceramente, não sei se Varnhagen leu Hegel ou mesmo Victor Cousin, embora eu não simpatize com as histórias das influências, parece-me que aqui se faz sentir de modo muito notório o peso, ainda

---

[367] CA, p. 140.
[368] HGB, 1857, p. 179-183.
[369] *Revista do IHGB*, 3, 1841, p. 100.
[370] *Revista do IHGB*, 3, 1841, p. 111-112.
[371] Na *HGB*, 1854, caps. XXI, XXVII e XXXI; na *História da luta com os holandeses*, disseminado pela obra. Hegel (1990, p. 66-87).

que difuso e inconsciente, da poderosa filosofia da história hegeliana, mormente na primeira metade do século XIX.[372] Essa quase ideologia dominante (no sentido do jovem Marx) do valor individual, mesmo quando absorvida pelo historicismo, sobretudo pós-1850, manteve sob a forma de um idealismo dissimulado em pertinência histórica, a figura do herói e do grande homem como fio condutor da narrativa histórica.

***

Os escolhidos ou "achados" por Varnhagen eram, em muitos casos, poetas. Seus poemas faziam parte da gênese de uma suposta cultura brasileira, além de serem indicadores de traços de homens, às vezes heróis, e de testemunhos de tempos passados. A biografia do frei José de Santa Rita Durão (1722-1784), autor do *Caramuru, poema épico do descobrimento da Bahia*, é um exemplo notável. Varnhagen explica:

> *amor da pátria*, como ele mesmo diz, incitava-o a escrever um poema em que tratasse dos *sucessos do Brasil*; e, percorrendo a história, não achou ele assunto mais digno para a sua *Brasiliada* do que o de "um herói na adversa sorte". O maravilhoso de Caramuru ainda então não corria averiguado.[373]

As circunstâncias levam o poeta, às vezes, a converter-se, "como o grande Camões, em um historiador em verso". Contudo, a principal função de um poeta não é fazer história, se bem que, em todos os contos e mitos, exista um "fundo verdadeiro". Seu papel principal, explicou Varnhagen em um texto publicado em 1848, no qual discutiu a existência de Caramuru, é aquele de dar a "verdadeira fé" na parte real dos mitos, pois a "magia do poeta" é fazer vibrar "as cordas do sentimento".[374]

---

[372] Em que pese constar no *Catálogo da Coleção Varnhagen da Biblioteca do Itamaraty* (Rio de Janeiro/Brasília: FUNAG, CHDD, 2002, p. 186) um exemplar de um pequeno livro de Cousin: COUSIN, Victor. *Philosophia popular*. Lisboa: Typographia de Silva, 1848, 18p. Contudo, entre ter e ler existe uma diferença. Ao contrário, o fato de não aparecer Hegel neste *Catálogo* e ele não estar citado não significa que não o tenha lido em algum momento de sua via.

[373] Varnhagen (1846b, p. 281-282). Essa biografia foi publicada como introdução à edição que Varnhagen fez do *Caramuru: poema épico do descobrimento da Bahia*, por Fr. José de Santa Rita Durão (1878).

[374] Varnhagen (1848, p. 129-131). Sobre o *Caramuru*, ver: Cândido (1961, p. 47-66); Amado (2000, p. 3-39); Riaudel (2013); Riaudel (2015).

O poeta é aquele que preserva, transmite e estabelece a crença, enquanto o historiador é o sujeito que procura, na crença, a verdade.

Mais uma vez parece vir à tona a relação entre história, biografia e ficção. Esse relacionamento contaminado levou gerações de historiadores, desde o século XIX, a pensar que a biografia seria o gênero historiográfico mais suscetível à infecção poética. José Honório Rodrigues é uma amostra dessa tendência.

> Talvez se possa dizer que na biografia, mais que em qualquer outro campo da historiografia, o conhecimento histórico se aproxima muito da arte. E talvez em razão dos elementos artísticos ou estéticos que contém, porque apela para a imaginação e torna o passado mais concreto, mais real, mais vivido, a biografia é mais lida que a própria história. Porque ela humaniza o passado e enriquece a experiência do presente, sua popularidade cresce de tal modo que as vidas romanceadas têm-se tornado um dos piores instrumentos de adulteração da história.[375]

A posição de Rodrigues guarda certa ambiguidade. Parece que, por um lado, a biografia seria quase uma forma superior de história, capaz de interpelar os leitores por sua capacidade de recriar sensações humanas, por outro, abriria espaço para a manipulação histórica.[376] A reatualização do antigo debate entre história e ficção sob essa perspectiva revela mecanismos de sua inibição (outra forma de veto) por parte dos historiadores ou dos leitores de história: a biografia como subgênero da história ou a biografia como fonte para a história são formas de reduzi-la diante desta mesma história.[377] Em ambos os casos, perdem-se a noção do forte entrelaçamento entre elas, desde o mundo antigo, e a possibilidade de ser a biografia, como a própria história, uma das formas de uma sociedade representar sua relação com o tempo.[378] Essa representação é construída, em última instância, no texto, pela narrativa de historiadores e biógrafos que se servem da mesma estrutura linguística para produzir

---

[375] Rodrigues (1957, p. 209).

[376] Há alguns anos, Benito Bisso Schmidt tem discutindo essas e outras questões sobre a biografia com grande acuidade teórica: Schmidt (1996, p. 165-192); Schmidt (2000, p. 121-129); Schmidt (2006, p. 59-70); Schmidt (2012, p. 187-205).

[377] O desenvolvimento da relação entre biografia e história, principalmente no século XIX, encontra-se em: Loriga (2010).

[378] Momigliano (1993); Hartog (2001b, p. 9-49).

suas interpretações.³⁷⁹ Por consequência, não foi surpreendente que o historiador profissional tenha se afastado da biografia tal como distanciara-se da literatura, porque algum "médico incauto" as determinou como polos de contaminação do micróbio literário ou do vírus ficcional.³⁸⁰

Uma última palavra sobre as fontes das próprias biografias escritas por Varnhagen. Normalmente, ele não as citou, seja por falta de espaço na *Revista*, seja por considerar que o gênero biográfico não requeresse o mesmo rigor que a história. Em todo caso, elas fazem parte, seguramente, de seu trabalho de arquivo. Logo, constituem fontes confiáveis. No entanto, pelo menos uma vez, Varnhagen valeu-se de uma fonte assumidamente discutível. Trata-se da notícia biográfica do padre Domingos Caldas Barbosa, vivente do século XVIII e cujo documento principal é um poema escrito por ele mesmo.³⁸¹

A questão das fontes relaciona-se, evidentemente, à escolha dos personagens. É certo que ele publicou biografias de indivíduos citados nos documentos consultados. Em princípio, não consistiam exatamente em opções, mas em imposição do arquivo. Consciente, Varnhagen explicou que, muitas vezes, essas escolhas ou imposições foram maneiras de livrar um indivíduo do "anonimato injusto".³⁸² Em outras oportunidades, o personagem deixou o anonimato para servir de contraexemplo. Parece, no entanto, haver uma terceira categoria: o anônimo que não chega a se destacar da fonte, seja porque a documentação é densa e não lhe permite emergir inteiramente, seja porque, como toda a escolha implica abandono, o historiador, por alguma razão, não tenha se interessado por ele e sim por outros. Triste, mas é assim. Ademais, o apagamento de rastros de certas individualidades, voluntário ou involuntário, é um movimento análogo àquele que condena ao esquecimento certas obras consideradas indesejadas à nação. Vitória do veto pela terceira vez!

P.S.: Pelo que escrevi até aqui, tal escore não parece uma vitória de Pirro?

---

[379] White (1994, p. 98-116).
[380] Loriga (1996, p. 209-231).
[381] *Revista do IHGB*, 14, 1851, p. 449-460.
[382] Ver, por exemplo a biografia do químico Vicente Coelho de Seabra (1765-1804) e a do poeta Eusébio de Matos (1629-1692).

III Movimento

Subjetividade e imparcialidade de um historiador

> Mais mon cher Théodon, n'attendez rien de pareil d'un écrivain qui par les études dont je viens de vous parler, ne se sera pas préparé à écrire l'histoire. Il faut qu'il ait long-temps médité son ouvrage, qu'il en ait étudié toutes les parties, et qu'il les embrasse toutes d'un coup d'œil.
>
> (Abade de Mably, *De la manière d'écrire l'histoire*, 1783)[383]

> La question de la nationalité historique, je l'ai toujours regardée comme la plus délicate pour un historien brésilien: je l'ai longtemps méditée avant de commencer la rédaction de mon histoire".
>
> (Varnhagen, *Examen de quelques points de l'histoire géographique du Brésil*, 1858)[384]

Uma experiência de leitura

A *História geral do Brasil* (*HGB*) é, indiscutivelmente, o trabalho mais conhecido e discutido de Varnhagen. A obra concentra e resume todos os elementos de uma retórica da nacionalidade, esforço intelectual que

---

[383] "Mas, meu caro Théodon, não espere nada de parecido de um escritor que, pelos estudos sobre os quais acabo de lhe falar, não esteja preparado para escrever a história. É necessário que ele tenha meditado um longo tempo sobre sua obra, que ele tenha estudado todas as partes e que ele as abrace todas de um só golpe de vista" (MABLY, 1988, p. 296).

[384] "A questão da nacionalidade histórica, eu a sempre vi como a mais delicada para um historiador brasileiro: eu meditei muito tempo [acerca dela] antes de começar a redação de minha história" (VARNHAGEN, 1858, p. 56).

caracteriza o conjunto de seus trabalhos e, de certo modo, de sua vida. A primeira edição da *HGB* foi publicada em dois volumes, em Madri, o primeiro em 1854 e o segundo em 1857.[385] A segunda edição, corrigida e aumentada, também em dois volumes, foi publicada em Viena, em 1877, um ano antes da morte do historiador.[386] Capistrano de Abreu, em 1906, começou a publicação da terceira tiragem da obra, corrigida e anotada por ele mesmo, a qual foi interrompida por causa de um incêndio na editora.[387] Rodolfo Garcia retomou o projeto e, em 1928, publicou, em cinco tomos, a terceira/quarta edição integral, incorporando aos próprios comentários o trabalho de Capistrano de Abreu.[388] As edições seguintes reproduziram essa última.[389] Optei, neste ensaio, privilegiar a primeira edição por ela ser a mais lida durante século XIX e ter sido fonte estruturante da historiografia subsequente.[390]

De maneira geral, as análises sobre a *HGB*, sobretudo as mais recentes, a dividem em temas mais específicos, como a questão das origens da nação brasileira (a "descoberta", os índios etc); as guerras coloniais (contra os franceses e os holandeses); o papel dos escravos, dos jesuítas; a chegada da família real ao Brasil; o processo de independência. Proponho outra via, um exercício hermenêutico, partindo do próprio texto e de alguns de seus modos de subjetivação. Sugiro, portanto, uma experiência de leitura,[391] cujo mérito seria não o de provocar uma ruptura com os estudos precedentes, mas de abrir outra perspectiva analítica. Neste sentido, analisei na *HGB*, ainda que introdutoriamente: 1. suas marcas de subjetividade e a caracterização dos personagens, ou seja, as ambiguidades da escrita da história; 2. os limites mais flagrantes de sua imparcialidade, ou seja, o papel atribuído ao pai de Varnhagen na história do Brasil.

---

[385] *HGB*, 1854 e 1857.

[386] *HGB*, 1877.

[387] Ver: Oliveira (2013); Amed (2007).

[388] *HGB*, 1928.

[389] Sobre o tema, ver o trabalho Batalhone Jr. (2011).

[390] Por exemplo, o manual de Joaquim Manoel de Macedo. Ver: Mattos (2000).

[391] No prefácio à nova edição de *Le Miroir d'Hérodote*, Hartog explicou que seu livro, após o tempo decorrido, lhe parecia justamente "uma experiência de leitura", fórmula que me parece adequada para se pensar na heterogeneidade de perspectivas que caracterizam a história da historiografia (HARTOG, 2001a, p. 11).

As ambiguidades da escrita da história

> *Não poderia aqui explicar uma a uma todas as razões que tive para dar certos toques, para empregar tais ou tais frases na História Geral.*
>
> (Varnhagen, carta a Pedro II,
> Madri, 14 de julho de 1857)[392]

As marcas de incerteza

As marcas de subjetividade no relato de Varnhagen não são, em sua maioria, expressões que lhe escaparam de maneira despercebida ou inconsciente. Não, essas marcas, de modo geral, fazem parte da organização do próprio texto com uma função análoga àquela dos adjetivos: conferir inteligibilidade à narrativa.

Disseminadas em toda a obra, tais marcas aparecem com mais intensidade no primeiro volume e no início do segundo da *HGB*. Assim, na medida em que a narração avança em direção ao Oitocentos, o autor parece ter economizado as expressões produtoras de subjetividade, em proveito de uma escrita mais direta, afirmativa e asséptica, exceto, e não se trata de um pequeno detalhe, quando, no tomo II, dedicou um capítulo à atuação de seu pai, na história brasileira, nas primeiras décadas do século XIX, como se verá na sequência. Essas marcas, que se superpõem e se cruzam ao longo do relato, são múltiplas: verbos indicando incertezas, como *crer/acreditar*, *imaginar* e *parecer*; verbos no condicional; expressões que denotam sentimentos.[393]

O historiador acreditava

Varnhagen acreditava. Este tipo de argumentação é uma das formas mais eficazes e astuciosas para reforçar a persuasão narrativa e, em consequência, a retórica da nacionalidade. Por exemplo, escreveu o historiador: "cremos que não andam errados os que, como nós, ajuízem que toda a extensão do Brasil está hoje seis ou oito tantos mais povoada do que no

---

[392] *CA*, p. 246-247.

[393] A fim de evitar anacronismos linguísticos consultei os dicionários Rafael Bluteau (1720) e de Antônio de Morais Silva (1789).

tempo em que se começou a colonização".[394] Como os estudos estatísticos sobre o período colonial eram inexistentes, Varnhagen e os outros fizeram estimativas, geralmente, a partir dos relatos dos primeiros viajantes.

O historiador acreditava também em rumores. É o caso do destino dos membros da expedição organizada, no século XVI, por três donatários com vistas à ocupação de seus respectivos territórios no Brasil. A comitiva seria tão potente que o embaixador espanhol temia que eles tivessem a intenção de chegar até o rio da Prata, propriedade do rei de Espanha. Em uma carta à corte espanhola, o embaixador explicou as razões de suas apreensões: "além disso participava como se dizia que os desta expedição, ao desembarcarem, se embreariam pela terra dentro até dar com o Peru". Segundo Varnhagen:

> Este último boato devia, cremos nós, ter todo fundamento. Já era sabido que as costas da América do Sul contorneavam um grande continente. [...] Para nós é sobretudo grande argumento para crer no boato o terem levado cavalaria, arma esta que valeu mais a Pizarro para vencer que toda a sua audácia, como já em outros tempos tinha valido aos árabes para o êxito feliz de suas conquistas.[395]

Acreditar em um rumor não é simplesmente um gesto de fé, mas efeito de um cálculo racional cujo fundamento é a comparação histórica.

A crença pode ainda ser concebida como a manifestação de uma reflexão antifatalista. Varnhagen não acreditava que os eventos históricos fossem predeterminados, salvo, eventualmente, pela Providência. O conflito com os holandeses, no século XVII, teve, para ele, uma justificação desse gênero. Nada obrigava ou predestinava o Brasil a ser invadido pelos holandeses, não obstante escreveu o historiador:

> Cremos sim que uma guerra de tempos a tempos pode erguer um país de seu torpor; cremos que, quando a costa brasílica acabava de ser ocupada na totalidade com cidades de S. Luiz e de Belém, no Maranhão e no Pará, poderia estabelecer, como estabeleceu, mais união e fraternidade, em toda a família já brasileira; cremos que se estreitam muito, nas mesmas fileiras, os laços de que resultam glórias comuns e que não há vínculos mais firmes que os sancionados pelos sofrimentos.[396]

---

[394] *HGB*, 1854, p. 97. Na segunda edição, as cifras passam de 6 a 8 para 8 a 10.
[395] *HGB*, 1854, p. 159.
[396] *HGB*, 1854, p. 337-338.

Em suma, ao mesmo tempo em que lutavam contra os holandeses, os brasileiros constituíam-se como nação. Varnhagen acreditava, portanto, na indeterminação dos acontecimentos, se bem que cresse que a guerra, aqui uma categoria a-histórica, fosse um fator de unificação e de construção identitária.

Imaginar, parecer

Varnhagen imaginando:

> Era a aldeia em que principalmente vivera João Ramalho com sua família, já numerosa, como pode se imaginar sabendo que vinte anos passara livremente entre aquela gente, à lei da natureza;[397]
>
> Podemos, pois imaginar que pouco favorável juízo faziam dos cristãos seus inimigos.[398]

Ele *imaginou* que a família do colono João Ramalho, que vivera durante o século XVI, era numerosa. *Imaginou*, ao descrever a vida dos primeiros europeus com os índios, o julgamento pouco favorável que estes faziam de seus inimigos.

A imaginação também permitiu ao autor declarar sua eventual incapacidade descritiva. Como se pode descrever a região onde foi fundada a cidade do Rio de Janeiro? É difícil. Porém, quando "o teatro de nossas emoções se transfere a esta paragem, convém que o leitor a tenha presente, para o que nos esforçaremos por lhe transmitir uma leve ideia das cenas em cuja descrição quase imaginamos que todas as palavras se nos desbotam".[399] As palavras são insuficientes à representação da imagem. Aqui, o ato de imaginar não está a serviço da arte de pintar a cor local, mas da consciência das limitações do historiador.[400]

A faculdade da imaginação constitui-se igualmente em uma forma de diferenciar os "selvagens" dos "civilizados". Por conseguinte, se pode *imaginar* que alguns indivíduos representam um estágio civilizatório elevado:

---

[397] *HGB*, 1854, p. 55.
[398] *HGB*, 1854, p. 176.
[399] *HGB*, 1854, p. 247-248.
[400] Cardoso (2016, p. 201).

A satisfação de contarmos maior número de indivíduos por compatriotas, de pertencermos a uma família mais crescida, e de gloriarmo-nos com as ações ilustres de maior número de indivíduos por quem nos imaginamos representados, não pode ser apreciada senão pelos povos que já chegaram a certo grau de civilização.[401]

A representação política e social passa por uma vinculação que é preciso ser aprendida, ou seja, é necessário aprender a imaginá-la. O historiador, desse modo, acreditou e imaginou palavras e coisas. Eventualmente, as aparências lhe causaram a impressão de parecer que... Assim, "parece que" os castelhanos atribuíram o nome de "Marañon" ao rio Amazonas: "o nome foi ao que parece dado pelos Castelhanos, e propendemos a crer que o primeiro rio que o recebeu foi o Amazonas";[402] parece que "tupinambá se chamava o primitivo tronco nacional" dos índios do Brasil;[403] "parece que este ataque havia sido dirigido com toda a premeditação pelos Bárbaros";[404] "parece que um D. Pedro da Cunha (a darmos crédito às palavras de um seu descendente) fora de voto que, ainda antes de se fazerem em Portugal esforços para a resistência contra todo o poder de Filipe II", a fim de evitar sua dominação;[405] "parece que os perigos iam nascendo para unir entre si as capitanias";[406] o nome dos índios *orizes* "parece degeneração do mais conhecido de *purís*";[407] um tal Miguel Sutil, nascido em Sorocaba, parecia que "apanhara, em 1723, o ouro a punhados".[408]

A impressão que passa o uso reiterado deste verbo impessoal não é tão somente de uma suposta aparência explicativa, mas também de uma estratégia retórica. Na maior parte das vezes, *parece que*, com toda sua carga de dúvida, participa, paradoxalmente, de uma cadeia narrativa lógica, cuja função é assegurar a imparcialidade do historiador. Quando

---

[401] *HGB*, 1854, p. 103.
[402] *HGB*, 1854, p. 26.
[403] *HGB*, 1854, p. 99-100.
[404] No contexto da morte do I bispo do Brasil, Pero Fernandes Sardinha, *HGB*, 1854, p. 222.
[405] *HGB*, 1854, p. 280-281.
[406] *HGB*, 1857, p. 96.
[407] *HGB*, 1857, p. 120.
[408] *HGB*, 1857, p. 167.

não havia certeza, mas ele também não queria omitir a informação, serviu-se do *parece que*. A subjetividade joga, nesse caso, a favor da objetividade narrativa.

O horror e a dor

Nem sempre é fácil narrar a história. Em muitas situações, ela provoca o horror, tanto para quem a escreve quanto para aquele que a lê. O ritual antropofágico dos índios é um exemplo. Varnhagen explicou que o "espírito de vingança levado ao excesso era a sua verdadeira fé. – Ao ver um tal extremo de degradação do homem em sua religião (a custo empregamos este nome para tais horrores)".[409] Ele descreveu as etapas do ritual antropofágico, inclusive o cotidiano da vítima: "até lhe davam por concubina a moça que ele acertava de escolher, a qual, quando morria a vítima, tinha que derramar por cerimônia algumas lágrimas; mas por honra devia, logo depois, tragar dele – horror! – o primeiro bocado".[410] É excessivo. O historiador não aguentava mais. Ele então parou: "não diremos os mais horrores que praticavam, que não nos propomos a arrepiar as carnes dos leitores, como os Bárbaros praticavam com as de suas vítimas".[411] O que limitou a narração, nesse tema específico, não foi ausência de fontes, mas o sentimento negativo que elas produziram sobre o narrador e supostamente sobre o leitor.

A descrição de como o Santo Ofício agia também causava horror:

> Os processos da justiça eram no estilo das sentenças; tudo mistério: chamava-se o réu e, em vez de se lhe revelarem as culpas de que era acusado, intimava-se-lhe que se confessasse, que expusesse tudo quanto em desabono da religião tinha dito ou ouvido. À primeira resistência, seguiam-se as algemas apertadas ao torniquete, depois os tratos de polé, de água fervente, etc. – Por fim, o infeliz começava a delatar. Tudo quanto revelava era logo escrito; todos os cúmplices de que fazia menção eram imediatamente mandados buscar e recolher aos cárceres. Mas o acusado, tendo comprometido já muita gente, ainda não havia acertado com a falta por que

---

[409] *HGB*, 1854, p. 121. Trecho cortado na segunda edição.
[410] *HGB*, 1854, p. 125. A palavra "horror" foi cortada na segunda edição.
[411] *HGB*, 1854, p. 126.

fora preso. Voltava pois a ser perguntado: sua memória não o ajudava ou sua língua titubeava, receosa de comprometer mais amigos... Era outra vez posto a tratos:... declarava que tinha novas revelações a fazer... Novos desenganos!... e novos comprometidos!... Assim, às vezes, de uma povoação mais de metade tinha de ser ao menos chamada a delatar. E ai do que entrava por aquelas horrendas portas! Todos daí em diante o evitavam, temerosos de adquirir nome suspeitoso![412]

A história, além de eventualmente provocar o horror, podia igualmente ser dolorosa. "Pouparemos ao leitor a dor que lhe causaria a relação e pintura, aliás inútil, deste naufrágio ou naufrágios em que perdeu a vida, entre outros, o donatário chefe da expedição, Ayres da Cunha", no século XVI.[413] A morte de outro donatário, Francisco Pereira Coutinho, perturbou o próprio narrador: "a pena com que escrevemos resiste a tratar do donatário da Bahia, naturalmente comovida pela dor que nos punge o coração, ao considerar seu triste fim". Varnhagen ocupou-se do tema por se tratar de uma "obrigação" imposta aos "historiadores da pátria".[414] A responsabilidade do historiador não interditou apenas o sofrimento de uma escrita que contava a desventura de alguém que não mereceria tal destino, mas ela impediu seu silêncio, mesmo quando se fez necessário escrever contra os ancestrais. É o caso do relato da capitulação da armada luso-brasileira na ilha de Santa Catarina perante as forças espanholas, comandadas pelo general d. Pedro Cevallos: "o que fizeram foi, pouco depois, capitularem na terra firme; nem que aí pudessem obter melhores condições. Dói-nos ter que narrar estas verdades, a quase nos vexamos tanto de tais misérias como se elas respeitassem a nossos próprios parentes".[415] Apesar de tudo, ele narrou, nada omitiu.

Varnhagen abusou também de expressões como *talvez, é possível, é provável*, entre outras. É importante observar que muitas dessas expressões, que marcam a subjetividade e/ou a incerteza narrativa, sobretudo aquelas que denotam os sentimentos do autor, foram, na segunda edição de 1877, suprimidas ou substituídas por outras menos dramáticas e mais neutras ou objetivas.

[412] *HGB*, 1857, p. 182.
[413] *HGB*, 1854, p. 160.
[414] *HGB*, 1854, p. 165.
[415] *HGB*, 1857, p. 228.

A caracterização dos personagens

Os personagens de Varnhagen são quase sempre adjetivados, seja de maneira positiva, seja negativa. Os adjetivos, ao modificarem um substantivo, acrescentando uma qualidade, uma extensão ou uma quantidade àquilo que eles nomeiam, funcionavam como instrumentos que auxiliavam o historiador a estabelecer um grau de inteligibilidade no texto. Em nenhum momento, Varnhagen colocou-se a questão de saber se o ato de adjetivar alguém ou uma situação qualquer relacionava-se ao domínio da subjetividade. O procedimento de adjetivação parece emanar da ordem do julgamento histórico, logo de um pressuposto legítimo do ofício do historiador oitocentista. Eis alguns exemplos.

Entre os personagens ilustres (alguns que foram biografados pelo historiador ou tornaram-se objeto de futuros trabalhos), Américo Vespúcio aparece como alguém muito "hábil" e, segundo seu amigo, o "corajoso" Cristóvão Colombo, era também um "homem honrado".[416] Martim Afonso de Sousa, apesar de sua idade, "contava apenas trinta anos", era conhecido por "seu bom juízo", característica que o ajudaria a começar a "colonização" do Brasil.[417] Seu irmão, Pero Lopes de Sousa, autor do relato da viagem desta expedição não era menos capaz: "moço honrado e de grandes brios e valor",[418] cuja morte precoce transformou sua esposa em uma "desventurada viúva, [...] que ainda o chorava vinte e tantos anos depois, e quase não podia acreditar que seu marido se houvesse deste mundo ido de todo, sem lhe haver dito o último adeus".[419] Não pensemos, contudo, que Varnhagen cedeu a alguma variante romântica, pois pouco antes explicara ao leitor que a esposa de Pero Lopes de Sousa havia sucumbido a seu "carinho" e posto nele, "e só nele, toda a

---

[416] *HGB*, 1854, p. 4 e p. 27. Após a primeira edição da *HGB*, Varnhagen dedicou alguns estudos a Américo Vespúcio, o que contribuíu para o enriquecimento do tema na segunda edição da obra. Ver: Varnhagen (1865); Varnhagen (1869a); Varnhagen (1869b); Varnhagen (1874a).

[417] *HGB*, 1854, p. 44-45.

[418] *HGB*, 1854, p. 45. O relato de Pero Lopes de Sousa foi publicado pelo próprio Varnhagen, em 1839: ver Pero Lopes de Sousa, *Diário da navegação da Armada que foi à Terra do Brasil – em 1530* (1839). Ver também a "Carta do Sr. Francisco Adolfo de Varnhagen à redacção, acerca da reimpressão do Diario de Pero Lopes, e que lhe servirá de prologo", *Revista do IHGB*, 24, 1861, p. 3-8.

[419] *HGB*, 1854, p. 143.

esperança de gozosa felicidade", mas também "de um belo renome para seus filhos"![420] Em seu relato, Pero Lopes de Sousa descreveu os índios com "admiração", o que não mereceu de Varnhagen nenhum reparo crítico: "na baía a alvura da gente, a boa disposição dos homens, e a formosura das mulheres, que não achou inferiores às mais belas de Lisboa".[421] O primeiro governador-geral do Brasil, Tomé de Sousa, nomeado em 1549, "filho natural duma das primeiras casas do Reino" é "distinto por seus grandes dotes governativos, e pelo valor e prudência".[422] Entretanto, o ouvidor-geral designado para acompanhá-lo, o desembargador Pero Borges, embora reputado, em Portugal, como "homem justo", adquiriu, no Brasil, a fama de "severo e pouco caridoso".[423]

No século XVI ainda, encontra-se Nicolas Durand Villegaignon, o chefe da controversa experiência da França Antártica (1555-1560) no Rio de Janeiro. Tratava-se, sem dúvida, de um homem de "mérito", todavia "a hipocrisia e as miras ambiciosas se apresentam ao historiador imparcial em muitos dos seus atos e frases".[424] Para Varnhagen, os adjetivos no processo de escrita da história não marcavam, necessariamente, uma tomada de partido, nem uma postura subjetiva, ao contrário, constituía-se em uma etapa da argumentação histórica que se originou, como todas as outras, das fontes. No entanto, ocasionalmente, as fontes estavam contaminadas por alguma característica pessoal de seu autor. É o caso, notadamente, do relato de viagem de Diego Garcia, em 1516, ao rio da Prata, que, de acordo com Varnhagen, deveria ser lido com "precaução", uma vez que fora redigido por um homem que "não se recomenda como verdadeiro, nem polido, nem superior à mesquinha inveja".[425]

O uso abundante de adjetivos na obra varnhageniana também é um indicador das ambiguidades do historiador diante da atuação de certos personagens. Assim, o padre Antônio Vieira, cujo estilo de escrita, como salientado anteriormente, fora objeto de elogios paradoxais, era alguém

---

[420] *HGB*, 1854, p. 143.
[421] *HGB*, 1854, p. 48.
[422] *HGB*, 1854, p. 193.
[423] *HGB*, 1854, p. 193.
[424] *HGB*, 1854, p. 229. E em nota acrescenta: "Foi aí que primeiro desembarcou o ambicioso e hipócrita aventureiro [Villegagnon]", *HGB*, 1854, nota 74, p. 463.
[425] *HGB*, 1854, p. 38.

de "gênio"[426] e de "talento".[427] Contudo, Vieira era um jesuíta, ordem à qual o historiador não conseguia dissimular a aversão que sentia. Logo, apesar de suas indiscutíveis qualidades, era "ambicioso" e "vingativo", como teria demonstrado, segundo Varnhagen, durante os episódios que culminaram na decisão de colocar os índios sob o controle dos jesuítas.[428] Além disso, faltava a Vieira "missionário mais piedade e caridade": o padre "era duro de coração". Como diplomata, carecia de "mais discrição e mais modéstia e um espírito menos visionário". Contudo, "para a política tinha grande propensão, e quase diremos que vocação decidida", porém não necessariamente para atuar em seu presente, mas, "em nossos dias", teria "sido um exímio deputado; a tenacidade em suas opiniões e sua firmeza de caráter o recomendariam também para ministro da Coroa". O deslocamento no tempo não era uma estratégia discursiva incomum na obra de Varnhagen. O procedimento visava, por um lado, a reconhecer propriedades, positivas ou negativas de pessoas ou situações, por outro, a anacronizá-las. Em relação a Vieira, o movimento do século XVII para duzentos anos avante valorizou qualidades oratórias que poderiam ser apreciadas fora de seu tempo e, subliminarmente, desarticulou características pelas quais o jesuíta era igualmente reconhecido: a própria condição de homem e pensador religioso. Assim:

> Neste século [XIX], a sua ambição não se houvera manifestado com adulações à corte, nem aos grandes; mas talvez sim com ataques a todos. Nota-se que os sermões que mais reputação lhe adquiriram foram justamente aqueles em que ele se ocupava antes das coisas mundanas e de assuntos do governo que das espirituais e divinas.[429]

Por exemplo, prosseguiu Varnhagen:

> na apóstrofe a Deus do sermão contra as armas holandesas, pregado em 1640, que tanta nomeada lhe granjeou, é sublime, mas não andou muito longe da heresia, a qual depois atingiu, quando a inquisição o perseguiu por se meter a profeta.[430]

---

[426] *HGB*, 1854, p. 320.
[427] *HGB*, 1854, p. 396-397.
[428] *HGB*, 1857, p. 63-64.
[429] *HGB*, 1857, p. 51.
[430] *HGB*, 1857, p. 51.

No futuro, no século XIX, o profeta seria apenas um homem político, possivelmente influente – esta, entretanto, não se trata de uma possibilidade histórica verificável, mas de uma quase profecia do historiador!

Os adjetivos utilizados por Varnhagen para caracterizar personagens individuais raramente eram de ordem física. A descrição de d. João VI é uma exceção:

> Era corpulento, gordo e membrudo; carão grande, rosto trigueiro, bem-espaduado, braços compridos e mãos grandes. Os lábios tinha-os grossos e o inferior de ordinário um tanto caído. Era bastante reservado, e segundo alguns até timorato. Falava pouco, bem que nunca se cansava de ouvir. Foi perfeito modelo de um soberano amante do povo.[431]

Essa caracterização física de d. João VI foi devidamente suprimida na segunda edição da *HGB*, pois, imagino eu, o texto poderia ser considerado como desfavorável ao rei.

Varnhagen adjetivou também personagens coletivos. Desse modo, após ter perdido a ilusão romântica em relação aos índios,[432] o historiador declarou que o homem tupi era "egoísta";[433] o "bárbaro" é "orgulhoso e independente", assim como ardiloso, dissimulado e desleal.[434] A Companhia de Jesus também foi definida como um personagem coletivo: "respeitável por tantos títulos, que deu ao mundo tantos talentos insignes e à igreja vários santos, instituição que, longe de ter infância, começou logo varonilmente, justo é confessar que prestou ao Brasil grandes serviços", se bem que seria "parcialismo ou demência" negar, "quando os fatos o evidenciam, que, às vezes pela ambição e orgulho de seus membros, provocou no país não poucos distúrbios". Igualmente,

> na conversão dos índios prestaram um grande serviço na infância da colonização, animando os governadores a prosseguir, sem escrúpulos, o sistema de os obrigar à força, em toda a parte reconhecido como o mais profícuo para sujeitar o homem que desconhece o temor de Deus e a sujeição de si mesmo pela lei.[435]

---

[431] *HGB*, 1857, p. 351.
[432] Varnhagen (1867a, p. 36-38).
[433] *HGB*, 1854, p. 119.
[434] *HGB*, 1854, p. 175-176.
[435] *HGB*, 1857, p. 202.

Entretanto,

> é lamentável que justamente se apresentassem a sustentar o sistema contrário, quando tiveram fazendas que granjear com o suor dos índios, ao passo que os moradores da terra, comprando os escravos da África e arruinando-se com isso, não poderiam competir com eles na cultura do açúcar, etc. Na educação da mocidade também prestaram importantes serviços, embora sejam acusados de influir demasiado em seus alunos o amor à Companhia, a ponto de tratar sempre de reduzir, para entrarem nela, os mais talentosos.[436]

Mesmo na arquitetura, se é verdade que a construção de "alguns edifícios públicos, foi, pela maior parte, obra dos braços dos índios, monopolizados pelos discípulos de Santo Inácio", é preciso reparar que embora fossem "construções sólidas, de muita cantaria", eram de "ordinário pesadas" e com "falta de gosto, como ainda hoje se vê na catedral da Bahia, na igreja de Peruíbe e em outras". O que faltava a essas construções, para Varnhagen, era "o sublime que oferece a continuidade das grandes linhas: – horizontal no gênero clássico; – vertical no pontiagudo". Faltava-lhe Europa! Logo, ao bem da obra jesuítica, suposto ou não, correspondia sempre uma carga de negatividade. Com efeito, não surpreende que o historiador tenha concluído que "a abolição da Companhia foi favorável aos povos".[437] Ainda no contexto religioso, é interessante notar como Varnhagen adjetivou o Tribunal da Inquisição: "triste recurso",[438] cuja "linguagem obscura e cavilosa [...] fazia tremer indivíduos, que viviam a milhares de léguas!".[439] No entanto, os personagens coletivos nem sempre eram desfavoráveis. Os "heroicos feitos dos paulistas" no episódio de Palmares demonstram o contrário.[440] Assim, eles contribuíram para a construção da generalização e da síntese da narrativa de Varnhagen.

Os adjetivos auxiliaram o historiador na arte de descrever a natureza. Por conseguinte, os brasileiros viviam sob um céu de "esplendorosa

---

[436] *HGB*, 1857, p. 202.
[437] *HGB*, 1857, p. 202-203.
[438] *HGB*, 1854, p. 88.
[439] *HGB*, 1857, p. 182.
[440] *HGB*, 1857, p. 98.

magnificência";[441] em portos "encantadores" como o de São Vicente;[442] nas "magníficas terras de Angra dos Reis, as da soberba baía de Janeiro e do Cabo Frio";[443] as aves eram tão belas quanto aquelas da África ou da Ásia;[444] às vezes, contudo, a paisagem mostrava um "aspecto melancólico" como em Vitória.[445] Finalmente, este estado selvagem do Brasil estaria condenado a ser dominado, uma vez que "tudo doma a indústria humana e cumpre a civilização aproveitar e ainda o bom e prevenir ou destruir o mau": "Ânimo!".[446] Esta forma descritiva ocupou, principalmente, os primeiros capítulos da obra. Na medida em que a narração progrediu, o historiador serviu-se mais dos personagens individuais e/ou coletivos. Entretanto, Varnhagen reforçou a imagem edênica, antes vislumbrada nos relatos dos viajantes e na poesia romântica, tão cara à primeira geração do IHGB.

***

As incertezas da escrita varnhageniana revelam um conjunto de disposições intelectuais que se não condizem com princípios gerais de uma escola histórica ou de determinada filosofia da história, ao menos, nos limites do texto, indicam a presença do autor, com toda a carga de subjetividade que lhe é inerente, retirando do suposto sentido literal da ciência oitocentista a primazia de suas formas de transmissão.[447] Essa contradição permanente entre o que o historiador pensava fazer e aquilo que sua narrativa demonstrava é um dos paradoxos da escrita da história que não se limita, exclusivamente, ao século XIX.[448] Penso que o seguinte exemplo é, no caso de Varnhagen, uma maximização desse paradoxo.

---

[441] *HGB*, 1854, p. 92.

[442] *HGB*, 1854, p. 53.

[443] *HGB*, 1854, p. 64.

[444] *HGB*, 1854, p. 95-96.

[445] *HGB*, 1854, p. 151-152.

[446] *HGB*, 1854, p. 96.

[447] A base deste último argumento encontra-se, de certa forma, em Foucault (2001b, p. 817-849); e Gumbrecht (2010).

[448] Para uma reflexão apurada e pertinente sobre o que pensam os historiadores ou sobre o pensamento histórico, ver Koposov (2009, p. 17-48).

Em nome do pai, mas não do patriarca

Não é fácil lidar cientificamente com os sentimentos.
(Sigmund Freud, *O mal-estar na civilização*, 1930)[449]

Friedrich Ludwig Wilhelm de Varnhagen é o pai. José Bonifácio de Andrade e Silva é o patriarca. Um é o pai do historiador Francisco Adolfo de Varnhagen. Outro é o patriarca da independência brasileira, pelo menos para certa produção historiográfica, iniciada ainda no século XIX. Ambos tornaram-se personagens de tramas históricas urdidas pela pena de Varnhagen.

Minha intenção é prosseguir na reflexão acerca dos limites da imparcialidade de Varnhagen. Esta questão, segundo Hannah Arendt, foi decisiva, no século XIX, para toda historiografia que procurava se afastar da poesia e da lenda, o que, no entanto, era difícil de reconhecer.[450] Para tanto, busco reconhecer e compreender em suas obras, especialmente na *HGB* e na *História da Independência*, os argumentos que, em que pese sua pretensão objetivista e imparcial, foram incapazes de neutralizar o discurso subjetivo e parcial. Por exemplo, suas figurações gêmeas (a ideia de verdade e os argumentos em torno da objetividade e da neutralidade), seus efeitos em uma narrativa (indivíduos descritos a partir de supostos critérios de plausibilidade), suas representações antagônicas (a parcialidade, a subjetividade). Busco igualmente detectar a recepção destas obras por alguns historiadores brasileiros.[451]

Em nome do pai

I am thy father's spirit.
[...] Remember me.
(Shakespeare, *Hamlet*, I, 5)[452]

---

[449] Freud (2002, p. 10).
[450] Arendt (1961, p. 51).
[451] Meu objetivo não é, entretanto, o de fazer um estudo de psico-história, mas apenas de observar como certos aspectos da obra de Varnhagen foram marcados por sua relação com a figura paterna. Sobre as relações entre história e psicanálise, ver Gay (1985, p. 211-212).
[452] "Sou o espírito de teu pai. [...]. Lembre de mim" (*Hamlet*, I, 5, tradução de Millôr Fernandes).

Em carta datada de 1º de março de 1873, remetida de Viena a José Carlos Rodrigues, então redator da revista *O novo mundo*, publicada em Nova York, Francisco Adolfo de Varnhagen comentou:

> Ocorreu-me que talvez não possua V. S^a, nessa grande cidade, nenhum exemplar da minha *História Geral do Brasil*, em cujo 2º vol. dedico uma seção – a 53^a – aos serviços de meu pai no Ipanema, que talvez V. S^a deseje conhecer. – Lembrei-me, pois, de enviar a V. S^a, por empréstimo, as folhas adjuntas (já preparadas para as adições da 2ª edição) que contêm essa seção; [...]. – Devo aqui acrescentar que, em 1858, se gravou por Caquetá, em Paris, uma medalha de bronze, com a efígie de meu pai e a inscrição – Varnhagen Restaurador do Ipanema – à roda, e no verso – "Ao dia 1º de novembro de 1818" etc.[453]

Eis certamente um dos exemplos mais tocantes a ilustrar os limites da imparcialidade na obra de Varnhagen. Ele analisou a importância das minas de ferro para a nação e, sobretudo, a atividade de seu pai Friedrich de Varnhagen, diretor dessa fábrica, cuja morte, em 1842, o impediu de tomar conhecimento da homenagem do filho. Varnhagen confundiu tudo: antes e depois; particular e geral; pai e filho!

Os comentadores de Varnhagen quase não se preocuparam com esse episódio e dificilmente viram nele algo significativo. Normalmente, tal enredo é associado aos defeitos do historiador, sendo muito raro se constituir em objeto de análise. Pedro Calmon foi um dos poucos a conferir relevância ao tema. Ele ainda notou outra característica interessante, comum aos dois Varnhagen, que provém de um traço identitário: Francisco Adolfo de Varnhagen, que poderia ser português para sempre, optou pela nacionalidade brasileira e seu pai adotou a nacionalidade portuguesa. Duas atitudes opostas, mas que participaram do mesmo movimento: a busca por uma nacionalidade, a identificação com uma nação.[454]

Friedrich de Varnhagen foi introduzido na *História Geral do Brasil* como um personagem que teve, portanto, um papel importante na construção da nacionalidade brasileira. Varnhagen, o filho, não escondeu sua emoção ao se referir ao tema: "satisfações do autor ao

---

[453] *CA*, p. 395-396.
[454] Calmon (1983, p. 249-250). Francisco Iglésias afirma que Varnhagen escreveu um "capítulo passional de defesa da obra paterna", porém ele não avança na explicação, ver Iglésias (2000, p. 77).

tratar do assunto", escreveu no sumário detalhado da *HGB*.[455] O título da seção também é claro e preciso: "Minas de ferro. Varnhagen é o executor dos projectos d'elrei".[456] Em seguida, em nota de pé de página, explicou as razões daquilo que chamou de audácia:

> Apesar da verdade dos fatos, não houvéramos talvez ousado aventar a proposição, se, já desde 1822, não corresse ela impressa, (e sem haver sido contrariada) na Memória do honrado senador Vergueiro, cujas próprias palavras procuramos seguir: [...]. "Estava reservado (diz) ao conde de Palma fazer executar o grande e constante projeto de S. M. e a F. L. G. Varnhagen a ser o executor dele". "Jean VI (diz o ilustre F. Denis), *appela quelques mineurs sous la direction du colonel Frédéric Varnhagen. Les travaux de cet homme habile furent couronnés d'un plein succès*".[457]

A relevância dos acontecimentos envolvendo o pai não seria um exagero do filho, como atestaram os testemunhos de um político influente do período e de um sábio estrangeiro respeitado no país. No entanto, na segunda edição da *HGB*, Varnhagen modificou o título: "Minas de ferro. Primeiras fundições em Ponto Grande". Ele tentou explicar, ainda em nota de rodapé, o porquê da alteração: "Por mais genérico e modesto, preferimos este título ao que levou esta seção na 1ª edição".[458] Na realidade, à exceção da nova denominação do capítulo, o texto dessa versão não ficou tão diferente daquele da primeira.

Os esclarecimentos feitos por Varnhagen para a aparição de seu pai na história brasileira vão além das afirmações do senador Vergueiro e de Ferdinand Denis. Após uma descrição acerca da exploração dos metais preciosos no Brasil Colônia, o historiador considerou que era chegada a hora de particularizar a história do ferro: "A história dos acontecimentos da mineração de ferro no Brasil não deixa de ser digna de estudo e meditação". As justificações são de duas ordens. A primeira está ligada à noção de história do autor e do senador Vergueiro:

---

[455] *HGB*, 1857, p. *f.*
[456] *HGB*, 1857, p. 357.
[457] Em francês no original: "João VI chamou alguns mineiros sob a direção do coronel Frédéric Varnhagen. Os trabalhos deste homem hábil foram coroados de pleno sucesso". *HGB*, 1857, p. 357.
[458] *HGB*, 1877, nota 1, p. 1153.

pois como diz o ilustre senador Vergueiro, "sendo a história um ensino prático, em que se apuram as verdades da teoria, e encarando o Brasil no futuro tantos estabelecimentos fabris, não pode deixar de interessar a história da fundação do que deve fornecer instrumentos a todos".[459]

A outra justificativa, que se encontra somente na segunda edição da *HGB*, é de ordem factual e cronológica, tendo por objetivo assinalar um começo histórico: a fundição de Ipanema teria sido o primeiro estabelecimento industrial do Brasil, logo precisava ser estudada.[460]

Varnhagen abordou o assunto tendo por fontes o trabalho do senador e o "grande número de documentos" que herdara do pai. O historiador poderia, com essa documentação, escrever mais de um volume sobre o tema "se as leis da história e de uma história geral nos não impusessem a devida brevidade".[461] Trata-se de uma precisão importante, que faz referência não apenas aos constrangimentos impostos aos princípios da narrativa – às leis históricas –, mas também a uma questão mais passional: as atividades de seu pai têm a potencialidade de gerar uma grande história.

O historiador diante do juiz: o leitor

Não obstante as explicações de Varnhagen no início do capítulo, ele se sentiu coagido a reforçá-las antes de começar a redação mais regular dos acontecimentos:

> Os fatos singelamente documentados irão provando, a nosso ver suficientemente, que a glória de ser o executor dos projetos do Sr. D. João estava reservada ao mesmo oficial engenheiro Varnhagen, que já na seção precedente fizemos conhecer ao leitor. E não é culpa de quem escreve, e sim para ele muita honra, que essa glória indisputável reverta em favor próprio. Tributar justiça devida à memória de quem tão bem serviu é dever do historiador, e mal dele se os receios de passar por imodesto superam em tal momento aos nobres sentimentos de piedade filial! – Trate de provar

---

[459] *HGB*, 1857, p. 358.
[460] *HGB*, 1877, p. 1153-1173.
[461] *HGB*, 1857, p. 358.

quanto assevera, já que a tarefa é tão melindrosa; e, narrando só a verdade, não se cubra de pejo nem de hipocrisia, quando não fez profissão do voto de humildade. E Deus sabe quão longe estávamos, quando concebemos a ideia desta obra, de imaginar que deveríamos nela, e até em uma seção exclusiva dela, ter que consignar tais serviços. Vamos aos assuntos, o leitor será juiz.[462]

Eis um filho que escreveu sobre o pai, redigindo uma história geral de seu país, que não era nem mesmo aquele de seu genitor. Além disso, seu pai não era um político importante, muito menos um erudito reputado.[463] Ele era apenas seu pai, nada mais. No entanto, Francisco Adolfo de Varnhagen não era simplesmente um filho, ele era um historiador. Os historiadores, em nome de leis científicas, da verdade, da memória, têm o dever de contar a história de homens que contribuíram para a construção da nação, mesmo que se trate do próprio pai. Portanto, não foi sua culpa! Varnhagen apenas seguiu uma concepção de história e um método. Apesar de tudo, nesse caso, o historiador torna-se sempre suspeito de ser subjetivo. Em consequência, ele não pode mais ser o juiz da história. A tarefa transfere-se então ao leitor.

A narração das façanhas paternas começa com sua chegada ao Brasil, "então cheio d'ardor, de ambição e de esperanças",[464] qualidades que inspiraram em d. Rodrigo de Sousa Coutinho, o Conde de Linhares, então ministro da guerra e dos negócios estrangeiros, e responsável pelos trabalhos de organização da fundição de Ipanema (localizada em Sorocaba), uma grande "confiança". De onde Varnhagen retirou essa informação? De um documento herdado que tinha diante dos olhos. Ele o repassou ao leitor-juiz, que assim poderia chegar à mesma conclusão. A carta continha as primeiras orientações recebidas por Friedrich de

---

[462] *HGB*, 1857, p. 358-359. Na segunda edição da *HGB* Varnhagen suprimiu o nome de seu pai desta passagem referindo-se a ele como um "engenheiro distinto" (*HGB*, 1877, p. 1155).

[463] Contudo Varnhagen tentou, várias vezes, mudar este perfil atribuindo a seu pai características mais intelectuais. Por exemplo, ele propõe que seu pai torne-se membro do IHGB: "Esqueceu-me dizer que de S. Paulo remeti duas obras de Eschwege para entregar ao Instituto, em ambas as quais se contêm escritos e observações de meu pai. Parece-me que será a sua recepção uma boa ocasião para serem ambos propostos sócios do nosso Instituto" (*CA*, p. 58-59).

[464] *HGB*, 1857, p. 360.

Varnhagen para que fizesse um exame completo das minas de ferro.[465] Com o propósito de narrar algumas sensações que se fixaram no espírito de seu pai, durante essa inspeção inicial, ele se serviu de outro tipo de fonte, a memória: "ainda muitos anos depois não se lhe havia a Varnhagen apagado da ideia a impressão que lhe fez o morro d'Araçoiaba, que conceituava um dos mais ricos depósitos de ferro que existe no orbe".[466] O método consistia em recordar o que o pai lembrava. Finalmente, Friedrich de Varnhagen prestou contas ao Conde Linhares dos resultados da expedição, em uma carta da qual Varnhagen reproduziu alguns fragmentos, pois não possuía senão o rascunho da missiva.[467]

O historiador e o pai ofendido

Após essa carta, o ministro da guerra recebeu de Friedrich de Varnhagen um plano para o estabelecimento de uma nova fábrica. Entretempo, o cônsul do governo brasileiro na Suécia noticiou ao Conde de Linhares a contratação de uma colônia completa de operários para as fundições de ferro no Brasil, sob o comando de Carlos Gustavo Hedberg. Friedrich de Varnhagen deveria desenvolver seu projeto com os suecos, o que acabou não funcionando muito bem. Hedberg e Friedrich de Varnhagen não se acertaram quanto aos princípios técnicos que deveriam nortear a organização da fábrica. Todavia, Varnhagen filho advertiu seu leitor, aquele que vai julgar: "acerca desse indivíduo, do que houve de vergonhoso em seu contrato e de como abusou, desde o princípio, das boas intenções do conde de Linhares, nada diremos". Ele tentou. Inicialmente, é verdade, o historiador nada disse diretamente sobre o indivíduo. Foram as diferentes maneiras de escrever a história que lhe conferiram a ocasião para um acerto de contas. Hedberg, que "teria" (a suspeição, marcada pelo condicional, é de Varnhagen) o apoio do Conde de Linhares, desdenhou da junta administrativa do estabelecimento, criada para gerir a empresa de exploração de ferro. Dessa junta faziam parte, além de Friedrich de Varnhagen, "o íntegro Martim Francisco e o prudente paulista marechal Arouche, ao depois grande apreciador

---

[465] Ver a *Instrução* do Conde de Linhares a Varnhagen datada de 21 de fevereiro de 1810 de São Paulo, *HGB*, 1857, p. 360-361.
[466] *HGB*, 1857, p. 362.
[467] "Varnhagen, Inf. ao C. de Linhares, borrão incompleto, em poder do autor" (*HGB*, 1857, p. 363).

e amigo de Varnhagen, como no-lo evidencia a correspondência de ambos que possuímos".[468] Nota-se, imediatamente, que, ao lado de seu pai, encontram-se um indivíduo *íntegro* e outro *prudente*. Os adjetivos não foram colocados ao acaso. Eles ocupam um lugar estratégico na economia do texto, pois, com eles, Varnhagen começou a definir dois campos: o do bem e o do mal.

Neste contexto, tornou-se difícil para Varnhagen manter a promessa que havia feito ao leitor de nada dizer sobre o caráter de Hedberg. O historiador serviu-se então de um subterfúgio. Ele não falou das características pessoais do sueco, mas de sua competência como *expert* no domínio para o qual foi contratado:

> Hedberg que não era homem d'estudos, que não estava a par dos progressos da ciência metalúrgica na Europa, que de minas de ferro não entendia mais que o saber lidar com fornilhos como os que tinha na Suécia, declarou à Junta que se propunha construir vários desses fornilhos.[469]

O sensato Friedrich de Varnhagen argumentou e mostrou à junta, conforme o filho, os inconvenientes da proposição de Hedberg. Por simples bom senso, diz Varnhagen, os membros da junta, que não tinham conhecimentos específicos sobre a matéria, decidiram apoiar seu pai, que continuava em São Paulo, explicou o historiador, "a fim de pelo menos obrigar com isso a Hedberg a andar menos torto". O suporte que o governo deu a Varnhagen pai foi, entretanto, hesitante. Ao mesmo tempo em que fez seu elogio, solicitou-lhe que colaborasse com Hedberg. Além disso, ressaltou o filho, seu pai não podia nem mesmo contradizê-lo e deveria lhe pedir explicações acerca de seu plano "com muita moderação", pois era, "mui essencial não o desgostar". Varnhagen absteve-se de refletir sobre aquilo que pensava ser um "estranho aviso".[470]

Desde esse ponto, a trama da história do pai de Varnhagen adquiriu contornos novelísticos. Quando Hedberg tomou consciência de que Friedrich de Varnhagen continuaria em São Paulo, "perde o tino". Ele escreveu, imediatamente, uma carta ao Conde de Linhares, mostrando os grandes prejuízos para o bem público que a permanência de um

---

[468] *HGB*, 1857, p. 364.
[469] *HGB*, 1857, p. 364.
[470] *HGB*, 1857, p. 365.

"inteligente juiz", precisou Varnhagen filho, poderia produzir. O "ingênuo" conde acreditou em Hedberg, chegando mesmo a declarar "ter 'os olhos abertos' sobre o hábil oficial Varnhagen".[471] Descontente com a situação, Friedrich de Varnhagen partiu para o Rio de Janeiro – "para não excitar rivalidades". O governo lhe oferecera "outro emprego a seus talentos", desta vez em Minas Gerais.[472] Essa nova missão não durou muito tempo. Friedrich de Varnhagen foi chamado de volta à fundição de Ipanema, pois os membros da junta não estavam mais satisfeitos com o trabalho de Hedberg. Varnhagen pai constatou que suas previsões sobre a gestão do sueco haviam sido confirmadas. Uma comissão foi enviada pelo governo ao local, tendo ratificado a constatação de Friedrich de Varnhagen. A solução encontrada pela junta foi reconduzir Varnhagen à direção da empresa. Hedberg reagiu, sendo então demitido por um decreto real, em 27 de setembro de 1814.

Em meio a intrigas o ferro é fundido

> *"É tempo de recrear o espírito com vistas mais agradáveis: a ordem principia a aparecer"*. Eis as lisonjeiras palavras com que encabeça o ilustrado senador Vergueiro o capítulo de seu trabalho que intitulou: *"Diretoria de Varnhagen"*.
>
> (Varnhagen, *HGB*, 1857)[473]

Com tais palavras, Varnhagen abriu a parte do capítulo dedicado à exaltação de seu pai. Para evitar as acusações de parcialidade e de análise subjetiva, ele deixou, uma vez mais, o senador Vergueiro encarregar-se dos elogios: "Varnhagen principia a desempenhar o conceito que dele fez Sua Alteza Real: as suas obras me parecem feitas com justeza, segurança, perícia e economia", falou o filho historiador pela boca de Vergueiro.[474] No entanto, as intrigas perseguiam seu progenitor. O colega de Friedrich de Varnhagen, W. L. Eschwege, esse "compilador e plagiário ingrato", por inveja, segundo Varnhagen filho, teria participado também dessa

---

[471] *HGB*, 1857, p. 365. O adjetivo *ingênuo* foi suprimido na segunda edição, *HGB*, 1877, p. 1164.
[472] *HGB*, 1857, p. 365-366.
[473] *HGB*, 1857, p. 367.
[474] *HGB*, 1857, p. 367.

rede de injúrias que visavam a desacreditá-lo.[475] Friedrich de Varnhagen trabalhava duro: durante o dia, dirigia os trabalhos na fundição, e à noite escrevia e meditava sobre novos planos, para contradizer "vozes absurdas" e destruir as tramas contra ele.[476] Varnhagen organizou a história de seu pai com as mesmas categorias que o auxiliaram a criar a própria identidade. Ele também trabalhou de modo árduo pela nação e, como seu pai, foi, não poucas vezes, conforme sua autoanálise, vítima de intrigas e de ciúmes de seus compatriotas ou de críticos nacionais e estrangeiros. Um dos problemas a diferenciar os dois Varnhagen, mas que, ao final, os uniu, é que o pai receava não ter tempo de ver o resultado de seu trabalho aparecer e "temia que, em tal caso, sua boa memória no Brasil, pátria de seus filhos, ficasse dubiamente estabelecida".[477] Esse temor revelou-se injustificado: o filho estava lá para lembrar, como um Hamlet, enquanto durar a memória, os serviços do pai.

Apesar de tudo, em novembro de 1818, a fundição de Ipanema entrou em serviço. Uma das fontes de Varnhagen foi Auguste de Saint-Hilaire:

> On avait assuré que, dans ce pays, il était impossible de faire usage de hauts fourneaux; on objectait la chaleur, la nature de l'atmosphère, et surtout celle de la pierre. Varnhagen soutint que de hauts fourneaux

---

[475] Varnhagen é implacável com a obra de Eschwege: "Um espírito igualmente crítico ou antes satírico se adverte nas obras geológicas de Eschwege (escritas em alemão) *Pluto Brasiliensis* e *Achegas para o conhecimento montanistico do Brasil*. Esse prazer de criticar tem sido castigado com as censuras razoáveis, que a suas observações fazem outros geólogos, que, após ele, vão visitando as comarcas de Minas, onde especialmente residiu Eschwege por alguns anos; adquirindo mais nome pela publicação, na Alemanha, de seus escritos, de algumas traduções, e de vários mapas do interior do Brasil (em parte copiados de outros antigos manuscritos que encontrou) que por legados científicos ao Brasil, o qual apenas lhe deve a medição barométrica de algumas montanhas, o ensino em Congonhas do método de fundir o mineral de ferro em fornilhos suecos e a publicação, na Alemanha, durante os anos em que permaneceu no Brasil, de um jornal científico, especialmente consagrado ao Brasil, em que foram impressos trabalhos de Varnhagen e Feldner, dos quais ele, às vezes, aproveitou nas duas obras mencionadas; não citando senão quando queria ter o gosto de contradizer" (*HGB*, 1857, p. 342 e p. 347). É necessário esclarecer que os comentários críticos são menos fortes na segunda edição da *HGB*, tendo sido a acusação de plágio suprimida (*HGB*, 1877, p. 1180).

[476] *HGB*, 1857, p. 368. Este fragmento também foi suprimido na segunda edição.

[477] *HGB*, 1857, p. 369.

réussiraient à Ipanéma tout aussi bien qu'en Europe, et que la pierre du pays résisterait à la force du feu; il fit le plan des bâtiments et l'ouvrage fut achevé au bout de deux ans. On fondit, pour la première fois, dans les hauts fourneaux, le 1er novembre 1818, et le succès couronna l'entreprise. Quand on connaît l'esprit d'intrigue qui règne l'ignorance des ouvriers alors seulement on peut se faire une idée des obstacles presque insurmontables que Varnhagen eut à vaincre, et l'on ne saurait s'empêcher de regarder comme une espèce de prodige la promptitude avec laquelle il acheva des travaux aussi importants.[478]

A descrição feita pelo historiador do episódio foi marcada pela emoção: "Varnhagen *delicadamente sensível, como todos os que, por instinto, tem vocação musical,* comoveu-se de júbilo, sem lhe passar pela mente a ideia do triunfo. Aos empregados, que estavam todos presentes, tratou de ocultar as duas lágrimas que, de alegria, dos olhos lhe brotaram".[479] A fonte provém também do arquivo mnemônico de Varnhagen: "este fato me foi referido por meu pai depois de haver eu, em 1841, estado no Ipanema, donde saíra com mui pouca idade".[480]

Entretanto, Joaquim Feliciano dos Santos, em 1868, ou seja, antes da publicação da segunda edição da *Historia geral*, contestou fortemente o fato de o pai de Varnhagen ter sido o primeiro a fundir ferro no Brasil. Para ele, o *brasileiro* Manuel Ferreira da Câmara, que era intendente do *Distrito Diamantino*, teria sido o primeiro a realizar a façanha. Conforme Feliciano dos Santos, a análise de Varnhagen não era isenta, mas marcada pelo "excesso de amor filial". Ele esclareceu ainda não querer "disputar os

---

[478] "Nos asseguraram que, neste país, era impossível de se fazer uso de altos fornos; objetavam-se o calor, a natureza da atmosfera e, sobretudo, aquela da pedra. Varnhagen sustentou que altos fornos teriam sucesso em Ipanema tanto quanto na Europa e que a pedra do país resistiria à força do fogo; ele fez o plano dos edifícios... e a obra foi acabada em dois anos. Fundiu-se, pela primeira vez, em 1º de novembro de 1818, coroando o sucesso da empresa. Quando o espírito de intriga que reina... a ignorância dos trabalhadores... somente então podemos ter uma ideia dos obstáculos quase intransponíveis que Varnhagen teve de superar, e não podemos deixar de olhar como uma espécie de prodígio a prontidão com a qual ele terminou trabalhos tão importantes" (Auguste de Saint-Hilaire, *Voyage dans les provinces de Saint-Paul et de Sainte-Catherine*, Paris, A. Bertrand, 1851, I, p. 387 apud *HGB*, 1857, p. 369, nota 2, em francês no original).

[479] *HGB*, 1857. A parte em itálico foi suprimida na segunda edição da *HGB*.

[480] *HGB*, 1857, nota 1, p. 370.

méritos do oficial Varnhagen, o que faria caso a questão fosse pessoal".[481] Essa crítica evidencia-se importante não somente por identificar claramente, já no século XIX, a parcialidade de Varnhagen, mas também por mostrar a impossibilidade do debate no campo científico. Seria um duro golpe se Varnhagen levasse em consideração, minimamente que fosse, a contestação de Feliciano dos Santos. No entanto, ele desprezava os críticos e as críticas. Tudo, afinal, não passava de intrigas.[482]

Um monumento para seu pai

Os instrumentos utilizados para fundir o ferro e os lugares de tal empreendimento marcaram aquilo que Ferdinand Denis, citado por Varnhagen, definiu como o atestado de "origem de uma nova indústria. Apesar de sua simplicidade, é ainda hoje um dos monumentos do Brasil a que se ligam recordações preciosíssimas". De acordo com o historiador, é inútil procurar, nesses monumentos, qualquer registro dos acontecimentos, salvo o ano de inauguração: 1818. "Fato suficiente para caracterizar o grau de modéstia deste oficial" (Friedrich de Varnhagen). O filho, mais uma vez, não se conteve e solicitou à posteridade uma homenagem a "tanta modéstia". Varnhagen pediu a "inauguração do busto do restaurador, no terreiro do estabelecimento" ou, ao menos, "uma medalha de ferro ou de bronze cunhada em memória do dia 1º de novembro de 1818".[483]

---

[481] Santos (1976, p. 217 e p. 219).

[482] Capistrano de Abreu não perdoou Varnhagen por esta desatenção: "Há um livro publicado entre nós sobre o Distrito Diamantino, que reúne ao rigor da história o encanto do romance, e que entre outro qualquer povo já contaria muitas edições. Neste livro reclama-se para Ferreira da Câmara, e nega-se documentalmente a Frederico de Varnhagen, pai do historiador, a prioridade na fundição em grande de ferro. Pois Varnhagen finge que não conhece esse livro, e faz do assunto dos diamantes, que é um dos mais curiosos da nossa história, uma coisa pífia e que é inferior ao que qualquer calouro poderia tentar. Enfim, é possível que Varnhagen não conhecesse o livro; mas é tão difícil" (ABREU, 1882 *apud* VARNHAGEN, 1928, p. 442).

[483] *HGB*, 1857, p. 370. Essa última demanda foi suprimida na segunda edição da *HGB*, pois "existe cunhada, desde 1858, uma medalha de bronze com o busto de Varnhagen. A ideia de um monumento aos resultados obtidos em 1818 não é nossa, nem jamais houvéramos ousado apresentá-la. O *Investigador Português* propôs uma pirâmide de ferro; o Padre Gonçalves dos Santos (*Memórias*, 2, 338), um pedestal de mármore para a cruz de ferro, no qual se esculpissem não só os nomes de el-rei e os dos ministros, 'como também os dos sábios e incansáveis mineralógicos Câmara,

Por fim, Friedrich de Varnhagen foi reconhecido e condecorado pelo rei, porém "fora destas recompensas, nenhuma lucrativa recebeu, nem nenhum dos seus por ele". Os dois outros engenheiros que vieram com ele, Eschwege e Hedberg, foram, no entanto, agraciados com terras e pensões vitalícias. O historiador não comentou o que, para ele, consistia em uma evidente injustiça. Ele deixou a tarefa, mais uma vez, a seu *alter ego*, o senador Vergueiro: "estes rasgos de excessiva liberalidade para quem mais desfez do que fez produziram absoluta impossibilidade de premiar em proporção os serviços que Varnhagen passou a fazer".[484] A Friedrich de Varnhagen restara, consolou-se o filho, o prêmio mais importante de todos: "o título, o posto, a medalha do *meruisse satis*, que outorga a própria consciência".[485] Em 1822, o pai de Varnhagen partiu para a Europa. Nove anos mais tarde, foi demitido do serviço imperial brasileiro.

***

"Se o uso do ferro, posterior ao do cobre, e muito posterior ao das cunhas de pedra, marca na história dos homens uma idade de maior civilização, é certo que seu fabrico, – o saber converter, [...] só é concedido aos povos já bastante adiantados na indústria".[486] A civilização brasileira progrediu, em parte, sob a direção de Friedrich de Varnhagen. Ele teria, desse modo, contribuído para o desenvolvimento civilizatório cuja história foi contada pelo próprio filho. Finalmente, o historiador terminou o capítulo se desculpando junto ao leitor, que como *juiz imparcial* saberia perdoá-lo:

> Basta, porém, sobre este assunto. E se nos alargamos demasiado; se a pena não pode conter-se a seguir os impulsos do coração; se dissemos mais do Ipanema e de seu benemérito engenheiro do que desejavam saber os leitores, desculpa merece quem a um e a outro, depois de Deus, deve a glória de ser súdito brasileiro e, por conseguinte, a de haver podido oferecer aos

Eschwege e Varnhagen'. – Sem querer disputar os méritos de Câmara e Eschwege, estes nada tinham que ver com a cruz de 1818." (*HGB*, 1877, nota 2, p. 1169).

[484] *HGB*, 1857, p. 371.
[485] *HGB*, 1857, p. 370-371.
[486] *HGB*, 1857, p. 372.

mesmos leitores esta história, ainda que imperfeita, fruto de anos de pesquisas e meditações.[487]

Na segunda edição da *HGB*, esse parágrafo foi modificado: "desculpa merece quem crê em consciência que cometeria uma grande injustiça e quase uma impiedade, se tivesse tratado de ser menos extenso neste assunto, que diz respeito a seu progenitor e até ao lugar de seu nascimento".[488] Na primeira versão, o historiador fizera uma relação direta entre a história de seu pai e a própria obra que, em 1857, era ainda, segundo ele, imperfeita. Na segunda, em 1877, a obra não mais parecia ser tão imperfeita e a conexão imediata com ela cedeu lugar a um aspecto quase exclusivamente sentimental: era justo que o autor de uma história geral falasse de seu pai e do lugar onde nasceu.

Em resumo, o processo de reescrita da *HGB*, cujo objetivo não era apenas corrigir os erros da primeira edição e adicionar dados de novas pesquisas, mas também suprimir marcas de subjetividade mais visíveis no texto, encontrou um limite: o próprio Varnhagen. O mais crítico dos historiadores brasileiros do século XIX, aquele que julgou implacavelmente os outros, não se conteve quando o assunto era seu pai. Ele abusou de expressões sentimentais a seu respeito. Mais de uma vez, a prova de seus argumentos não encontrou outro fundamento que a memória paterna e a sua. Finalmente, ele exagerou a situação. A exploração de ferro somente teve real importância econômica, no Brasil, no século seguinte.[489] Contudo, o que me parece mais significativo não é a constatação de Varnhagen ser parcial e subjetivo, mas o fato de ele não se esforçar, talvez como devesse ou se pudesse supor, para negar tais características. Seu discurso não deixou de ser histórico por isso. Simplesmente, ele assimilou e apresentou como verdadeiras explicações cuja origem estava nos sentimentos, alguns provenientes ainda da infância, como se verá na sequência. Pergunto-me se Varnhagen, em certo sentido, em momentos específicos de sua trajetória de homem de letras, não parecia confirmar o ditado poético de William Wordsworth: "a criança é o pai do homem"?[490]

---

[487] *HGB*, 1857, p. 372.
[488] *HGB*, 1877, p. 1173.
[489] Iglésias (2000, p. 78).
[490] "*The child is father of the man*" (WORDSWORTH, *My Heart Leaps Up when I behold*, 1807, p. 218).

Mas não em nome do patriarca

O eminente e excêntrico Varnhagen tem toda a dureza de um saxão, que era, e uma inexplicável índole deprimidora de toda a grandeza e de toda a beleza; é, enfim, o homem que, em nossa história, menoscaba de todas as heroicidades.

(Eduardo Prado)[491]

Localizada em uma nota quase ao fim da edição de 1857 da *HGB*, a primeira apreciação de Varnhagen em relação a José Bonifácio de Andrada e Silva, considerado por certa produção historiográfica o *patriarca* da independência do Brasil, foi marcada pela discrição e pela ambiguidade.[492] O historiador discorria sobre os "escritores, viajantes e imprensa periódica do reinado", contexto no qual mencionou o relato publicado por Bonifácio acerca de suas viagens por sua vila natal, Santos, e pela Paraíba, concluindo:

> José Bonifácio sabia muito e escrevia bem. Neste sentido, adquiriu belíssima reputação, não tanto no Brasil, em virtude da ausência de 36 anos (desde 1783 até fins de 1819) quase que só figurou exclusivamente na política, mas em Portugal. Apenas ouvimos lá censurá-lo, como *pouco prático*, e geralmente pouco feliz nas aplicações. Longe de o recriminarmos por isso, cremos que parte da culpa tinha o governo, que, só porque ele havia estado muitos anos estudando, principalmente na Alemanha, julgava que em tudo o devia envolver. O resultado foi que José Bonifácio, que de tudo entendia, que nas congregações em Coimbra muito influía, [...] que nas sessões da academia das ciências de Lisboa tomava parte nas discussões, ainda dos

---

[491] *Apud* Magalhães (1928, p. 102). Citado também por Paranhos (1937, p. 142).

[492] "A imagem de José Bonifácio 'Patriarca' forjou-se no calor das lutas políticas por ocasião da independência. A necessidade de defender pontos de vista, de consolidar sua posição à frente do governo levou seus partidários a apresentarem-no ao público como o 'Pai da Pátria', o 'timoneiro da independência', o 'Patriarca', expressões que começaram a circular já em 1822, quando José Bonifácio ocupava o cargo de ministro de D. Pedro" (COSTA, 1972, p. 104). Sobre o papel de José Bonifácio no processo de independência ver ainda: Araripe (1888, p. 79-85); Sousa (1960, v. 1 e no v. 2, t. 1, p. 364-400); Correa Filho (1965, p. 43-64); Dolhnikoff (1996, p. 121-141); Mattos (2005, p. 8-26). Sobre os projetos políticos o próprio Bonifácio ver Dolhnikoff (1998).

assuntos em que o julgavam menos versado, como de vacina, de patologia e até de partos, porque em geral mais censurava do que criava ou aplaudia, – José Bonifácio, dizemos, em proporção, pouco legou à pátria *literariamente*. No Brasil, foi sobretudo na política que figurou e na política o contempla já e o julgará algum dia com toda a imparcialidade a história.[493]

José Bonifácio era um sábio, mas não um *prático*, nem um criador, muito menos alguém que reconhecia o valor dos outros. Escrevia bem, embora a propósito de sua nação nada de significativo tenha deixado no plano literário. Enfim, se cabia à história julgá-lo, o dia chegou. Varnhagen participou do julgamento desempenhando um de seus papéis preferidos: o de juiz. Nesta perspectiva, na *História da Independência do Brasil*, o historiador explicou a forte presença de José Bonifácio ao lado do príncipe d. Pedro como efeito de sua vasta experiência em Portugal e de suas características pessoais:

> O seu grande saber, o seu gênio intrépido, o seu caráter pertinaz, que quase chegavam a raiar em defeito, contribuíram para fixar a volubilidade do príncipe. Cegavam-no por vezes, como a seus irmãos, o muito orgulho, a falta de prudência e o excesso da ambição, bem que acompanhados de muita instrução e natural bonomia, mas sua vivacidade e seu gênio entusiasta o levavam a falar demasiado e a ser, de ordinário, pouco discreto e pouco reservado, como estadista.[494]

Varnhagen recordou ter sido testemunha da loquacidade de José Bonifácio durante o batismo de sua irmã, Gabriela Varnhagen, em 1821. Nesse dia, o pequeno Francisco deixou-se impressionar por um dos convidados, a quem via pela primeira e única vez em sua vida: José Bonifácio: "eu fui incumbido da 'derrama dos confeitos', e ainda tenho nos ouvidos a voz rouquenha do mesmo José Bonifácio, acompanhada de alguns borrifos e perdigotos, que me amedrontaram, e não mais lhe apareci".[495] A impressão negativa que ficou retida na memória da criança transitou para a vida adulta do historiador. Além do testemunho sobre

---

[493] *HGB*, 1857, nota correspondente às p. 348-349 e p. 481. A nota foi suprimida na segunda edição.
[494] Varnhagen (1916/1917, p. 139-140).
[495] Varnhagen (1916/1917, p. 140, nota 34).

as características gerais de José Bonifácio, Varnhagen acrescentou à sua autópsia mnemônica declarações de diplomatas que tiveram contato com o patriarca, quando este era ministro do reino e dos negócios estrangeiros. Sua antipatia por José Bonifácio foi, provavelmente, reforçada pelo parecer que este fizera da fábrica de São João de Ipanema, no qual figuravam críticas à competência e à honestidade de seu pai. Varnhagen não citou essa avaliação como fonte histórica nem contestou a apreciação redigida em 1820, isto é, antes do batismo da irmã.[496]

Essa rememoração anedótica de Varnhagen não escapou à análise da Comissão nomeada pelo presidente do IHGB "para examinar e coordenar a obra manuscrita e inédita do Visconde de Porto Seguro, intitulada, História da Independência". O relatório exarado, que serviu inclusive de introdução à primeira edição do texto, publicado em 1916, destacava os grandes méritos do trabalho, indicando, porém, alguns problemas. Um deles era a postura de Varnhagen em relação a José Bonifácio. Considerada "inconveniente", a posição do historiador não dissimulava sua "má vontade" com os Andradas, sobretudo, com o "glorioso fundador da nacionalidade brasileira". A Comissão posicionou-se claramente ao lado de José Bonifácio e de seus irmãos. Entretanto, os signatários do relatório não se preocuparam em tentar explicar as razões que levaram Varnhagen, tão afeito à "narração fiel e fartamente documentada dos fatos capitais", a cometer um descuido metodológico dessa ordem: por que não soube ele resguardar sua imparcialidade?[497]

A imparcialidade de Varnhagen em debate

Para José Honório Rodrigues, as motivações da postura de Varnhagen em relação a José Bonifácio situaram-se em três planos: um político, um sentimental, um teórico. Politicamente, ele seria um dos representantes da opinião "contrarrevolucionária" no processo de independência:

---

[496] Ver José Bonifácio de Andrada e Silva, "Memória econômica e metalúrgica sobre a fábrica de ferro de Ipanema – Sorocaba – 1820" *apud HGB*, 1928, V, p. 249-257. Para comentários apoiando a crítica de Bonifácio, ver Sousa (1960, p. 135-137).

[497] A comissão era formada por: J. Vieira Fazenda, B. F. Ramiz Galvão, Pedro Lessa, Max Fleiuss, Basílio da Gama, Rodolfo Garcia e Pedro Souto Maior. "Relatório da Comissão nomeada pelo presidente do IHGB para examinar e coordenar a obra manuscrita e inédita do visconde de Porto Seguro, intitulada, 'História da Independência'" (*Revista do IHGB*, 79, 1916, p. 8-21).

Obra de defesa de D. Pedro, em detrimento de José Bonifácio na elaboração da independência, de desvalorização da guerra de independência, para que esta surja como um desenvolvimento momentâneo e não uma ruptura com o regime colonial a que teria sido levado o Brasil, caso Bonifácio não tivesse sido expulso do processo histórico. O autor sente que sua responsabilidade não é só com o Brasil, mas com Portugal.[498]

Em outro trabalho, Rodrigues explicou que a atitude intelectual de Varnhagen refletia a concepção dos grupos dominantes do período. Para ele, a imagem do patriarca – de um homem orgulhoso, imprudente, ambicioso e indiscreto – desenhada pelo historiador desencadeou a visão negativa que conspirou contra a obra de José Bonifácio e que dominou, por longo tempo, a historiografia brasileira.[499]

A rede historiográfica antipatriarca, comandada por Varnhagen, encontrou guarida no curso de Joaquim Manuel de Macedo no Colégio Pedro II, em que seus argumentos consolidaram-se e difundiram-se. Mais precisamente, o veículo de transmissão das ideias varnhagenianas teria sido o manual *Lições de História do Brasil*, o qual, segundo Capistrano de Abreu, ao ser introduzido no ensino primário e secundário, criara os "quadros de ferro" que se tornaria a obra de Varnhagen.[500] A versão escolar da *HGB* de Macedo teria sido, para Rodrigues, a responsável por uma lição discreta e oficial sobre o "patriarca", que pode ser resumida por meio de uma equação simples: no governo, Bonifácio foi excelente; na oposição, péssimo. Rodrigues lembrou ainda que mesmo o IHGB não cultivou a memória de José Bonifácio.[501]

No plano sentimental, José Honório Rodrigues destacou o que, para ele, seria uma característica da prática dos historiadores: a impossibilidade de ser isento devido a diferenças de classe, situação social, concepções filosóficas ou religiosas, ou ainda de algo mais simples como problemas de ordem pessoal. Assim, seria normal que Varnhagen não tivesse perdoado o patriarca por este ter censurado seu pai.

---

[498] Rodrigues (1967, p. 185).
[499] Rodrigues (1965a, p. 13).
[500] Ver Macedo (1861) e Macedo (1863) *apud* Mattos (2000, p. 83-85).
[501] Rodrigues (1965a, p. 13).

No plano teórico, o comentador identificou o que seria uma estratégia narrativa de Varnhagen para bloquear a produção mítica em torno da figura de José Bonifácio: a pluralização do título de *patriarca* de modo a atingir outros "patriotas pensadores" do período. Varnhagen teria, segundo Rodrigues, a crença de que a história era feita pelos grandes homens (o que é mais complexo). Mais precisamente, "Varnhagen jamais aceitaria que a História não fosse fruto apenas de personalidades mais ou menos cultas".[502] Para que a história da independência não fosse concentrada apenas em Bonifácio, sem dúvida um dos mais importantes mentores do movimento, para que Bonifácio não fosse reconhecido internacionalmente como um sábio, Varnhagen povoou o panteão da época com vários personagens. A figura do patriarca perdeu força, viu-se reduzida, pois ele não seria o único, nem mesmo o mais importante. Seria apenas um entre outros.

Arno Wehling não concordou com a interpretação de José Honório Rodrigues. Para Wehling, era preciso distinguir a análise feita por Varnhagen do período joanino do exame da conjuntura dos anos 1821 e 1822.[503] Sobre a primeira fase, Varnhagen fez uma avaliação positiva. Ele atribuiu a d. João VI e a seus ministros a criação das condições para que o Brasil se tornasse uma nação independente. De acordo com Varnhagen, "uma nova era vai abrir-se para o Brasil: em vez de colônia ou de principado honorário vai ser o verdadeiro centro da monarquia regida pela casa de Bragança e para nós daqui começa a época do reinado, embora o decreto de elevação a reino só veio a ser lavrado em fins de 1815".[504] Dessa maneira, para Varnhagen, o governo, nesse caso, agira, com correção, no plano político e econômico. Desde 1808, "seguindo a insinuação de José da Silva Lisboa, franqueou seus portos ao comércio direto de todas as nações amigas e, com isso, o emancipou de vez da condição de colônia e o constituiu nação independente de Portugal, que aliás estava então sujeito à França".[505] O encorajamento à cultura teria sido para Varnhagen outro aspecto importante desse balanço do quadro antes da separação definitiva de Portugal. Conforme o historiador, a

---

[502] Rodrigues (1967, p. 182).

[503] Wehling (1999, p. 191). Sigo os exemplos de Wehling, porém os cito a partir do próprio Varnhagen. Para uma análise abrangente do período, plena de relações oportunas e interessantes ver: Barman (1988, p. 97-129).

[504] *HGB*, 1857, p. 298.

[505] *HGB*, 1857, p. 312.

produção cultural falava em nome desta "memorável época do reinado" que "mais ou menos diretamente protegeu seus autores, favorecendo-os com cartas de recomendação aos capitães-gerais e até declarando alguns pensionários do Estado".[506] Considerou também como fator de integração a fixação da capital e da sede do governo no Rio de Janeiro.[507]

Todavia, Varnhagen assinalou e criticou aquilo que considerava equívocos do governo. Nesse sentido, ele não poupou o ministro dos negócios do Brasil (Fazenda e Interior), d. Fernando José de Portugal, Marquês de Aguiar, que, apesar de ter experiência administrativa (fora governador da Bahia e vice-rei do Rio de Janeiro) e supostamente conhecer o país, cometeu falhas incompatíveis com sua função. A escolha do marquês, escreveu Varnhagen, evidenciava:

> não só a intenção do regente de ocupar-se principalmente do Brasil, como sua prudência em querer mais conhecer o passado, para corrigi-lo e melhorá-lo, que impor ao país uma súbita importação de instituições estranhas a ele, as quais, de ordinário, radicam mal, se é que já em tempos anteriores não revele a própria história colonial que foram improficuamente ensaiadas.[508]

O ministro, contudo, não estava à altura da missão. A origem do problema encontrava-se no perfil intelectual do personagem:

> Infelizmente, porém, o marquês de Aguiar, aliás prudente, íntegro e sensato, com todos os seus anos de mando no Brasil, desconhecia o país em geral, era pouco instruído e sobretudo nada tinha de grande pensador, para ser estadista da fundação do novo império. Minguado de faculdades criadoras, para sacar da própria mente e da meditação fecunda as providências que as necessidades do país fossem ditando, o marquês de Aguiar parece ter começado por consultar o almanaque de Lisboa e, à vista dele, ter-se proposto a satisfazer a grande comissão que o príncipe lhe delegara, transplantando para o Brasil, com os próprios nomes e empregados (para não falar de vícios e abusos), todas as instituições que lá havia, as quais se reduziam a muitas juntas e tribunais, que mais serviam de peias

---

[506] Essa passagem foi acrescentada na segunda edição. (*HGB,* 1877, p. 1175).
[507] Varnhagen (1916/1917, p. 32).
[508] *HGB,* 1857, p. 315.

que de auxílio à administração, sem meter em conta o muito que aumentou as despesas públicas e o ter-se visto obrigado a empregar um sem-número de nulidades, pelas exigências da chusma de fidalgos que haviam emigrado da metrópole, e que, não recebendo dali recursos, não tinham o que comer.[509]

O Marquês de Aguiar, ao transferir ou criar instituições, "como se o Brasil fosse do tamanho de Portugal" praticou, em princípio, um grave erro. Não obstante a crítica, Varnhagen reconheceu a utilidade de algumas dessas instituições. O que de fato ele censurou foram o "cômodo plagiato e cópia e tudo que quanto havia na Europa", a ausência da instituição do ensino superior, a falta de uma política pública de distribuição e ocupação da terra e de um ministério que se ocupasse das minas e matas. Lamentou ainda a não unificação dos ministérios da Marinha, da Justiça e da Administração. Aos juízos, seguiram-se comentários que, ao destacar certos aspectos positivos, os relativizaram. Com efeito, "para que não se diga que só censuramos", Varnhagen saudou a fundação das academias militares (marinha, artilharia e fortificação), do arquivo militar, da tipografia régia, da fábrica de pólvora, do jardim botânico, da biblioteca nacional, da academia de belas-artes, do banco do Brasil e, evidentemente dos "estabelecimentos ferríficos de Ipanema". Estas seriam "instituições mais que suficientes para que, para todo o sempre, o Brasil bendiga a memória do governo de D. João".[510]

Por último, Varnhagen, procurou examinar os acontecimentos que compuseram o contexto dos anos 1821 e 1822, mapeando as alternativas políticas da época como uma espécie de grade explicativa das circunstâncias nas quais os atores sociais, entre os quais José Bonifácio, agiram: "em uns predominavam os sentimentos em favor da monarquia pura, em outros da constitucional, não faltando já alguns que se inclinavam à democracia e ao republicanismo. Cada uma destas três comunhões fraciona-se ainda, inclinando uns à união com Portugal e outros à independência".[511] Nesse sentido, na principal questão do período – se deveria a família real ficar no Brasil ou regressar a Portugal –, o historiador identificou diferentes ideologias que orientavam a ação política. Os liberais portugueses recomendavam "calorosamente" à família real o

---

[509] *HGB*, 1857, p. 315.
[510] *HGB*, 1857, p. 316-317.
[511] Varnhagen (1916/1917, p. 45).

retorno. Os brasileiros mais exaltados propunham sua permanência. Os portugueses menos exigentes aceitavam a volta do rei, desde que o príncipe ficasse como regente. Os brasileiros mais conciliadores admitiam o regresso do príncipe com a manutenção do rei. Essa tipologia manteve certo grau de plausibilidade, como observou Arno Wehling, até as interpretações mais recentes da historiografia.[512]

Sobre José Bonifácio, especificamente, Varnhagen admitiu, ao menos, alguns aspectos construtivos em sua postura política. Reconheceu, por exemplo, que ele agiu corretamente durante o episódio que resultou na independência do Brasil e que era mesmo capaz de gestos de modéstia, como aquele em que recusou uma insígnia honorífica proposta por Pedro I, após a cerimônia de aclamação, em 1º de dezembro de 1822.[513] Além disso, considerou um elemento favorável o fato de o patriarca ser "um zeloso monarquista, muito amigo não só do país, como do príncipe".[514] Porém, mesmo na positividade, Varnhagen não deixou de ressaltar um traço desfavorável que, embora não dependesse exclusivamente de José Bonifácio, teve sua origem em suas características pessoais, qual seja sua influência sobre d. Pedro, que o admirava tanto que "foi acusado de o haver imitado em alguns de seus defeitos, começando pelo da pouca gravidade e falta de decoro e recato nas palavras, que em José Bonifácio chegavam a raiar em desbocamento".[515] Não se tratava de um problema grave, mas não ficava bem para um soberano tal descomedimento, insinuou o diplomata Varnhagen.

O que Varnhagen criticou, efetivamente, em José Bonifácio foi o papel desempenhado por este após a independência. O patriarca teria se aproveitado do importante cargo que ocupava no governo e de sua influência junto a Pedro para se vingar de seus inimigos. O comportamento de Bonifácio explica-se por um traço psicológico: seria "de índole naturalmente boa, mas sua longa residência sob um governo despótico e o próprio cargo de intendente de polícia no Porto, que tinha exercido durante este regime, fizeram que a educação predominasse. Apareceu de novo o antigo intendente da polícia portuguesa".[516] Bom por natureza e

---

[512] Wehling (1999, p. 192).
[513] Varnhagen (1916/1917, p. 233).
[514] Varnhagen (1916/1917, p. 140).
[515] Continua Varnhagen: "e não era muito que, na flor da mocidade, o príncipe, ouvindo-as na boca de um sábio, chegasse a querer até nisto imitá-lo" (1916/1917, p. 140).
[516] Varnhagen (1916/1917, p. 213).

autoritário por experiência, o patriarca tinha, ainda segundo Varnhagen, um "caráter arrebatado e impaciente" e pretendia "converter todo o país política e literariamente a suas ideias, sem advertir que tudo isso requeria tempo e outra instrução e não a força nem as ameaças".[517]

Para mensurar o autoritarismo dos Andradas – sim, pois seus irmãos também não escaparam ao julgamento da *História da Independência* –, o historiador apresentou, como exemplo, o projeto de dissolução da Assembleia Constituinte. Tomando por base a *História do Brasil* do inglês John Armitage, publicada em 1836, afirmou que o plano seria executado na hipótese de os irmãos Andradas não terem o controle da situação.[518] Acerca especificamente da participação de José Bonifácio, Varnhagen assegurou que possuía "provas fundadas em conversações suas, que nos foram transmitidas por pessoas imparciais e dignas de fé".[519] Por se tratar de uma *história do tempo presente*, os testemunhos orais foram distribuídos, ao longo da narrativa, como argumentos de prova. Entretanto, nesse caso, Varnhagen simplesmente não citou o nome das pessoas imparciais e dignas de fé. Não se sabe quem eram.

O Barão de Rio Branco, autor das notas explicativas que se encontram na obra e que não se restringiu apenas a complementar o texto, mas também o corrigiu, não teve, nem mesmo ele, sua atenção chamada para o problema das fontes do autor. A descrição do acontecimento foi construída desde um *ouvir dizer*, cuja credibilidade foi garantida apenas pela afirmação de Varnhagen de que os testemunhos eram credíveis. Em 1916, ano da publicação da *História da Independência*, o IHGB, instituição que respondia, ainda que parcialmente, pela historiografia brasileira, não tomava por um erro teórico ou metodológico o fato de o historiador confiar em uma fonte pela simples razão de acreditar ser ela digna de fé. O presentismo do texto de Varnhagen ou, em outras palavras, os recursos de que dispunha para realizar a pesquisa sobre seu mundo contemporâneo foram aceitos quase incondicionalmente. Essa recepção, parece-me, reforçou o paradigma que a obra varnhageniana representava. Ele era aquele que tinha o poder de avaliar uma testemunha histórica, em suma, era aquele que tinha visto, escutado e narrado fielmente o que se passara. Contudo, pode-se dizer que o silêncio da crítica historiográfica

---

[517] Varnhagen (1916/1917, p. 215).
[518] Armitage (1981).
[519] Varnhagen (1916/1917, p. 250).

autoriza essa maneira de escrever a história e esse discurso de prova, no qual o jogo retórico e o exercício de persuasão tornam-se condições necessárias à consolidação do conhecimento.

Varnhagen serviu-se também de outro tipo de fonte para desarticular o mito que se formava em torno da figura de José Bonifácio: a imprensa. Após sua saída do governo, os irmãos Andradas fundaram dois periódicos para representar a oposição. Um dos jornais se chamava *Tamoio*, o que, do ponto de vista de Varnhagen, consistia em uma provocação:

> o simples nome do primeiro, tomado da tribo indígena, habitadora do Rio de Janeiro na época da colonização, grande inimiga dos portugueses, a cujas frechadas sucumbira até o fundador do Rio de Janeiro, Estácio de Sá, era já como um grito de guerra contra todos os não natos, começando pelo chefe do Estado. Guerra, pois, sem piedade, mais ou menos encoberta, contra todos os que não haviam nascido no Brasil, foi declarada, como boa isca para pescar as inocentes massas em cardume.[520]

A etimologia guerreira que o nome do jornal comportava era, assim, uma evidência da mudança política dos Andradas: "de sustentadores da monarquia, que eram, quando no poder, os ministros saídos tornaram-se, fora dele, democratas, facciosos, demagogos e revolucionários".[521] Como em outras análises marcadas pela subjetividade e apelo emocional, o historiador demandou ao leitor que se posicionasse sobre o assunto. "Consignando aqui todos estes fatos e o próprio teor das ordens, deixemos que cada qual, em sua consciência, ajuíze" o papel dos irmãos Andradas, sobretudo de José Bonifácio: "amor pela ordem" ou "mesquinhos sentimentos de vingança"? Acrescentou ser fundamental que se fixasse "desde já um juízo", pois, em sua opinião, para compreender as ações dos Andradas ministros – José Bonifácio e Martim Francisco –, nesta conjuntura, tornava-se necessário saber quais eram os reais desígnios que os orientavam. Caso o leitor não tomasse partido, ele arriscaria a nada compreender. O partido de Varnhagen estava claro: os irmãos guiavam-se pelo desejo de vingança.[522]

---

[520] Varnhagen (1916/1917, p. 264).
[521] Varnhagen (1916/1917, p. 264). A fonte, neste caso, é, mais uma vez, a obra de John Armitage e não sua experiência empírica.
[522] Varnhagen (1916/1917, p. 239-240).

***

Os comentadores de Varnhagen que sustentam que seus julgamentos eram sistematicamente negativos, de cuja opinião Arno Wehling procurou demonstrar a inexatidão, tomaram por fundamento, geralmente, as críticas que o historiador fez à ruptura do ministro com a maçonaria. Varnhagen atribuiu aos maçons papel importante na proclamação da independência e na fundação do império. Essa interpretação foi criticada pelos positivistas do Apostolado do Rio de Janeiro.[523] José Honório Rodrigues, por exemplo, que não foi exatamente um historiador positivista, seguiu, todavia, a crítica endereçada por aqueles que consideravam que Varnhagen minimizara a participação de José Bonifácio.[524]

Para Clado Ribeiro de Lessa, as críticas de Varnhagen ao patriarca não significaram que se devesse negar-lhe os "louros da imparcialidade". O biógrafo panegírico procurou mostrar que os comentários do historiador não eram destituídos de sentido. O biógrafo apenas concordou com Varnhagen:

> tudo o que acabamos de expor é a expressão da verdade histórica. Não seria possível a um historiador imparcial deixar de concluir, como fez o Visconde de Porto Seguro e, mais recentemente, o Sr. Tobias Monteiro, que os Andradas estiveram longe de ser os precursores da ideia de independência e que eram insuportavelmente vaidosos e de índole despótica e atrabiliária.[525]

Lessa considerou, portanto, "justíssimas" as análises de Varnhagen, mas observou que "as impressões recebidas na primeira infância são as mais duradouras, e não foram das melhores as que lhe deixou" José Bonifácio. Chamou ainda a atenção para a influência que Varnhagen teria recebido de dois desafetos de José Bonifácio que o ajudaram em situações distintas. José da Costa Carvalho, o futuro Marquês de Monte Alegre, adversário político do patriarca, forneceu ao historiador carta de recomendação quando da instalação do processo de reconhecimento de sua nacionalidade. Januário da Cunha Barbosa, secretário-perpétuo do IHGB, cujo apoio foi importante para Varnhagen ser admitido na instituição, havia sido perseguido e aprisionado sob as ordens de Bonifácio, em 7 de dezembro

---

[523] Ver a obra de Monteiro (1927).

[524] Rodrigues (1967, p. 180-181). Ver também Wehling (1999, p. 195).

[525] Lessa (224, 1954, p. 164 e p. 167-168).

de 1822. Portanto, era aceitável que Varnhagen, ao escutar as histórias do tempo da independência, narradas por homens por quem nutria, segundo o comentador, um "sentimento natural de simpatia e gratidão", se deixasse levar por uma tendência anti-Andradas. Lessa recordou que o historiador também fora protegido por Antônio Menezes Vasconcelos de Drummond, aliado de Bonifácio. Além disso, Varnhagen fez chegar, por intermédio de Martin Francisco, ao irmão deste, Antônio Carlos Andrada, então ministro da justiça do gabinete da maioridade, uma carta na qual buscava o reconhecimento de sua nacionalidade. Essas últimas considerações seriam prova suficiente da imparcialidade do historiador, pois entre as "influências antagônicas ficou com a sua consciência". Assim, criticar quem o ajudou não é uma manifestação de deslealdade, uma aleivosia infantil, mas uma consequência do método histórico, cujos fundamentos seriam derivações conscientes dos "documentos".[526]

Como um adepto de Tucídides, Lessa recusou a noção segundo a qual a proximidade com os eventos poderia ser um elemento desestabilizador para a escrita da história. Ao contrário, a quase contiguidade do historiador com os fatos que narrou teria fornecido, no caso de Varnhagen, a oportunidade de ele coligir um número abundante de fontes, inclusive de testemunhos orais. Desse modo, as interpretações do tempo presente de Varnhagen foram as "mais exatas possíveis". O que ocorreu, na verdade, é que suas análises foram mal-entendidas ou foram manipuladas por positivistas, como o sr. Basílio de Magalhães.

Penso, entretanto, que uma das críticas mais interessantes, feitas à tentativa de Varnhagen de desarticular a criação de uma mitologia política em torno da figura do patriarca, foi justamente a apreciação de Basílio de Magalhães. A despeito do culto à verdade presente na obra de Varnhagen, Magalhães considerou que "a imparcialidade absoluta não passa de um mito, e o historiador pragmático vai além da exposição dos fatos, tecendo sobre estes considerações, em que não pode deixar de intrometer os seus ideais sociológicos e os seus motivos pessoais". Esse princípio teórico-metodológico, ao negar a possibilidade da neutralidade total, durante o processo de escrita da história, acrescentou à questão aspectos até então pouco explorados pelos comentadores de Varnhagen. Dessa maneira, se o historiador, por um lado, não soube controlar os limites de sua parcialidade, por outro, sua concepção de como a história

---

[526] Varnhagen (1916/1917, p. 227-228); Lessa (224, 1954, p. 169-170).

deveria ser escrita não produziu os obstáculos necessários que o teriam impedido de "tentar deprimir", segundo a expressão de Magalhães, de rebaixar um personagem como José Bonifácio:

> Varnhagen, aplicando, conscientemente e constantemente o pragmatismo, de que se achava imbuído, a todos os seus escritos, via mais os fatos do que os homens e procurava sempre reduzir o heroísmo e a taumaturgia à justa proporção das apoucadas forças dos mortais, sem nunca se deter, deslumbrado, ante as maravilhas da nossa luxuriante natureza tropical, como o gongórico Rocha Pitta, e sem jamais se preocupar com a estética das batalhas.[527]

Para Basílio de Magalhães, Varnhagen foi aquele que humanizou os heróis. Paradoxalmente, essa humanização consistiu em uma maneira de desumanizar a própria história. Ele não estava necessariamente ao lado dos grandes. Por princípio, estava apenas ao lado dos fatos. O resto, as ações humanas, a cor local interessavam-lhe somente na medida em que faziam parte de uma "factualidade" possível. Assim, antes de José Honório Rodrigues, Magalhães concluiu que Bonifácio foi um personagem como outro qualquer. Foram os fatos que deram sentido à sua ação. O patriarca não estava acima da história, ele não era um herói.

A herança étnica e a educação de Varnhagen contribuíram decisivamente, de acordo com Basílio de Magalhães, para a perspectiva da história não apenas parcial, mas também desprovida de grandes homens, diferentemente do que pensava José Honório Rodrigues. Não se trata aqui de uma repreensão: é preciso perdoá-lo de toda a sua

> frieza germânica, a qual, se deploravelmente atingiu a algumas das nossas heroicidades, ao menos lhe permitiu lobrigar, melhor do que os nossos cálidos e bombásticos escritores e oradores românticos, tantos vícios a elidir e tantos perigos a conjurar na marcha ascensional da nossa pátria.[528]

Mesmo que Varnhagen não tenha sabido preservar o panteão nacional em construção, ele continuou sendo mais confiável que os românticos, pois, de certa forma, a *frieza germânica* funcionou como uma espécie de compensação objetiva à parcialidade que caracterizou certas

---

[527] Magalhães (1928, p. 101-102).
[528] Magalhães (1928, p. 103).

passagens de sua obra. Efetivamente, Varnhagen não estimou os irmãos Andradas, sobretudo José Bonifácio. No entanto, para Magalhães, não se tratava de um sentimento e de uma parcialidade incontrolável ou insensata. Ele tinha suas razões, algumas históricas, outras psicológicas.

Em uma análise mais detida e crítica sobre o mito José Bonifácio, Emília Viotti da Costa mencionou também as relações pessoais como uma das prováveis causas que motivaram os ataques de Varnhagen ao patriarca. Ao fazer um balanço teórico e metodológico da *História da Independência*, a historiadora salientou que "a intenção de imparcialidade e objetividade encontravam seus próprios limites no seu método. Procurando ser mediador e juiz dos testemunhos contraditórios", Varnhagen fez "uma análise subjetiva dos fatos, optando por uma das versões correntes no tempo. Sua história não se eleva acima do nível testemunhal". Acerca de José Bonifácio, Viotti da Costa observou que Varnhagen o apresentava como "vingativo" e "arbitrário", conferindo "grande importância a estes aspectos psicológicos desfavoráveis para explicar fatos da maior importância histórica". Porém, ainda que Varnhagen tenha guardado uma memória negativa, consequência das imagens que remontavam à sua infância e às críticas desfavoráveis do patriarca à gestão de seu pai na fábrica de ferro Ipanema, sua análise, embora tenha seguido o mesmo percurso de outros detratores de José Bonifácio, foi realizada, segundo a historiadora, em um estilo mais sereno que o dos demais. Talvez por isso a visão de Varnhagen não tenha impedido, contrariamente ao que pensava José Honório Rodrigues, a produção do mito do patriarca: "a lenda de José Bonifácio, embora submetida à crítica, resistiu".[529]

Varnhagen, seu pai e o patriarca: a imparcialidade e a ego-história

> *Os fatos históricos são, por essência, fatos psicológicos.*
> *(Marc Bloch, Apologie pour l'historien)*[530]

Em 1987, Pierre Nora reuniu e apresentou os *Essais d'ego-histoire*, escritos por sete importantes historiadores franceses. Tratava-se, diz Nora,

---

[529] Costa (1977, p. 96-98).
[530] Bloch (1997, p. 156).

de um "gênero novo, para uma nova idade da consciência histórica". O autor explicou a origem de tal projeto: "ele nasceu do cruzamento de dois grandes movimentos: de um lado, a desestabilização das sinalizações clássicas da objetividade histórica e, de outro, o investimento do presente pelo olhar do historiador". Assim, continuou Nora:

> Toda uma tradição científica levou os historiadores, depois de um século, a se apagar diante de seu trabalho, a dissimular sua personalidade atrás de seu saber, se entrincheirar na retaguarda de suas fichas, a fugir de si mesmo em uma outra época, a se exprimir somente por meio dos outros. As aquisições da historiografia colocaram em evidência após vinte anos as falsidades desta impessoalidade e o caráter precário de sua garantia. Também o historiador de hoje está pronto, diferentemente de seus predecessores, a confessar a ligação estreita, íntima e pessoal que entretém com seu trabalho. Ninguém ignora mais que um interesse declarado e elucidado oferece um abrigo mais seguro que os vãos protestos de objetividade.[531]

Segundo Nora, o mesmo *corpo de tradições* que comanda o historiador a anular sua personalidade, durante o processo de escrita da história, "alimenta uma sólida desconfiança a respeito de uma história contemporânea julgada muito próxima por se beneficiar de um tratamento positivo". Para ele, "a conquista de seu próprio século e do próprio presente pelo historiador constituiu um dos avanços da disciplina nos últimos anos".[532]

A interpretação que propus aqui segue, parcialmente, esse movimento descrito por Nora. Não, não penso que Varnhagen seja um historiador da terceira geração dos *Annales avant la lettre*. Igualmente não penso que ele tenha feito uma *ego-história stricto sensu*. Acredito apenas que essa noção, tal como proposta por Nora, é útil à compreensão da obra do historiador brasileiro.

Assim, pode-se perguntar: as críticas de Varnhagen a José Bonifácio caracterizaram uma tentativa clara e consciente de desarticular a formação de um mito político? Aparentemente, sim. Quais seriam de fato suas motivações? Como se está falando de um historiador e de uma análise

---

[531] Nora (1987, p. 5-6). Os sete historiadores são: Maurice Agulhon, Pierre Chaunu, Georges Duby, Raoul Girardet, Jacques Le Goff, Michelle Perrot, René Raimond.
[532] Nora (1987, p. 6).

ou de um julgamento histórico, é necessário considerar, primeiro, os aspectos ligados à sua concepção de história ou, sobretudo, à sua noção de pesquisa histórica (neste caso, principalmente, à questão das fontes) e sua exposição em texto, ou seja, problemas da escrita da história. Contudo, as questões pessoais estavam sempre presentes. O historiador, que escreveu sobre um personagem em vias de ser *panteonizado*, é também o filho de um pai acusado *injustamente* por este personagem.

Decididamente, Varnhagen não teve sucesso em separar seus sentimentos pessoais de sua análise. Tanto em um caso como no outro – a história do pai, a história do suposto patriarca –, esse procedimento não parece constituir um obstáculo, seja epistemológico, seja psicológico. Ao contrário, ele não soube, acredito, como muitos outros historiadores, talvez como a maior parte deles, escrever a história sem essa tensão subjetiva. Certa memória impedida e certa memória manipulada aqui estavam em funcionamento.[533] Assim, ao escrever sobre o patriarca, Varnhagen livrou-se a um trabalho de rememoração que se não chegou a anular os traços da atuação de Bonifácio, procurou, ao instrumentalizar ideologicamente a memória em torno de sua figura, pelo menos, minimizá-la. Não era possível simplesmente esquecer o patriarca. Eis o lado do historiador.

Varnhagen não somente escreveu um texto, mas estava em seu interior. Ele nunca se apagou. Não era possível contar a história de seu tempo sem estar nela, seja ele ou o pai. Como historiador do tempo presente, Varnhagen escreveu a história a partir dele mesmo, como se fosse o centro da escrita, da história. Foi ele quem viu isto e escutou aquilo. Foi ele quem encontrou tal fonte ou guardou tal documento. Porém, ao tentar salvar o pai do Lete, aquele rio do submundo que confere esquecimento às almas dos mortos, o Varnhagen historiador deixou-se levar por injunções nem sempre racionais, mas passionais e até inconscientes.[534] Ele então lembrou. Eis o lado do filho.

---

[533] Ricœur (2000, p. 83-105).
[534] Ver Weinrich (2001, p. 24).

IV Movimento

O que é a história?

*O amor à verdade nos obrigará mais de uma vez a combater certas crenças ou ilusões, que já nos havíamos acostumados a respeitar. [...]; e pedimos que se resignem ante a verdade dos fatos, com tanta maior razão quanto essa verdade, neste mesmo livro, lhes proporcionará, em vez dessas ilusórias glórias, outras mais incontestáveis; [...]
não por nossos fracos talentos, mas pelos argumentos incontestáveis que resultam das provas que, mediante aturado estudo, conseguimos reunir.*

(Varnhagen, *História das lutas com os holandeses no Brasil*, 1871)[535]

Les historiens font ordinairement de l'histoire sans méditer sur les limites et sur les conditions de l'histoire.

(Charles Péguy, *De la situation faite à l'histoire et à la sociologie dans les temps modernes*, 1906)[536]

Eu faço História, não Teoria!
(Um historiador, *Encontro Estadual de História*, Porto Alegre, 1996)

---

[535] Varnhagen (1871, p. XXVI).

[536] "Os historiadores, habitualmente, fazem a história sem meditar sobre os limites e sobre as condições da história". A continuação da citação é ótima: "Sem dúvida, eles têm razão. É melhor que cada um faça seu ofício. Haveria muito tempo desperdiçado neste mundo se todo mundo fizesse metafísica. O próprio Descartes queria que se a fizesse apenas algumas horas por ano. De uma maneira geral, é melhor que um historiador comece por fazer história, sem a procurar tão longe" (PÉGUY, 1988, p. 494).

A irônica observação de Péguy, dirigida à chamada Escola Metódica, parece-me válida para Varnhagen e, possivelmente, para grande parte dos historiadores seguidores de uma tradição que remonta, justa ou injustamente, a Ranke.[537] Não que tenha inexistido reflexão histórica desde o século XIX. Ao contrário, ao desprezo generalizado pelos modos de fazer do próprio ofício, relacionam-se correntes teóricas oriundas de filosofias da história (sobretudo de Kant, Herder, Hegel e Marx), como as de Humboldt, passando por Michelet, chegando a Nietzsche, e de proposições metodológicas e disciplinares, como as de Droysen a Fustel de Coulanges, entre outros. Em que pese suas diferenças, que não são poucas, as abordagens desses autores têm em comum o fato de proporem alternativas para a pesquisa e a escrita da história.[538] No século seguinte, essas correntes mantiveram-se ativas, de modo mais institucional, como é o caso dos *Annales* na França, ou mais indisciplinado ou cético, como em Walter Benjamin, Paul Valéry e Charles Beard, entre outros.[539]

No entanto, a regra geral, até hoje, ainda é a despreocupação com os modos de pensar a prática do fazer do historiador. O desapego à teorização explica-se, em parte pelo menos, pela conhecida desarmonia epistemológica expressa na suposta distinção entre "teoria" da história e "prática" historiográfica, que parece ser um vício indomável que contamina o meio acadêmico. É como se os historiadores temessem pensar sobre si mesmos! Quem atirará a primeira pedra? Este refúgio nas alamedas de um suposto legado "rankeano", antes de indigência teórica, é uma opção e/ou uma postura intelectual, logo também teórica. Por isso,

---

[537] Pessoalmente, não a considero justa, porém parece correto que: "no curso do último século ou dois, a história não foi uma disciplina que exigiu grandes faculdades intelectuais. [...] Pode-se até dizer que a própria hostilidade para com a teoria e a generalização, que caracterizou grande parte da história acadêmica ortodoxa no longo período em que foi dominada pela tradição do grande Ranke, tenha incentivado os menos dotados intelectualmente, que muitas vezes também eram pouco exigentes intelectualmente" (HOBSBAWM, 2001, p. 70-71). Os fundamentos da chamada Escola Metódica encontram-se basicamente em: Monod (1876, p. 36-38); Langlois; Seignobos (1992).

[538] Humboldt (2010); Droysen (1983); Droysen (2002); Nietzsche (2005). Sobre Michelet e Fustel ver, respectivamente: Hartog (2005, p. 153-161) e Hartog (2001d).

[539] Benjamin (1994, "Experiência e pobreza" e "O narrador: considerações sobre a obra de Nikolai Leskov", p. 114-119 e 197-221); Valéry (1945, p. 35-38); Valéry (1991, p. 115-121); Beard (1935, p. 74-87). Para uma visão mais geral especificamente sobre os EUA, ver: Novick (1988).

em muitas defesas de mestrado ou de doutorado, mesmo em trabalhos que se orgulham da poeira dos arquivos, não é incomum cobrarem-se entendimentos teóricos de dada interpretação, bem como explicações que ultrapassem a descrição factual e cronológica.

Mais do que uma simples negação, a ideia que sustento é a de que a reflexão sobre a condição histórica não se constitui em mero artifício retórico, com a intenção de encobrir uma empiria de dados definidos *a priori*, mas um modo de levar em consideração as aporias da finitude do homem em sua temporalidade. Em Koselleck, encontrei, até agora, a melhor definição para esclarecer meu pensamento. Para o historiador alemão, a teoria da história visa a tematizar as condições de possibilidades da história: "ela trata dos elementos prévios, no plano teórico, que permitem compreender por que as histórias ocorrem, como elas podem ocorrer e também por que e como devem ser analisadas, representadas ou narradas". Nesse sentido, a teoria da história "aponta para o caráter duplo de toda história, ou seja, tanto para os nexos entre os acontecimentos como para a maneira de representá-los".[540]

Estudos de natureza reflexiva vêm sendo realizados, há algum tempo, também no Brasil, por aqueles que, razão inversa à arbitrariedade do par teoria *versus* empiria, preocupam-se com as práticas dos modelos teóricos da historiografia.[541] Meu antigo colega que não fazia teoria, mas história, passadas duas décadas, continuou a fazer o que sabia melhor: história. Não seria esta outra forma de o veto se manifestar?

---

[540] Koselleck (1997, p. 182-183).

[541] Nesse sentido, o Brasil é um país pioneiro. Desde o 1º Simpósio Nacional de História da Historiografia, ocorrido em 2007, em Mariana, a criação da *Revista História da Historiografia*, em 2008, e a fundação da Sociedade Brasileira de Teoria e História da Historiografia, em 2009, um grupo de pesquisadores, liderados pela jovem equipe da UFOP (Valdei Lopes de Araujo, Sérgio da Mata, Helena Mollo, Fernando Nicolazzi e Mateus Pereira), tem procurado manter por meio de uma atividade intensa de pesquisa e discussões, que só faz crescer, vivo o debate sobre a reflexão teórica e historiográfica, congregando e fazendo justiça, desse modo, àqueles que, até os anos 1990, abriram, individualmente ou em pequenos grupos de investigação, os primeiros espaços institucionais a projetos de natureza não "empírica". Luis Costa Lima, Ricardo Benzaquen de Araújo, Manoel Salgado Guimarães, Afonso Carlos Marques dos Santos, Carlos Fico, Sílvia Petersen, Estevão de Rezende Martins, Marcelo Jasmin, Lúcia Guimarães, Ângela de Castro Gomes, Marieta de Moraes Ferreira, Eliana de Freitas Dutra, Lucia Maria Paschoal Guimarães, Margareth Rago, Durval Muniz de Albuquerque Júnior, entre outros, estão entre esses precursores.

***

A fama de Varnhagen como um historiador defensor incondicional da ciência positiva e da objetividade histórica e, portanto, um ativista da causa "empirista", pelo que anunciei em "Antologia de uma existência" e pelo visto até aqui, é, na melhor das hipóteses, um sofisma. Por um lado, ele participou desse movimento intelectual de formação do discurso histórico moderno, no qual o olhar atento de Valdei Lopes de Araujo percebeu movimentos intencionais e não intencionais de autonomização da prática historiadora (especialmente dos chamados regimes de autonomia compilatória ou disciplinar). Por outro, ele se manteve fiel a padrões não apenas antiquários como francamente anárquicos (o que só aumentou sua ânsia por autonomia intelectual).[542] Em consequência, é difícil inserir Varnhagen em determinada "escola histórica", recurso didático inventado pelos historiadores para congregar grupos e unificar tendências de modo que se tornem mais fáceis e, simultaneamente, criar uma identidade e fazer a crítica aos pares.[543]

Diante desse impasse, proponho seguir outro caminho: perseguir o que ele mesmo escreveu diretamente sobre o assunto. Encontram-se reflexões explícitas sobre sua ideia de história em prefácios de suas obras, sendo o mais importante, sem dúvida, o da *HGB*.[544] Após breve análise desses prólogos, adentro o relato por intermédio de temáticas que operacionalizam, instrumentalizam e materializam o que é a história, em termos teóricos, para Varnhagen e para parte considerável da historiografia oitocentista. Entre as várias possibilidades analíticas, escolhi duas entradas, que, simultaneamente, particularizam e universalizam Varnhagen, uma por sua evidente persistência, outra por sua quase

---

[542] Araujo (2015, p. 365-400). Araujo; Cezar (2018).

[543] Nesse sentido, a tendência geral é a de situar Varnhagen como representante de uma concepção de história próxima a Ranke: Guimarães (2001a, p. 95) e Martinière (1991, p. 129). Outros comentadores o colocam como adepto dos princípios positivistas: Schwartz (1967, p. 192-193). Arno Wehling o define a partir de uma noção de "historicista", notando, contudo, que Varnhagen não parece conhecer a obra de Ranke, pelo menos durante a redação da *HGB*. Eu também, até agora, não encontrei uma referência sequer a Ranke em seus trabalhos (WEHLING, 1999, p. 136-137). A ideia de um Ranke não teórico (*nontheorical*) e politicamente neutro e a relação com seus preconceitos é desenvolvida por Iggers (1983, p. 63-89); Iggers (1989).

[544] Encontram-se reflexões e desdobramentos das noções apresentadas no prefácio à *HGB* também em Varnhagen (1871, p. V-XXIX) e Varnhagen (1916/1917, p. 25-29).

notória ausência, a qual, paradoxalmente, implica forte presença. São elas, respectivamente, as figurações do tempo e a *historia magistra vitae*.

Prefácio da *HGB*: Varnhagen por Varnhagen

Às vezes, me pergunto por que as coisas sempre foram um pouco diferentes com Varnhagen. Historiador partidário de uma ortodoxia particular, ele parecia tranquilo em 1854, quando publicou o primeiro volume da *HGB* sem prefácio![545] A única observação assemelhada a uma prefaciação aparecia no final do primeiro capítulo, ao ser feita uma severa advertência ao leitor:

> A história que empreendemos escrever, bem que envolva algumas noções, fundadas em fatos, interessantes à antropologia, e algum conselho para os que venham a ter a alta missão de governar ou de organizar estados novos, é mais de aturados trabalhos e de adversidades que de brilhantes glórias. Não compreende ela discórdias entre príncipes, nem tremendas vinganças, nem horríveis crimes, próprios ao paladar de grande número de leitores, que, no saborear tais alimentos do espírito, sem piedade se esquecem das vítimas à custa de cujo sangue eles se condimentaram. Pare de ler quem nas histórias dos povos só busca o deleite ou as emoções, digamos assim, dramáticas. Pare de ler quem não aprecia como primeiro dote do historiador a fria imparcialidade no exame da verdade. Por nossa parte em atingir esta, até onde a podemos apurar pelos documentos conhecidos hoje, pusemos todo o desvelo: convencidos de que ela, e só ela, pode oferecer harmonia eterna entre os fatos; ao passo que a falsidade, mais dia, menos dia, é punida pela contradição que o tempo não tarda a manifestar. – Assim, fosse possível ao historiador possuir, quando escreve, a messe de esclarecimentos que só pouco a pouco vai colhendo a investigação de muitos, e que nos faz quase invejar a melhor situação, em que, para julgar alguns sucessos, poderão encontrar-se os literatos dos séculos que hão de vir!... [546]

Entre o primeiro e o segundo volumes, algo se modificou, pois, em 1857, Varnhagen lendo Varnhagen sentiu-se obrigado a acrescentar

---

[545] Boeira (2007).
[546] *HGB*, 1854, p. 11.

à obra um proêmio, cujo tom autobiográfico era indisfarçável, além de elucidar uma série de pressupostos teóricos e metodológicos.[547] Em relação à segunda edição da *HGB*, de 1877, esse prefácio foi submetido a vários cortes, sendo precedido de um prólogo. Na terceira-quarta edição a estrutura da segunda foi mantida, mas, a partir das edições seguintes, os prefácios foram suprimidos pelos editores, o que é uma lástima, pois perdeu-se o contato com as reflexões varnhagenianas mais manifestas sobre a história.

No começo do referido prefácio, ele deixou claro que sua intenção era escrever "uma conscienciosa história geral da civilização do nosso país". A precisão atribuída ao adjetivo *geral* é importante. Trata-se, portanto, da "primeira resenha geral ou antes o primeiro *enfeixe* proporcionado dos fatos que, mais ou menos desenvolvidos, devem caber na Historia Geral". Se, por um lado, a dimensão genérica justificava – questão de método – inevitáveis ausências do texto, por outro, a *história geral* era uma maneira de criar uma correspondência entre a civilização, representada pelo império, e a própria história, veículo que dialeticamente acelerava o tempo rumo àquela condição: "a integridade do Brasil, já representada majestosamente no Estado e no Universo pela monarquia, vai agora, bem que mui humildemente, ser representada entre as histórias das nações por uma história nacional, sisuda e imparcialmente escrita".[548] O contrato entre o historiador e o imperador era apresentado como um pacto selado por entidades abstratas: a história da nação (a *História geral*) e o poder monárquico (Pedro II).

Desse modo, tal como a monarquia organizava a sociedade, a história fornecia base sólida às instituições. A história não era tão somente um repertório de adágios eruditos, mas um saber necessário. A generalidade e a concisão da *História geral* não visavam assim a outro efeito: "procuramos ser concisos, na persuasão de que não era uma história mais minuciosa a que hoje podia ser mais útil".[549] Não o era em termos políticos, provavelmente nem teóricos, mas era a única possível pela limitação das fontes disponíveis. Por consequência, Varnhagen previa que o trabalho de outros historiadores poderia e deveria ser, um

---

[547] Santos; Cezar (2015, p. 212-217).

[548] *HGB*, 1857, p. VI.

[549] *HGB*, 1857, p. VIII. A ideia de concisão da escrita aparece também no prólogo à segunda edição (*HGB*, 1877, p. XIV).

dia, integrado à sua história. A *História geral* não consistia, portanto, em um gênero absoluto, não constituía uma história total, ela era, paradoxalmente, um tipo específico de história: um grande quadro que só o tempo concluiria.

Neste prefácio, Varnhagen liberou o ego. Ele não dissimulou sua crença religiosa, política e social. Ele se autodefiniu como católico, monarquista, justo e humano com os índios e com os escravos.[550] Essa declaração, jamais desmentida ou retificada pelo autor, desapareceu na segunda edição da obra. Em 1877, uma tomada de posição como esta seria tão comprometedora a ponto de ser suprimida sem explicação? Sua declaração o envolveria com grupos políticos com os quais seria melhor manter, ao mesmo tempo, distância e respeito? Ou ela atentaria contra a imparcialidade, fundamento em processo de consolidação na emergente disciplina histórica? A resposta à primeira questão passa pela biografia de Varnhagen. Ele jamais primou por relações muito cordiais com os letrados e políticos brasileiros. Além disso, nessa fase da vida, ele residia em Viena, onde ocupava o posto de ministro plenipotenciário do governo brasileiro no império austro-húngaro. A segunda questão é mais nebulosa. Não há, na obra de Varnhagen, uma filosofia da história em desenvolvimento, ou seja, que tenha sofrido, ao longo dos anos, alterações significativas. Suas preocupações de ordem filosófica e/ou política são aparentemente invariáveis. Contudo, supressões como as que ocorreram no prefácio da primeira para a segunda edição não são incomuns no conjunto da obra que compõe a *História geral*. Entre uma e outra, Varnhagen lança-se aqui e acolá a uma dedicada metodologia de depuração textual, tendo por alvo as marcas que pudessem comprometer a objetividade da escrita. Tais supressões podem ser concebidas como tentativas, ou medidas silenciosas, que não somente corrigem e alteram o texto, mas, simultaneamente, conferem-lhe um estatuto epistemológico mais imparcial, mais próximo da ciência.

Se Varnhagen tinha consciência de estar possuído por este espírito científico é, no entanto, algo que escapa ao mundo dos vivos. O certo é que o estatuto de ciência não foi reivindicado na *HGB* de maneira explícita. Aliás, Varnhagen praticamente não utilizou o vocábulo *ciência* para definir o saber histórico. O historiador postulou apenas a verdade de seu relato por meio de uma fórmula muito simples: "pela inversa,

---

[550] *HGB*, 1857, p. X.

pelo erro". O historiador pode escrever a história como bem entender, desde que não erre. Fácil! Essa perspectiva, explicou o autor, o autorizava a "empolar o estilo", a fim de maximizar as cores para "pintar" – a beleza da cidade do Rio de Janeiro – "com mais verdade".[551] É o mesmo princípio que valida sua descrição de fatos "aquecidos com o calor da convicção ou do patriotismo ou de qualquer outra paixão nobre".[552] Ao reconhecer que tais assertivas poderiam ser percebidas como manifestações provenientes do domínio do poético, Varnhagen reafirmou a clássica diferença entre o historiador e o poeta:

> Este, que para o ser há de ter mais imaginação que fria crítica; ao passo que aquele estuda primeiro o fato, apura-o por meio das provas que requerem o seu critério; e só depois sentencia com gravidade, transmitindo ao público a sentença e os seus porquês; e claro está que da mesma forma que os sentiu, se a pena lhe sabe obedecer, o que nem sempre sucede.[553]

O historiador não tem a mesma liberdade de imaginação que o poeta. No entanto, a noção de Varnhagen estava plena de alternativas que reduziam a distância entre os dois domínios. Primeiro, o historiador era visto como um sujeito que analisa os fatos conforme critérios que lhe são próprios e não necessariamente de acordo com os critérios de uma comunidade de historiadores (como o IHGB). Segundo, ele considerava que o esforço que envolve o gesto da escrita da história nem sempre prescinde dos sentimentos de quem escreve. Logo, o historiador, tal como o poeta, pode, por vezes, perder o controle da pena.

No prólogo à segunda edição da *HGB*, Varnhagen retomou o assunto. Em 1877, ele declarou pertencer a uma "escola histórica estranha a essa demasiado sentimental que, pretendendo comover muito, chega a afastar-se da própria verdade".[554] Esta escola não tinha nome, nem se sabe quem eram seus adeptos. Entretanto, ele indicou quem não era membro: o "cronista" Rocha Pita – cuja obra mostrava-se "omissa em

---

[551] Exatamente o contrário do que disseram, no final do século XIX, Langlois e Seignobos no final do século: "O historiador deve *sempre* escrever bem, mas sem jamais se endomingar". Langlois; Seignobos (1992, p. 252).
[552] *HGB*, 1857, p. XII.
[553] *HGB*, 1857, p. XII.
[554] *HGB*, 1877, p. XIII.

fatos essenciais, destituída de critério e alheia a intenções elevadas de formar ou de melhorar o espírito público, fazendo avultar, sem faltar à verdade, os nobres exemplos dos antepassados" –, o qual, para escrever sua história, não recorrera às "mais puras fontes da história; e que era mais imaginativo que pensador, mais poeta e admirador do belo que crítico, vassalo da razão e escravo das provas autênticas", simbolizando o que Varnhagen não era.[555] A simples afirmação de pertencer a uma escola, mesmo se a noção que a unificava – a *verdade* – fosse matizada, criou um efeito de cumplicidade epistemológica. Varnhagen não estava só. Ele se inseria, desse modo, em uma tradição histórica: aquela que é metodologicamente contrária ao erro e que teoricamente é uma das figuras da verdade. Ele representava o anti-Rocha Pita (em muitos casos sim, em outros tantos não). Não é surpreendente, por conseguinte, que Varnhagen, quase no final da *HGB*, tenha lembrado os argumentos desse prólogo e se colocado ao lado de Tucídides. Assim como o historiador grego, ele também preferiu "desagradar publicando a verdade, que ser aplaudido faltando a ela".[556] Que feliz coincidência! O mestre da escola de Varnhagen não foi outro que um dos historiadores preferidos de Ranke e de Pedro II.

Figuras do tempo

José Honório Rodrigues, sempre ele, afirma que Varnhagen, embora submetido à cronologia, jamais se preocupou com a periodização.[557] Considero que ele tem razão. Contudo, se Varnhagen não organizou a *HGB* por períodos mais ousados e distintos dos de Southey, isso não significa que a noção de tempo esteja ausente de sua obra. Desconsiderando o recurso cronológico comum de fixação de datas, encontram-se na *HGB* múltiplas dimensões temporais que representam uma forma específica de articular os eventos ou de operar sua síntese.[558]

Primeiro, há, no interior da obra, algo que chamo de o *tempo do autor*, isto é, o momento preciso no qual ele escreveu. Trata-se do tempo de Pedro II, mas também do tempo da própria existência: as etapas de

---

[555] *HGB*, 1857, p. XIII. Trata-se de uma citação da *HGB* (1857, p. 184-185) e do prefácio de sua *História das lutas com os holandeses no Brasil* (1871, p. XXVI).
[556] *HGB*, 1857, p. 375.
[557] Rodrigues (1957, I, p. 159-160).
[558] Elias (1996, p. 120).

sua carreira e de sua vida privada. Segundo, é possível detectar outra dimensão temporal que chamo de o *tempo do texto*, no qual o leitor é enviado de um tempo a outro, por meio de uma cadeia descontínua, cujos movimentos podem levá-lo: 1. do passado para o presente: "assim pensamos que, com narrar os fatos como se passaram, em nada degradamos a atualidade";[559] 2. do presente para o passado: "Não há muitos anos que todos ouvíamos aos pretos e pretas, que vendiam água pelas ruas da capital, o apregoá-la gritando, com aspiração, *Heh*! Pois bem: esse monossílabo era herança dos antigos escravos de ganho índios, que com tal exclamação, não ainda adulterada, apregoavam em sua língua: *Água*!";[560] 3. do passado para o futuro: "Todos estes acontecimentos merecem uma história especial que não duvidamos se escreverá algum dia; pois sobram para ela documentos, dos quais somente aproveitaremos agora o que mais de perto nos interesse";[561] 4. do futuro para o passado: "e sobre as águas à grande distância da praia, se travou uma peleja, como não sabemos de outra tal; mas não nos admire: – que para se hostilizarem serão os homens capazes de vir a combater nos ares".[562]

Este *tempo do texto* pode apresentar outras configurações. O tempo funcionava como um argumento que visava a provar o que o historiador estava descrevendo. Por exemplo, quando ele queria demonstrar que uma fonte, como um relato de viagem, era correta, ele apelava, por vezes, ao tempo transcorrido entre o olhar do viajante e a situação presente: "não consta que mandassem colonos, nem invertessem nela cabedais; por quanto, anos depois, ainda estava deserta: e dali a um século, a encontraram também despovoada alguns viajantes".[563] Da mesma forma, quando uma fonte mostrava-se incorreta ou duvidosa, como algumas informações colhidas a partir da interpretação de gestos indígenas, das quais o tempo ensinou ser prudente desconfiar: "o tempo veio a descobrir quão pouco há que se fiar em informes dados por acenos, em que as mãos fazem o ofício da língua e os olhos o dos ouvidos".[564] O tempo confirma que erros cometidos no passado e que inviabilizaram boas ações poderiam ser

---

[559] *HGB*, 1854, p. 188.
[560] *HGB*, 1877, p. 206.
[561] *HGB*, 1854, p. 37.
[562] *HGB*, 1854, p. 238-239.
[563] *HGB*, 1854, p. 168.
[564] *HGB*, 1854, p. 17.

previstos e atualizados: "neste ponto há que admirar o espírito político e previdente de Hipólito José da Costa, que, em abril de 1819, e depois, em março de 1820, aplicava a tal respeito as doutrinas [sobre a imigração de colonos europeus para o Brasil], que hoje a experiência tem provado serem as únicas a propósito para fazer prosperar o Brasil".[565] O tempo pode ainda servir como justificação para a falta de explicações sobre determinado evento: "o tempo descobrirá como andaram os diferentes negociadores neste assunto [Tratado de Utrecht]".[566] O tempo, na *HGB,* constituiu-se em um agente que a consolidou em sua própria contemporaneidade e o emissor de expectativas que a complementaram.

Estes usos do tempo – o *tempo do autor* ou o *tempo do texto* –, imprescindíveis ao processo de escrita, realizam-se em meio a um jogo de espelhos com o leitor, que acompanha o autor em um vai e vem constante. O leitor lança-se do presente para o passado, projeta-se para o futuro, concentra-se em seu presente. Na linguagem fenomenológica de Paul Ricœur, pode-se dizer que se está no terreno da *mímesis 2*, isto é, o estado do tempo "configurado" pela intriga, e da *mímesis 3*, na qual o tempo é "refigurado" pela leitura.[567] Os traços complementares deste "ato configurante", quer dizer, a tessitura da intriga,[568] os conceitos de "esquematização"[569] e de "tradicionalidade"[570] rompem a oposição de um dentro e de um fora do texto, pois:

> De um lado, os paradigmas recebidos estruturam as *expectativas* do leitor e o ajudam a reconhecer a regra formal, o gênero ou

---

[565] *HGB*, 1857, p. 188.

[566] *HGB*, 1857, p. 133.

[567] Ricœur (1983, v. I, p. 127-129 e p. 136-137).

[568] "Em suma, a tessitura da narrativa é a operação que retira de uma simples sucessão uma configuração" (RICŒUR, 1983, v. I, p. 127).

[569] "A tessitura da intriga igualmente engendra uma inteligibilidade mista entre o que já se chamou de a ponta, o tema, o 'pensamento' da história narrada e a apresentação intuitiva das circunstâncias, dos caracteres, dos episódios e das mudanças de fortuna que produzem o desenlace. É assim que se pode falar de um *esquematismo* da função narrativa" (RICŒUR, 1983, v. I, p. 132).

[570] "Entendemos por isso não a transmissão inerte de um depósito já morto, mas a transmissão viva de uma inovação sempre suscetível de ser reativada por um retorno aos momentos mais criadores de fazer poético. Assim compreendido, a *tradicionalidade* enriquece a relação da intriga com o tempo com um traço novo" (RICŒUR, 1983, v. I, p. 132-133).

o tipo exemplificado pela história narrada. Fornecem linhas diretrizes para o encontro entre o texto e seu leitor. Em suma, são eles que regulam a capacidade da história de se deixar seguir. De outro lado, é o ato de ler que acompanha a configuração da narrativa e atualiza sua capacidade de ser seguida. Seguir uma história é atualizá-la na leitura.[571]

No caso da *HGB*, a atualização corresponde ao estabelecimento de um tempo próprio à história brasileira. Ilmar Mattos denominou uma parte desse tempo, do final dos anos 1830 aos anos 1860, como "tempo Saquarema", um tempo específico, político e intelectual, que significou, para a sociedade brasileira, a ideia unificadora do passado "bárbaro" com o presente da civilização marcada pelo império de Pedro II. Para Mattos, Varnhagen teria sido o modelo do historiador desse tempo.[572] Eu vou mais longe. Varnhagen não propôs apenas um tempo ordenado cronologicamente, homogêneo ou sem ruptura: uma evolução da barbárie à civilização. Não, o tempo move-se constantemente, mas não em sentido único. Assim, na obra de Varnhagen, barbárie tanto pode estar no século XVI como no século XIX (o índio tem certa dificuldade, de acordo com ele, para deixar seu estado de natureza). Em sentido inverso, encontra-se a civilização, ou gestos civilizadores, durante toda a longa duração de 1500 ao império de Pedro II. O tempo, em Varnhagen, não é necessariamente moderno, sinônimo de progresso. As diferentes dimensões temporais articuladas pelo historiador, quando reconfiguradas pelo leitor, instituem o que se pode designar um *tempo da nação*, que, tal qual ela mesma, como entidade política, estava em permanente mutação.

Esse tempo irrequieto, contudo, foi domesticado pelos inventores da suposta estabilidade monárquica. O *tempo da nação*, mesmo que não fosse moderno, irreversível e contínuo, era um tempo que controlava suas fugas e suas possibilidades de dispersão. Tudo o que dele se afastava nele não encontrava guarida; tudo o que dele discordasse era arremetido para outra ordem do tempo: a da incompreensão nacional. Era como se tudo que escapasse à ideia de nação fosse irreal, subversivo, fora do tempo. Por isso, era mais lógico integrar movimentos inconfidentes, revoltas etc, mesmo que, eventualmente, sob a bandeira republicana, ao discurso da nação, ou seja, como passado ou presente históricos, do

---

[571] Ricœur (1983, v. I, p. 145).
[572] Mattos (2004, p. 284-287).

que entender e aceitar o movimento próprio do tempo daquele que de fato era o Outro desta sociedade: o escravo, o índio.

> O princípio da escravidão foi antigamente admitido por todos os povos, ainda o reconhecem algumas nações da Europa, e até o tolera o Evangelho.[573]
>
> Em nosso entender, os escravos africanos foram levados ao Brasil desde sua primitiva colonização.[574]
>
> Apesar disso é certo que o melhor amigo que tem o bom escravo é geralmente o seu amo e senhor. Não só, por um lado, a opinião e a religião o obrigam a não ser despótico e cruel, como o aconselha a isso o individual interesse – o instintivo amor pela propriedade. De modo que se pode afoutamente assegurar que a não encontrar dono – a não passar a ser no Brasil escravo –, o colono negro boçal que chegava d'África, sem protetor algum natural, sem uma enxada sequer de seu com que revolvesse a terra, sem ninguém interessado a entendê-lo nas queixas de seus sofrimentos, devia perecer à míngua. O mesmo sucederia ainda hoje a muitos deles se momentaneamente os libertássemos, antes de os ir preparando para com o tempo fazer a seus descendentes o bem que seja compatível, em relação ao Estado e à família.[575]

A escravidão e o escravo têm, portanto, historicidade. Note-se, porém, que seu lugar de redenção não estava no "agora", 1854, mas em um futuro incerto e dependente da estrutura pública e privada, a mesma pela qual vinha sofrendo até aquele momento. É uma espécie de eterno retorno que se projeta.

Os índios, no entanto, viviam em uma condição histórica precária, a ponto de Varnhagen considerar que "de tais povos na infância não há história: há só etnografia", cujas origens encontram-se no mundo antigo.[576] Situar a história e a etnografia como campos de saber distintos, por seus objetos, métodos e dimensão moral, foi o primeiro movimento rumo à exclusão intelectual do "selvagem" do espaço atual e à sua inclusão em outra ordem do tempo, na qual ele seria hipoteticamente compreensível,

---

[573] *HGB*, 1854, p. 181.
[574] *HGB*, 1854, p. 182.
[575] *HGB*, 1854, p. 185.
[576] *HGB*, 1854, p. 108. Cezar (2013, p. 317-345).

apreensível, dominável.[577] O índio como "selvagem" tornou-se, dessa maneira, na obra de Varnhagen, uma figura quase neutra, um documento de arquivo e objeto da ciência, principalmente da etnografia e da filologia comparada. Ele foi convertido em um *primitivo*, uma testemunha das origens da humanidade. Varnhagen lançou os índios brasileiros para um passado remoto, supostamente histórico, em companhia talvez dos egípcios, de qualquer modo para um tempo que não mais lhes pertencia.[578]

***

Se Deus é, como diz, Santo Agostinho, "o eterno Criador de todos os tempos", a presença da Providência, na narrativa histórica, também constitui uma forma de figurar o tempo.[579] Assim, a noção de tempo em Varnhagen não levou em consideração o que ele chamou de "tempos imemoriais".[580] A origem do tempo é uma criação de Deus, o "supremo e sempiterno Juiz".[581] No entanto, Deus intervém, com frequência, em sua escrita. Considerando ser a religião, o cristianismo sobretudo, um "poderosíssimo instrumento de civilização e de moral",[582] o historiador procurou, por exemplo, explicar as razões que o levaram a não admirar o estado "selvagem":

> O amor à verdade e o desejo de nos justificarmos do porquê não admiramos a selvageria e atribuímos o estado social e parte do que chamamos de humanidade e caridade ao benefício das leis e ainda mais da religião nos obriga a não ocultar os argumentos que nos movem. Não se diga que nisto atentamos contra o Criador, que, segundo nossa mesma crença, o homem, depois do vício do pecado de nossos primeiros pais, não pode purificar-se senão pela água do batismo e a graça da revelação.[583]

Os escravos também têm direito a uma explicação providencialista acerca de seu triste destino:

---

[577] Turin (2013).
[578] Fabian (2002, p. 76-77).
[579] Santo Agostinho (1964, Livro XI, §14 e §30).
[580] *HGB*, 1854, p. 33.
[581] *HGB*, 1857, p. 246.
[582] *HGB*, 1854, p. 204.
[583] *HGB*, 1854, p. 242.

> Estes povos pertencentes, em geral, à região que os geógrafos antigos chamavam Nigrícia, distinguiam-se sobretudo pela facilidade com que suportavam o trabalho no litoral do Brasil, facilidade proveniente de sua força física, da semelhança dos climas e, não menos, de seu gênio alegre, talvez o maior dom com que a Providência os dotou para suportar a sorte que os esperava; pois com seu canto monótono, mas sempre afinado e melodioso, disfarçam as maiores penas.[584]

Deus, em sua magnificência, também dotou alguns escolhidos da aptidão à poesia, a qual nem sempre foi bem utilizada. É o caso de um poeta que se tornou famoso. "Infelizmente muitas vezes há neles mais chocarrices e indecências que estro. Gregório de Matos não soube ser útil na terra. Acaso desconhecia que a missão de todo o homem, a quem Deus enobreceu com talentos e com gênio, consiste em procurar melhorar quanto possível a multidão".[585] Evidentemente, a eterna natureza brasileira não poderia ser obra senão d'Ele: "não há viajante antigo ou moderno que não se extasie ante uma tal maravilha do Criador".[586] O terremoto que destruiu Lisboa, em 1755, segue a mesma lógica: foi um flagelo provocado pela Providência.[587] A propósito, se Deus dá a vida, Ele a leva também, como fez com a do fundador do Rio de Janeiro, Mem de Sá.[588] Entretanto, o mesmo Ser salvou o padre Vieira de uma doença grave.[589] Por fim, a Providência pode ser um agente da contrarrevolução e amenizar a repressão governamental, como ocorreu com a ameaça à unidade brasileira provocada pela revolução de Pernambuco em 1817: "assim ainda desta vez (e não foi a última) o braço da Providência, bem que à custa de lamentáveis vítimas e sacrifícios, amparou o Brasil, provendo em favor da sua integridade".[590]

A presença da Providência no discurso histórico de Varnhagen era um testemunho da interferência de uma crença pessoal na escrita da

---

[584] *HGB*, 1854, p. 184.
[585] *HGB*, 1857, p. 139.
[586] *HGB*, 1854, p. 248.
[587] *HGB*, 1857, p. 233.
[588] *HGB*, 1854, p. 269-270.
[589] *HGB*, 1857, p. 90.
[590] *HGB*, 1857, p. 392.

história. Certamente, em muitas situações, não passou de uma astúcia retórica para suprir a carência documental ou explicativa. Entretanto, na maior parte das vezes, ela fazia parte da lógica interpretativa do historiador. Pensar a história sem a figura da Providência seria uma forma de negar o tempo, romper com a eternidade do bem emanada de Deus.

Historia magistra vitae

Testis temporum, lux veritatis, vita memoriae, magistra vitae, nuntia vetustatis. Testemunha dos tempos, luz da verdade, vida da memória, mestra da vida, mensageira do passado – desse modo, Cícero, em *Do orador* (II, 36), definiu a história. A fórmula adquiriu, simultaneamente, reputação e uma versão sintética: *história mestra da vida.* A longa genealogia que envolve a sentença ciceroniana é marcada por momentos de permanência, de opacidade e por outros de quase apagamento. Independente da presença ou ausência, seus principais componentes discursivos permaneceram ativos. O historiador como um orador e a história como fornecedora de exemplos passíveis de imitação ou de repúdio mantêm-se atuantes até hoje. Traço aqui breve genealogia da noção com o objetivo de adentrar o século XIX e verificar, ainda que incidentalmente, seus modos de lê-la e de percebê-la.

Cícero parece ter codificado uma série de concepções que o antecederam, as quais eram constantes em seu mundo e que a ele sobreviveram. Políbio, por exemplo, no prefácio à sua *Histórias*, do século II a.C., percebeu a noção como um dispositivo comum e quase obrigatório nos elogios da história.[591] Diodoro da Sicília, no século I, reconheceu a utilidade da história:

> A aquisição da história é utilíssima para todas as circunstâncias da vida. Ela fornece aos jovens a compreensão dos que envelheceram, e, para os velhos, multiplica a experiência adquirida. Ela torna os indivíduos dignos de comandar e incita os comandantes, pela imortalidade da fama, a ocuparem-se dos mais belos trabalhos. Além disso, torna os soldados mais dispostos, graças aos elogios posteriores à sua morte, a afrontar perigos pela pátria e desvia os perversos, devido às maldições eternas, da propensão para o mal (*Biblioteca Histórica*, 1, 4-5,3).

---

[591] Ver o prefácio de François Hartog a obra de Políbio: Políbio (2003, p. 9-29).

Nesse sentido, por volta do ano 40 a.C., Salústio, por quem Cícero não tinha grande simpatia, pensava que, entre as ocupações com as quais se exercita o espírito, "a memória dos fatos passados é particularmente útil" (*Guerra de Jugurta*, 4). Pela recordação atinge-se a emulação e a vontade de imitação. Tito Lívio, um pouco depois, no prefácio a *Ab urbe condita* (*Desde a fundação da cidade*), não se afastou de tal perspectiva: "o que principalmente há de são e fecundo no conhecimento dos fatos é que consideras todos os modelos exemplares, depositados em um monumento, em plena luz: daí colhes para ti e para teu estado o que imitar; daí evitas o que é infame". Ao paradigma do exemplar deve ser acrescentada a obra de Plutarco. Em *Vidas paralelas*, a biografia de certos indivíduos assumiu a condição de produtora de exemplos. Os grandes homens são aqueles que devem ser imitados por suas virtudes políticas e militares. O biógrafo, entretanto, diferentemente do historiador, não deve preocupar-se apenas com os feitos célebres, mas também com as realizações menores que podem revelar "sinais da alma", aquilo que é mais importante e belo. Plutarco preocupou-se mais com as virtudes do que com a glória, mais com o presente do que com o futuro.[592]

A ideia de história de Cícero persistiu na Era Cristã. Apesar de existir certa resistência à história como mestra pagã, a proposta de uma coletânea de exemplos persuadiu a monarquia católica. Isidoro de Sevilha serviu-se do tratado *Do orador*, de Cícero, mas dele suprimiu a expressão *historia magistra vitae* como definição da história. O problema era o exemplário malévolo que caracterizava a história profana: "declarar a história desse tipo como mestra da vida vai além dos poderes de transmutação da historiografia da Igreja".[593] Isidoro, porém, não conseguiu disfarçar o caráter educativo da história não eclesiástica. Outro apologista católico, o monge anglo-saxão Beda (autor de uma *Historia ecclesiastica gentis Anglorum* [História eclesiástica do povo inglês]), reconheceu a pedagogia inerente à exemplaridade da história civil, seja pelos modelos repulsivos que devem ser evitados, seja pelos dignos de imitação.[594]

Em pleno Renascimento, Maquiavel, em seu *Discursos sobre a primeira década de Tito Lívio* (1517), reafirmou o *tópos*: "quando se trata de ordenar uma república, manter um Estado, governar um reino, comandar

---

[592] Hartog (2001b, p. 9-49).
[593] Koselleck (2006, p. 44).
[594] Bède (1999)

exércitos, não se viu ainda um só príncipe, uma só república apoiar-se no exemplo da Antiguidade". A causa seria muito simples: "ignorância do espírito genuíno da história". Os homens, segundo ele, deveriam não apenas se deleitar com a leitura dos acontecimentos passados, mas também imitá-los. Um príncipe, por exemplo, que desconhecesse as maquinações políticas antigas não poderia nem copiá-las, nem evitá-las. Não é por acaso que o capítulo dedicado às conspirações do poder na Antiguidade é o maior dos *Discursos* (III, 6).[595]

De modo similar, para Jean Bodin, em 1566, em seu *Methodus ad facilem historiarum cognitionem* (Método para conhecer facilmente a história), a *história mestra da vida* era a expressão que abarcava "todos os recursos de todas as virtudes e de todas as ciências", por isso, significando que "toda a vida dos homens deve ser regida pelas leis sagradas da história". Conforme Bodin, a filosofia, chamada frequentemente de guia da vida, teria cessado de lembrar os termos extremos do bem e do mal se não tivesse encontrado, na história, "os fatos e os ensinamentos do passado". Consequentemente, graças à história, explica-se "facilmente" o presente e se adquirem indicações certeiras para o futuro.[596] Para isso, é necessário dispor em uma "ordem metódica" as coisas memoráveis, a fim de se acumularem "exemplos variados para regrar nossa conduta".[597] Os capítulos dedicados às revoluções e à melhor constituição de um Estado são, nesse sentido, extremamente significativos.[598]

O humanismo encontrou, em reflexões como a de Charles Rollin, uma forma de conciliação com a moral cristã, de acordo com a qual só existe verdade no bem. O autor de *Histoire ancienne,* em treze volumes, escritos entre 1731 e 1738, citou a máxima de Cícero, na introdução à seção do livro 27, dedicada aos historiadores: "É com razão que a história é chamada de a testemunha dos tempos, o facho da verdade, a escola da virtude, o depósito dos acontecimentos e, se fosse permitido falar assim, a fiel mensageira da Antiguidade".[599] Em outro estudo, intitulado sugestivamente "De l'utilité de l'histoire" ("*Da utilidade da história*"),

---

[595] Ver o excelente estudo de Jasmin (2011, p. 377-403).
[596] Bodin (1951, p. 279).
[597] Bodin (1951, p. 287).
[598] Bodin (1951, respectivamente, p. 381-411, p. 411-424, p. 427).
[599] Rollin (*Des Historiens*, Article 1er: "Des historiens grecs", 1821-1825, p. 208).

Rollin afirmou que a história, quando bem ensinada, torna-se uma escola moral para os homens.[600]

Se Cícero e Plutarco são duas referências fundamentais à *historia magistra vitae*, é preciso notar que Tucídides não foi de todo descartado. Sua obra foi percebida pelos modernos como detentora de um potencial pedagógico inegável. Para Rousseau, "Tucídides é o verdadeiro modelo de historiador", pois ele "narra os fatos sem os julgar, colocando tudo aquilo que narra diante dos olhos do leitor; longe de se interpor entre os acontecimentos e os leitores, ele se subtrai; acreditamos não mais ler, acreditamos ver", asseverou em seu *Emílio*, de 1762. A história de Tucídides, a partir da representação moral e ética, ensina. No entanto, o "bom Heródoto, sem retratos, sem máximas, mas agradável, ingênuo, pleno de detalhes capazes de interessar e de causar prazer, se esses mesmos detalhes não degenerassem frequentemente em simplicidades pueris, mais úteis para estragar a juventude do que para formá-la" requer "discernimento" para ser lido.[601]

O iluminismo tardio rendeu igualmente sua homenagem ao regime de historicidade antigo e ao império teórico e metodológico da *historia magistra vitae*, associada à obra de Tucídides. Assim o fez Gabriel Bonnot, o abade de Mably. Em um estudo publicado em 1783, em que tratou especificamente da escrita histórica, ele ressaltou a capacidade que a narrativa do historiador de a *Guerra do Peloponeso* tinha de transpor o passado à visão contemporânea, porém valorizando sua dimensão estética.[602] Desse modo, ao se dar conta do prazer que a leitura de determinados historiadores lhe causava, Mably fez um alerta epistemológico: "cuidado para não se introduzir o romance na história". A parte ficcional do texto histórico, contudo, responsável por essa repercussão prazerosa, não causaria perturbações aos leitores, pois além de tornar "a verdade mais agradável à nossa razão", ela "anima uma narração; nós esquecemos o historiador e nos encontramos em comércio com os maiores homens da Antiguidade, penetramos seus segredos e suas lições se gravam mais profundamente no nosso espírito. Eu estou presente nas deliberações e em todos os negócios; não é mais uma narrativa, é uma ação que se passa diante de meus olhos". Finalmente, para Mably não haverá história que

---

[600] Rollin, (*De l'histoire*, Avant-propos: "De l'utilité de l'histoire", 1821-1825, p. 7-14).
[601] Rousseau (1966, p. 311).
[602] Mably (1988).

seja, ao mesmo tempo, instrutiva e aprazível, sem uma narrativa que incorpore discursos produtos da imaginação do historiador. Um de seus exemplos é Tucídides: "tente suprimi-los de sua obra e não terá mais do que uma história sem alma".[603] Tucídides, como explicou Pascal Payen, foi considerado por Mably, simultaneamente, um historiador político e um historiador criador de modelos de comportamento e de escrita.[604]

Tanto Rousseau como Mably chamam a atenção para um problema teórico cuja resolução tornou-se, no século XIX, fundamental à consolidação da história como ciência positiva: uma narrativa objetiva e neutra. O filtro científico segregou os textos marcados pela faculdade da imaginação, desviando-a cada vez mais para o campo da literatura e das artes. A história passou a ser vivida e ensinada como pragmática e útil. Paralelamente à busca da historiografia por seu reconhecimento como ciência, ocorreu um declínio, mais suposto do que real, do regime de historicidade marcado pela *historia magistra vitae*. Se para alguns se tratou de uma decadência inexorável, para outros se verificou um esvaziamento retórico do *tópos*, ou seja, uma oscilação constante entre conteúdo e forma: como conteúdo parecia perder qualquer significado prático, como forma parecia transformar-se em um significante desabitado, incolor. A *historia magistra vitae* estaria se tornando um signo em dissolução? Não me parece tão simples. Minha hipótese é que seu funcionamento depende justamente da compreensão de sua genealogia, ao longo do tempo.

Qual, então, o sentido do adágio *historia magistra vitae* em tal contexto, sabendo-se que, desde o humanismo, já existia oposição à noção de que se podia aprender com a história?[605] Mesmo que os regimes de historicidade não correspondessem à linearidade cronológica, a ideia de transição apareceria como uma solução cômoda. Entretanto, mais do que a passagem de uma época para outra, de um regime para outro, percebe-se, simultaneamente, a concomitância e a discordância. Se, em determinado momento, o moderno acabar por se impor, seu trajeto não terá sido feito sem intercorrências. A obra e a vida de René de Chateaubriand são, neste caso, exemplares.[606] Ambas correspondem às tensões envolvendo os limites e as potencialidades da *historia magistra*

---

[603] Mably (1988, p. 323).
[604] Payen (2011, p. 103-122).
[605] Koselleck (2006, p. 46-47).
[606] Cezar (2010, p. 26-36).

vitae. Não está claro, porém, se o ceticismo sobre a capacidade de a história ensinar foi capaz de exaurir o sentido da história como mestra da vida. A experiência mostrava que um aprendizado histórico poderia "tornar mais inteligentes e mais espertos aqueles que o conhecem".[607] O problema é que, de outra parte, essa mesma experiência não explicava por que certos acontecimentos que pareciam esgotados voltavam a se reproduzir, apesar do ensinamento da história. Koselleck levantou a hipótese de que as críticas à antiga fórmula encontraram amparo em um movimento intelectual que reorganizou a temporalidade. O passado e futuro adquiriram nova fisionomia, novo conceito de história (*Geschichte*) se impôs, novo espaço de experiência se abriu: "diferentes tempos e períodos de experiência, passíveis de alternância, tomaram o lugar outrora reservado ao passado entendido como exemplo".[608]

A Revolução Francesa foi, simultaneamente, condição e fiadora do novo conceito de história: um coletivo singular, ou seja, um conceito que sintetizou a variedade de noções esparsas que significavam a história e lhe retirou a pluralidade. Trata-se, com efeito, de uma época de singularizações histórica e linguística de conceitos de movimento que reagem ao antigo regime, como o de Liberdade (não mais liberdades), o de Justiça (não mais justiças), o de Progresso (não mais progressos) e, finalmente, o de Revolução (que significa a revolução francesa e seus desdobramentos e não mais revoluções). Em 1824, por exemplo, o jovem Leopold von Ranke, no prefácio de sua *História dos povos românicos e germânicos*, situou-se na junção desta alteração paradigmática, ao afirmar: "atribui-se à história a tarefa de apontar para o passado, de instruir o mundo contemporâneo para proveito da posteridade; o presente trabalho não aspira a uma tarefa tão elevada, pretendendo apenas mostrar como as coisas realmente aconteceram".[609] A história é conhecimento do passado e o historiador um homem de letras sem compromissos (ou decepcionado) com uma propedêutica política decorrente de seu ofício.

Alexis de Tocqueville, quase uma década depois de Ranke, assinalou, com precisão, não apenas a emergência da modernidade como experiência histórica, mas também o rompimento com a temporalidade antecedente: "esta nova sociedade" – declarou em *A democracia na América*,

---

[607] Koselleck (2006, p. 47).
[608] Koselleck (2006, p. 47).
[609] Ranke (1986, Prefácio).

de 1835 – "que eu procurei pintar e que quero julgar, recém nasceu". O mundo que surgia encontrava-se ainda sobre os escombros daquele que tombara, e ninguém estava apto a dizer o que "restará das velhas instituições e dos antigos costumes, e o que acabará por desaparecer". Em uma passagem famosa, sentenciou: "eu percorro os séculos até a mais remota Antiguidade; não percebo nada que pareça ao que há sob meus olhos. Se o passado não ilumina o futuro, o espírito marcha nas trevas".[610] A percepção de Tocqueville, um quase lamento, dissimulava "um processo bastante complexo, que seguia sua trajetória ora de maneira invisível, lenta e sorrateira, ora repentina e abruptamente, e que por fim foi acelerado conscientemente".[611] Se por um lado, Tocqueville marcou uma ruptura na ordem do tempo que corresponderia à desestruturação, mas não ao apagamento da *historia magistra vitae*, por outro, sua obra evidenciou, de acordo com Marcelo Gantus Jasmin, a permanência do *tópos* sob outra roupagem: "a elaboração de uma nova ciência política para um mundo inteiramente novo encontrou, no interior da moderna história processual, a possibilidade de manutenção do caráter pragmático e pedagógico da história". A suposta inoperância do princípio da *história mestra da vida* encontrou, na historiografia tocquevilliana, senão uma aporia, ao menos um descaminho amparado na "vocação pedagógica, ética e política" de suas análises em que "a história continuou ensinando aos homens políticos o valor de sua liberdade".[612]

A emergência, no século XVIII, e a consolidação, no século XIX, das filosofias da história contribuíram para a desarticulação da ideia de que se pode aprender com a história. Por exemplo, em Voltaire, desde 1764, em Herder, dez anos depois, e em Köster, em 1775, o caráter modelar da história perdeu consistência diante da singularidade da noção processual e na rede do progresso. Sendo um dos critérios fundamentais da temporalização da história que começou seu divórcio com a cronologia natural, o progresso é um conceito que expressa a dessemelhança da consciência moderna em relação à antiga: "esta experiência básica do "progresso", que pôde ser concebida por volta de 1800, tem raízes no conhecimento anacrônico que ocorre em um tempo cronologicamente idêntico". Logo, "desde o século XVIII as diferenças em relação à melhor

---

[610] Tocqueville (1961, p. 336). Ver comentário de Arendt (1961, p. 77).
[611] Koselleck (2006, p. 48).
[612] Jasmin (2005, p. 241-242).

organização ou à situação do desenvolvimento científico, técnico ou econômico passam a ser organizadas, cada vez mais, pela experiência da história".[613] O progresso foi um vetor que converteu a experiência cotidiana em simultaneidade do não simultâneo, tornando-o um axioma elementar no século XIX.

Na medida em que a história assumiu o progresso como ordem do tempo, ela também admitiu a unicidade e a singularidade dos acontecimentos. Por conseguinte, a educação baseada no exemplo pretérito perdeu consistência: "cada ensinamento particular conflui então no evento pedagógico geral".[614] Se há um aprendizado é o de que, como pensava Hegel, referindo-se à história pragmática, os homens não se instruem com ela: "em geral se aconselha a governantes, estadistas e povos a aprenderem a partir das experiências da história. Mas o que a experiência e a história ensinam é que povos e governos até agora jamais aprenderam a partir da história, muito menos agiram segundo suas lições".[615] Passado e futuro não mais coincidiam, a possibilidade da repetição histórica perdeu significado, a experiência que se realizava ficou restrita a seu tempo e o porvir deslizou para uma infinitude de possibilidades. Parecia ser, com efeito, um golpe fatal na *historia magistra vitae*.

Não seria mais o passado que esclareceria e iluminaria o futuro, mas o futuro que relançaria sobre o passado o peso de sua presença: não mais como imitação nem como singularidade, mas como diferença. "Esse futuro que esclarece a história passada, esse ponto de vista e esse *télos* que lhe conferem sentido, adquiriu, com as vestes da ciência, a aparência da Nação, do Povo, da República, da Sociedade ou do Proletariado".[616] Um exemplo, entre outros possíveis, que expressam essa nova relação entre tempo e história, em que a *historia magistra vitae* parece vacilar, é evidenciado na famosa frase de Marx, no *18 Brumário*: "Os homens fazem sua própria história, mas não a fazem como querem; não a fazem sob circunstâncias de sua escolha e sim sob aquelas com que se defrontam diretamente, ligadas e transmitidas pelo passado. A tradição de todas as gerações mortas oprime como um pesadelo o cérebro dos vivos".[617]

---

[613] Koselleck (2006, p. 284-285).
[614] Koselleck (2006, p. 55).
[615] Hegel (1990, p. 49-50).
[616] Hartog (2003, p. 146).
[617] Marx (1994, p. 437).

De certa forma, entretanto, houve reabilitação dos ensinamentos da história, apenas o fluxo se inverteu: o aprendizado e os exemplos não vinham mais do passado, mas do futuro que ainda não se realizara! Isto só fez aumentar seu potencial como crença.

Esta longa genealogia serviu para ilustrar dilemas, antinomias e potências de uma fórmula que foi (e é) vivida como sinônimo da própria ideia de história. Seus quase dois mil anos de existência fragmentaram-se em diferentes culturas historiográficas, gerando formas de recepção distintas e aplicações heterodoxas em relação à versão original. O século XIX não foi diferente.

***

O Brasil não ficou imune nem hostil ao debate moderno acerca da *historia magistra vitae*. Nominalmente, é possível mapear sua presença em projetos de escrita da história, discursos oficiais, biografias, necrológios, imprensa etc. Seja no IHGB ou fora dele, a permanência do *tópos* na historiografia brasileira oitocentista não significa rejeição à modernidade nem adesão irrefletida a filosofias da história europeias.[618] Contudo, se, por um lado, o uso da expressão parece apenas o reflexo pragmático e retórico de práticas morais e políticas cujo alcance poderia ser planejado, mas não de fato mensurado, por outro, sua frequência, maior ou menor, não é garantia nem de sua utilidade nem de sua inutilidade. Nesse sentido, a *historia magistra vitae* surgiu, na *HGB,* de maneira rara e fortuita, não por ser Varnhagen um moderno incondicional[619] – tenho outra hipótese para esta quase ausência. Antes, porém, eis alguns exemplos.

A referência mais clara à expressão aparece na abertura do capítulo em que Varnhagen narrou a chegada a Recife, em 1637, do conde Maurício de Nassau, personagem pelo qual o autor não dissimulava sua admiração, a despeito de sua missão ser a de governar o "inimigo" holandês:

> Tal é a condição humana! Um só homem, um só nome, um centro prestigioso pode, muitas vezes, operar em nossos ânimos

[618] Araujo (2011, p. 131-147).

[619] Por exemplo, Cícero e sua concepção de *historia magistra vitae* são citados literalmente por Varnhagen no *Memorial orgânico* (VARNHAGEN, "Memorial Orgânico", texto estabelecido por Arno Wehling *in* GLEZER; GUIMARÃES, 2013, p. 301).

o que não conseguiriam os mais heroicos estímulos da glória e da ambição. Nesta parte, a história é melhor mestra da humanidade que o raciocínio dos filósofos, os quais, sem conhecimento prático do homem, pretendem dar preceitos para o governo dos homens.[620]

Essa consideração foi suprimida na segunda edição, de 1877. Não exatamente em seu lugar, mas um pouco mais adiante, constata-se que "o respeito e quase estima que tínhamos por esse chefe inimigo" enfraquecera porque, durante as negociações de paz, ele abusou de seu poder.[621] Pode-se imaginar que à supressão da passagem corresponderia a dissolução, em duas décadas, da noção de *historia magistra vitae* na historiografia brasileira oitocentista. Não foi, entretanto, o caso. Nassau foi condenado por Varnhagen justamente em seu nome: "a história, mestra da vida e conselheira dos povos e príncipes no porvir, não pode deixar de reprovar tão feio proceder".[622] Trata-se de um uso particular do adágio da *historia magistra vitae*. De um lado, ela conferiu recursos para Varnhagen manter sua admiração pelas ações de Nassau como homem político, protetor das artes etc, sem que isso fosse percebido como um gesto favorável ao inimigo declarado da nação brasileira. De outro, Nassau, quase um grande homem para o historiador, não respeitou a própria história, da qual ele seria um exemplo.

Em outro momento, ao comentar e justificar a necessidade do emprego da força contra os índios, Varnhagen serviu-se de variações da *historia magistra vitae*:

> Foi a experiência e não o arbítrio nem a tirania, que ensinou o verdadeiro modo de levar os Bárbaros, impondo-lhes à força a necessária tutela, para aceitarem o cristianismo e adotarem hábitos civilizados, começando pelos de alguma resignação e caridade. Conheceu-se que ou se havia de seguir tal sistema ou abandonar a terra, para evitá-lo. Tais são nossas convicções. Sabemos quanto cumpre, na História, não desculpar os erros e quanto os exemplos que nos levam a aborrecer o vício são quase de tanta instrução como os que nos fazem nos enamorarmos

---

[620] *HGB*, 1854, p. 376.
[621] *HGB*, 1877, p. 591.
[622] *HGB*, 1877, p. 591.

das ações virtuosas; mas temos que o hábito de esquadrinhar o lado desfavorável dos fatos, para depois contar como verdade o que se maliciou, é repreensível tendência do ânimo, que, em vez de artifício, inculca existência de peçonha. Está, porém, reservada aos nossos vindouros a tarefa de condenado a justificar o proceder dos antepassados, segundo, por fim, venham a conduzir-se com os índios que ainda temos. A experiência de cada dia nos está provando que "sem o emprego da força... não é possível repelir a agressão dos mais ferozes",[623] reprimir suas correrias e mesmo evitar as represálias a que elas dão lugar.[624]

Experiência, convicções, exemplos, instrução, julgamentos, experiência de novo – condensam-se aqui 2000 anos de uma ideia de história. Quando se tratava dos índios, a argumentação de Varnhagen imprimiu ao tempo uma cadência entre passado, presente e futuro os quais, no texto, adquirem sentido não pela linearidade e continuidade, mas pela simultaneidade não simultânea da condição indígena. Ontem (bárbaros), hoje (experiência), amanhã (Relatório): só com a força!

No capítulo dedicado à "Apreciação do reinado d'elrei D. José 1.º de Portugal" e, por extensão, do Marquês de Pombal, encontra-se outro exemplo. Varnhagen convocou, mais uma vez, a experiência, agora acompanhada da comparação histórica:

> E com efeito, já nesse tempo a própria experiência provava que, sobretudo nos sertões menos habitados, não era pelo excesso de autoridade dos governadores que mais pecava a boa administração da justiça, pois o influxo deles era em geral benéfico aos povos, contra as demasias e prepotências dos capitães-mores locais, que alguém, não sem malícia nem sem razão, lembrou-se de comparar a certos *potentados* de nossos dias, revestidos com a fita de juiz de paz ou as dragonas de comandante superior da guarda nacional.[625]

Uma das sete figuras de estilo por aproximação, segundo escreveu Fontanier em 1830, a *comparação* consiste em um recurso linguístico capaz

---

[623] Nota 2 de Varnhagen: "Palavras do ministro do Império, o senhor visconde de Mont'Alegre, no seu relatório à Assembleia geral legislativa em 1852".
[624] *HGB*, 1854, p. 177-178.
[625] *HGB*, 1857, p. 249.

de aproximar um objeto tanto a um objeto estranho como a ele mesmo, para assim esclarecê-lo, reforçá-lo, por meio de relações de semelhança ou de diferença.[626] Ela aqui serviu como conectivo para o leitor entender o passado pelo presente. Na sequência da narrativa, a comparação foi reafirmada na condição de história mestra da vida:

> A experiência prova que os países menos povoados passam sempre por uma época com tendências feudais, seja qualquer o nome que se dê aos suseranos, que acabrunham os pequenos, quando aliás, na cabeça do estado e nas cidades populosas, a administração da justiça corre com a maior regularidade. Felizmente, em nossos dias, as estradas de ferro e os vapores acabam essas tendências, estabelecendo a polícia mais rigorosa, equilibrando a população e a melhorando pelos dois grandes meios civilizadores: a indústria, que subministra ao homem os maiores cômodos da vida, e a observância da religião, que o beneficia moralmente.[627]

O feudalismo, como recurso comparativo, encerrou-se no quadro da revolução industrial ou da modernidade. São tão poucas as referências de Varnhagen à experiência ou à *historia magistra vitae* que passei muito tempo tentando avançar neste excerto. Ele disse o que disse. Ele zerou a hermenêutica. É claro, fiquei pensando que ele resolveu, a seu modo, um problema que levou os marxistas brasileiros, no século XX, a grandes discussões. Não houve feudalismo no Brasil! No entanto, pessoas que pensavam que eram senhores feudais, essas existiram e ainda existem![628]

Varnhagen, porém, em certas ocasiões, não poderia ter sido mais explícito. No final do prefácio à *História da luta com os holandeses*, ele escreveu:

> só sendo justa com o passado, pode em realidade a história vir a ser mestra da vida, servindo a todos, no presente, de estímulo ou de ameaça, e, para o futuro, de guia e de farol. – Contra as injustiças do passado reagirá sempre a posteridade.[629]

---

[626] Fontanier (1977, p. 377-379).

[627] *HGB*, 1857, p. 249.

[628] Varnhagen tratou explicitamente da questão do feudalismo, que ele dizia não admirar, no *Memorial Orgânico* (texto estabelecido por WEHLING *in* GLEZER; GUIMARÃES, 2013, p. 312-313).

[629] Varnhagen (1871, p. 33).

A guerra era contra os holandeses, mas, em 1871, o Brasil tinha recém saído do conflito contra o Paraguai. Posso estar completamente errado, mas me parece claro que Varnhagen falava para seus contemporâneos. O *nosso* combate anterior deveria servir de exemplo, em seu presente, à nação.

***

A *historia magistra vitae* é também perceptível no modo pelo qual os monumentos históricos apareceram em sua obra. Ele não os analisou, os propôs: "Já é tempo de abandonarmos nossa apatia pelo passado; e o melhor de fazermos que o povo não seja indiferente é o de lhe despertar e avivar, por meio de monumentos d'arte, os fatos mais notáveis".[630] O que seria, para Varnhagen, um monumento? "Os monumentos são as pegadas da civilização em qualquer território: são as verdadeiras barreiras que devem extremar os nossos tempos históricos desses outros de barbaridade".[631] Os monumentos são "signos óticos" que marcam os limites que separam a civilização da barbárie.[632] O cálculo é simples: a construção de monumentos em homenagem aos grandes homens é uma forma de consolidar a equivalência entre história = civilização = nação.

Nesse mesmo sentido, está a glória do padre aviador, Bartolomeu Lourenço de Gusmão, perseguido pela Inquisição:

> Se fará a devida justiça e o Brasil exultará de ver, bem que tarde, tributada a devida homenagem a este filho da província, que mais homens de gênio lhe tem dado. Talvez que, ainda mal, somente para então se lembre de levantar à memória do ilustre *voador,* um monumento com que se ilustre, ornando sua cidade natal. Por nossa parte, cumpre-nos lamentar que as aspirações do verdadeiro gênio e do amor da pátria tantas vezes só encontrem póstumas e ainda assim tardias recompensas, conferidas unicamente pela consciência da posteridade, alheia às negras nuvens da inveja.[633]

---

[630] *HGB*, 1854, p. 221.
[631] *HGB*, 1854, p. 221.
[632] A pintura pode ter, segundo Varnhagen, a mesma função (*HGB,* 1857, p. 139). Sobre "signos óticos", ver: Koselleck (1997, p. 141).
[633] *HGB*, 1854, p. 144-145.

No entanto, não apenas a indivíduos estão reservadas propostas de glorificação. Agentes coletivos podem e devem ser convertidos em memória nacional. Assim, a resistência aos franceses no Rio de Janeiro: "por nosso voto deveria também solenizar, por meio de um monumento no Largo do Paço, o patriotismo dos jovens estudantes fluminenses que tanto contribuíram neste dia para defender do estrangeiro sua cidade natal".[634]

Varnhagen não propôs construir monumentos, mas aconselhou sua conservação. A passagem do príncipe regente pela Bahia, em 1808, foi memorizada "em um pequeno obelisco". Este deveria ser preservado "como se fosse um grande monumento", posto que "nesse obelisco vê o Brasil todo o padrão que represente as providências tomadas pelo príncipe durante sua estada na Bahia".[635] As sugestões de construir ou de conservar essas "lembranças de pedra" conferem à história uma visibilidade que ultrapassa a obra.[636] O leitor retira-se do texto para ver a história alhures.

***

Um último exemplo de *historia magistra vitae:* da vitória e da ocupação do Rio de Janeiro pelas tropas do francês René Duguay-Trouin, Varnhagen recolheu lições:

> Valha-nos ao menos tamanha lição e tamanha vergonha para o futuro, se algum dia nos encontrarmos em situação análoga, o que Deus não permita. A primeira lição que devemos colher é a de, já em tempo de paz, atendermos mais aos meios de resistência que deve oferecer este importante porto, ainda quando deixemos acaso de ligar a isso a ideia de que poderá, algum dia, o Rio vir a não ser a capital do Império.[637]

Além do uso tradicional da expectativa que se pode aprender com a história, esse caso apresenta uma singularidade. Em "Varnhagen em movimento", a vulnerabilidade da capital do império constituiu um dos problemas centrais de sua obra e, de certo modo, de sua vida. Ela já o inquietava no *Memorial orgânico* (1849) e continuou a atormentá-lo até

---

[634] *HGB*, 1857, p. 107.
[635] *HGB*, 1857, p. 312.
[636] Poulot (1985, p. 434).
[637] *HGB*, 1857, p. 116-117.

à morte, ocorrida, provavelmente, em consequência dessa busca. Sem exagerar, mas morrer tendo por *causa mortis* simbólica uma preocupação histórica não seria uma espécie de reificação da *historia magistra vitae*? Já que, durante mais de duas décadas, não lhe deram ouvidos, Varnhagen se autoatribuiu a missão. Ele partiu com o corpo sadio para provar e ensinar que aquilo que aconteceu no passado pode acontecer no futuro. Doente de história, ele morreu por ela e nela.

A baixa frequência da expressão *historia magistra vitae,* na obra de Varnhagen, não representa, a meu ver, nem a dissolução, nem o apagamento do *tópos*, antes ela significa uma encarnação "a Michelet" da própria história. A obra e a vida de Varnhagen, aquela mais, esta menos, não visavam a outro efeito que o de servir de exemplo; uma e outra, procuravam converter a ausência do passado em presença manifesta. "Meu livro me criou. Eu fui sua obra. Esse filho fez seu pai".[638]

---

[638] Michelet (1974, p. 11-14).

Ensaio sobre uma retórica da nacionalidade

> Em geral busquei inspirações de patriotismo sem ser no ódio a portugueses ou à estrangeira Europa, que nos beneficia com ilustração; tratei de pôr um dique a tanta declamação e servilismo à democracia; procurei ir disciplinando produtivamente certas ideias soltas de nacionalidade.
> (Varnhagen, carta a Pedro II, 14 de julho de 1857)[639]

> Ninguém, por certo, pretenderá que uma associação composta de tão diversos caracteres, e em cujo grêmio livremente se exibem diferentes e quiçá heterogêneas opiniões, convirja para um único ponto de mira, encare os acontecimentos pelo mesmo prisma e dê à história pátria essa poderosa e admirável unidade que resplandece nos imortais trabalhos de Tucídides e de Tácito. Bem outra é nossa missão: modestos alvanéus, faceamos as pedras para a fachada do tempo.
> (J. C. Fernandes Pinheiro, Revista do IHGB, 1875)[640]

Se, entre os anos 1830 e 1850, a história da nação passou a constituir, de acordo com Valdei Lopes de Araujo e João Paulo Pimenta, uma metanarrativa historiográfica, na qual "a história do Brasil deveria ser, desde sua origem, a história de seu processo de emancipação"; se, "como em toda filosofia da história, o fim estava no começo",[641] a retórica da nacionalidade de Varnhagen parece, então, ser um dos modos preferenciais que esta "nova historiografia", baseada no IHGB, encontrou para escrever a história de um Brasil independente, cuja origem remontasse a um passado projetado como inexorável.

---

[639] *CA*, p. 247.
[640] *Revista do IHGB*, 51, 1875, p. 393.
[641] Pimenta; Araujo (2009, p. 136).

Essa nação inventada pela historiografia longe está, contudo, de garantir o sentimento de pertencimento, tão caro ao nacionalismo emergente. Os historiadores dependentes, em medida não negligenciável, das estruturas do Estado as quais formavam um complexo tentacular, submetido a suas leis, a suas disposições políticas e econômicas, cujo objetivo era o de conferir um ordenamento institucional que garantisse a efetiva materialização do país como nação e uma simbologia que lhe correspondesse, tiveram o auxílio de outros campos de saber, notadamente da literatura. A elaboração de um passado nacional faz parte desta engrenagem intelectual colocada em operação com o objetivo de conter a desordem e a irracionalidade que se encontravam na base desse vazio originário do discurso nacional.[642] Não se trata apenas do jogo entre esquecimento-visibilidade e lembrança-invisibilidade (como em Renan), mas de algo mais profundo, como a produção de uma crença que torna um passado histórico e manifesto, dissimulando os movimentos subterrâneos da própria realização. Refiro-me, por exemplo, não apenas ao apagamento ou à forma de inserção dos povos indígenas na história ocidental, mas, em termos teóricos, à máquina de guerra colocada a serviço da contenção das maneiras de pensar livremente em uma sociedade (o *veto*).

Por isso, o Oitocentos é chamado, do ponto de vista eurocêntrico, de o século da história e das nações. Um século que não coincide com sua cronologia: começou antes (1789) e terminou depois (1914). O Brasil, bem como a América Espanhola, não ficou alheio às datas desta grande história que se mundializava. A obra de Varnhagen é uma peça, certamente das grandes, desse mosaico heteróclito ativo e reativo que visa a universalizar a ideia de nação, ao lado de outras categorias do vocabulário filosófico e político, como o progresso, o tempo e a própria história. Contudo, como analisei no *caso* (de) *Varnhagen*, é preciso não perder de vista suas idiossincrasias e esquisitices.

Varnhagen escreveu, segundo ele próprio, a história da colonização portuguesa no Brasil. Uma história da vitória da *civilização* sobre a *barbárie*. A história da construção da nação brasileira. Uma história, portanto, dos vencedores. Entretanto, o próprio Varnhagen seria um vencedor? Sua luta para ser reconhecido primeiro como brasileiro, depois como historiador e diplomata, finalmente como nobre não foi exatamente um empreendimento pessoal bem-sucedido. É preciso lembrar que

---

[642] Palti (2006, p. 145-146).

Varnhagen ficou brasileiro por decreto imperial. Sua carreira diplomática, pelos postos que ocupou, foi aparentemente um sucesso, mas, tanto na América Latina como na Europa, ele lamentava as atribulações e as dificuldades, que, mesmo inerentes à diplomacia, eram, muitas vezes, encaradas por ele como um fardo que o desviava do principal: suas pesquisas. Varnhagen nunca foi um político, mesmo que algumas de suas obras tenham a pretensão de intervir diretamente no destino do país. Seu enobrecimento aconteceu tardiamente, quase no fim de sua vida. Sua obra se impôs antes por ser a tal da "massa ciclópica de fontes acumuladas" do que por uma aceitação refletida e consensual de seus colegas, membros do IHGB ou não. Alguns ainda, provavelmente para seu mais profundo desgosto, consideravam a *History of Brazil* de Robert Southey superior à sua.[643] Além disso, ele praticamente nunca estava no Brasil, mas sempre em movimento. Vivendo uma espécie de exílio voluntário imposto por sua vida de diplomata e pela incessante busca de arquivos, seu pertencimento à nação se fez mais pela obra do que pelo indivíduo.

Creio que Varnhagen escrevia a fim de ter uma identidade: *ser brasileiro*. Não um brasileiro qualquer, mas um dos grandes. Aliás, ele nunca escondeu, da mesma maneira que os metódicos da escola de Gabriel Monod, que escrevia desde um "ponto de vista", no caso "brasileiro".[644] É possível então perguntar: Varnhagen, existencialmente,

---

[643] Por exemplo, o tradutor da primeira edição brasileira da obra de Southey, publicada sob a chancela do IHGB, uma vez que o cônego J. C. Fernandes Pinheiro, primeiro-secretário é seu anotador e comentador (1862), Luiz Joaquim de Oliveira e Castro, escreveu em nota *Ao leitor*: "o trabalho que ora verto para o idioma nacional passa por ser a melhor história do Brasil: mas disputo preferências, fala ela por si mesma" (CASTRO, Luiz Joaquim de Oliveira e. "Ao leitor", apud SOUTHEY, 1862, t. I, p. 1). Para Capistrano de Abreu "a *História geral* de Varnhagen é inferior à *História do Brasil* de Southey, como forma, como concepção, como intuição; mas é inferior somente a esta" (ABREU, 1882 apud VARNHAGEN, 1928, p. 443).

[644] "E é verdade ainda que, brasileiro, escrevendo uma história da civilização do Brasil pelos portugueses, quer dizer pelos ancestrais da maior parte dos cidadãos brasileiros atuais, eu não poderia jamais me colocar sob o ponto de vista francês, nem holandês, nem inglês, nem espanhol. Pela mesma razão, eu também não poderia colocar-me sob o ponto de vista negro ou indígena" (VARNHAGEN, 1858, p. 53-54). "Não falta quem abertamente afirme, ou pelo menos tacitamente creia, que os nossos antigos índios são os verdadeiros brasileiros *puritanos,* e os mais legítimos representantes, no passado, da nacionalidade atual. – Como não partilhamos tais opiniões ao escrever esta obra; e isto, não por obedecer a prevenções ou caprichos que não abrigamos;

não teria escrito *do ponto de vista de um vencido*? Ele não teria, para retomar a expressão de Koselleck, "o saber de um vencido existencial"?[645] A hipótese do historiador alemão, segundo a qual "a experiência que tiramos de uma derrota concentra um potencial de conhecimento que sobrevive àquilo que a ocasionou, em particular quando, em razão da própria história, o vencido é coagido a reescrever uma história geral", e que "desta maneira, pode-se explicar bom número de inovações no domínio das interpretações históricas, na origem das quais encontramos tanto derrotas pessoais como pressões de experiências específicas de gerações inteiras",[646] não parece ser aplicável ao caso Varnhagen?

O fato é que o século XIX estendeu-se muitos anos após a morte de Varnhagen. No entanto, na década de sua desaparição, o IHGB, na voz de seu primeiro-secretário, a despeito de Varnhagen já ter publicado praticamente toda a sua obra, ainda considerava que a história da nação estava longe de ser concluída: talhavam ainda as pedras para a fachada do tempo à espera de seu Tucídides ou de seu Tácito. Varnhagen, recordem-se, era apenas um Heródoto... E tal como ele foi um "mestre do ver, mestre do saber, mestre do crer" se não "pelo uso das figuras e procedimentos de uma retórica da alteridade postos em movimento pelo jogo das marcas de enunciação", ao menos pelo de uma retórica da nacionalidade, com a qual, também como o historiador grego, "ele nomeia, inventaria, classifica, conta, mede, dimensiona, põe em ordem; traça os limites, distribui louvor e censura, diz menos do que sabe, lembra-se: ele sabe. Ele faz ver, faz saber, faz crer".[647]

---

mas sim por impulsos de convicções, que a tal respeito se radicam tanto mais em nosso espírito, quanto mais no assunto meditamos, vamos a apresentar as razões que nos assistem". (HGB, 1857, p. XXV).

[645] "O fato de ser um vencido constitui uma experiência histórica específica e original que não se aprende, nem se troca, e que permite a elaboração de um método capaz de conferir a um ganho de experiência uma existência durável" (KOSELLECK, 1997, p. 241).

[646] Koselleck (1997, p. 239).

[647] Hartog (1991 p. 372).

Varnhagen não leu Capistrano

> *Minha opinião é que a lenda é melhor do que a história autêntica. A lenda resumia todo o fato da independência nacional, ao passo que a versão exata reduz a uma coisa vaga e anônima. Tenha paciência o meu ilustrado amigo.*
> *Eu prefiro o grito do Ipiranga; é mais sumário, mais bonito, mais genérico.*
> (Machado de Assis, *História de 15 dias*, 1876)[648]

Como a história brasileira passou da lenda, da ficção, de um conhecimento quase inexistente, segundo opinião, senão majoritária, muito forte, no IHGB e de Varnhagen, à condição de verdade, de realidade, de quase ciência? Vetando, inibindo, desautorizando, em tese ou por princípio, tudo aquilo que fosse suspeito de pertencer ou de flertar com a dimensão ficcional. Machado de Assis, em 1876, percebeu a história como um saber não necessariamente superior às formas por ela negada. "Coisa vaga e anônima", incapaz de reproduzir a cor local com brevidade, beleza e generalidade, a história assim praticada atualizava a *Poética* aristotélica:

> o poeta e o historiador diferem nisto: no dizer um o que aconteceu, o outro o que poderia acontecer. Por isso, também a poesia é algo mais filosófico e sério do que a história: pois a poesia diz sobretudo o que respeita ao geral, a história o que respeita ao particular.[649]

Neste ensaio, intentei demonstrar que Varnhagen foi, simultaneamente, um consciente inquisidor e defensor do veto ao ficcional e um inconsciente ou passional historiador que se deixou levar, muitas vezes,

---

[648] Assis (1997, t. III, p. 347).
[649] Aristóteles, 9, 1451b, 36 – b 11 (1990). Sirvo-me da tradução de Jacyntho Lins Brandão de Hartog (2001c, p. 107).

pelos (des)caminhos das artes da ilusão. Assim, concluo este livro com uma criação "artística" da qual Varnhagen é o protagonista principal. Livro-me a um exercício hermenêutico e inventivo como forma não de suspender, anular ou desarticular o veto ao ficcional, mas de provocá-lo, testar alguns de seus limites, desestabilizá-lo, um pouco que seja, driblá-lo, mesmo que a investida não atinja a meta.

***

Francisco Adolfo de Varnhagen (1816-1878) e José Capistrano de Abreu (1853-1927), foram, simultaneamente, minhas fontes e meus objetos de análise, nesta tentativa de representação histórica. Eles jamais se encontraram. Jamais trocaram correspondência. O mais velho nada leu do mais jovem. Este, entretanto, leu quase tudo daquele. Logo, como poderia Varnhagen aceitar ou refutar os argumentos de Capistrano? Este encontro imprevisto, este debate simulado, este discurso descontínuo, esta experiência narrativa anacrônica têm por objetivo reaproximar a história da arte ficcional. Ressalte-se, todavia, que excetuando a inexistência da conversação, os conectores de linguagem, uma ou outra presunção de contexto, que visam a dar movimento à cena, eu, autor destas palavras, nada inventei.

Varnhagen não leu Capistrano

Peça em um ato

Dramatis personae

Francisco Adolfo de Varnhagen (Sorocaba, 1816 – Viena, 1878), historiador e diplomata.

João Capistrano de Abreu (Maranguape, 1853 – Rio de Janeiro, 1927), professor e historiador.

Preâmbulo

Francisco Adolfo de Varnhagen é considerado o mais importante historiador brasileiro do século XIX. Autor de uma monumental *História geral do Brasil,* cuja primeira edição data de 1854 e 1857, e a segunda de 1877. João Capistrano de Abreu, tão importante quanto Varnhagen, não é apenas um sucessor, mas um historiador independente com obras fundamentais à historiografia brasileira.

Cena única

Local provável: sede do Instituto Histórico e Geográfico Brasileiro (IHGB), fundado, na capital do Império, em 1838.

Data provável: Algum momento no primeiro semestre de 1877, quando Varnhagen estava de passagem pelo Brasil.

Roteiros

– "Necrológio de Francisco Adolfo de Varnhagen. Visconde de Porto Seguro", *Jornal do Commercio*, 1878. **(N)**

– "Sobre o Visconde de Porto Seguro", *Gazeta de Notícias do Rio de Janeiro*, 1882. **(S)**

– Obra de Varnhagen.

***

Capistrano **(N)**: Sr. Varnhagen, "Códices corroídos pelo tempo; livros que jaziam esquecidos ou extraviados; arquivos marcados com o selo da confusão, tudo viu, tudo examinou. Pelo terreno fugidio das dúvidas e das incertezas caminhava bravo e sereno, destemido bandeirante à busca da mina de ouro da verdade".

Varnhagen: Sr. Capistrano, obrigado por suas palavras. "Não pensávamos começar a redigir o livro projetado, sem examinar antes todos os pontos e percorrer todos os caminhos".

Capistrano **(N)**: Sr. Varnhagen, é de justiça dizer-lhe que o senhor "atende somente o Brasil, e no correr de sua obra procurou sempre e muitas vezes conseguiu colocar-se sob o verdadeiro ponto de vista nacional".

Varnhagen: Mais uma vez agradeço, mas sobre esta questão o que tenho a lhe dizer o farei em francês, idioma que, com toda a certeza, o senhor domina: "*il est vrai que, Brésilien, écrivant une histoire de la civilisation du Brésil par les Portugais, c'est à dire par les ancêtres de la majorité des citoyens brésiliens actuels, je ne pourrais jamais me placer au point de vue français, ni hollandais, ni anglais, ni espagnol. Par la même raison, je ne pourrais pas non plus me placer au point de vue nègre ou indien*".[650]

---

[650] "É verdade que, brasileiro, escrevendo uma história da civilização brasileira pelos portugueses, ou seja, pelos antepassados da maioria dos cidadãos brasileiros atuais,

Capistrano **(N)**: Obrigado, sr. Varnhagen. Mas "quando enfim saiu à luz a sua *História*, podia gabar-se de que um só fato não existia que não tivesse pessoalmente examinado, ao passo que os fatos materiais [pelo senhor] descoberto, ou retificados, igualavam, se não excediam, aos que todos os seus predecessores tinham aduzido".

Varnhagen: De fato, sr. Capistrano, para ser sincero "toda a modéstia não é bastante para que eu não reconheça que a *História do Brasil*, ao menos em muitos de seus períodos, fica com a minha obra de uma vez escrita, e que ela viverá eternamente e fará eternamente honra ao Brasil".

Capistrano **(N)**: Sim, sr. Varnhagen, sua obra "se impõe ao nosso espírito e exige nossa gratidão e mostra um grande progresso na maneira de conceber a história pátria". Permita-me, porém, também ser sincero: essa "massa ciclópica de materiais que acumulara" **(S)** "é um dos livros mais ariscos e mais fugidios que conhecemos...".

Varnhagen: Ora, sr. Capistrano, considere que "procuramos ser concisos, na persuasão de que não era uma história mais minuciosa a que hoje podia ser mais útil". Além disso, "impresso o livro, o autor se converte em leitor desalinhado de si próprio e que a letra de molde lhe revela desalinhos, [...] vai sem escrúpulo apelar para a generosidade do público".

Capistrano: A propósito, e como leitor, gostaria de lhe dizer, com todo respeito de que lhe sou devedor, que seu maior defeito, Visconde Porto Seguro...

[*clima tenso!*]

Varnhagen: Cuidado com o verbo, sr. Capistrano...

Capistrano: Permita-me continuar.

Varnhagen: Por favor, a palavra é sua.

> eu não poderia jamais me colocar no ponto de vista francês, nem holandês, nem inglês, nem espanhol. Pela mesma razão, eu também não poderia me colocar no ponto de vista negro ou indígena".

Capistrano **(N)**: Obrigado. Como ia dizendo, seu maior defeito é "falta de espírito plástico e simpático"...

Varnhagen: Já imaginava algo assim...

Capistrano: Deixe-me continuar, por favor...

[*gesto reverencial de Varnhagen concordando com Capistrano*]

Capistrano **(N)**: "A *História do Brasil* não se lhe afigura um todo solidário e coerente. É pena que o senhor ignorasse ou desdenhasse o corpo de doutrinas criadoras que nos últimos anos se constituíram em ciência sob o nome de sociologia".

Varnhagen: O que o senhor quer dizer exatamente?

Capistrano **(N)**: Quero dizer que o senhor "poderia escavar documentos, demonstrar-lhes a autenticidade, solver enigmas, desvendar mistérios, nada deixar que fazer a seus sucessores no terreno dos fatos: compreender, porém, tais fatos em suas origens, em sua ligação com fatos mais amplos e radicais de que dimanam; generalizar as ações e formular-lhes teoria; representá-las como consequências e demonstração de duas ou três leis basilares, não conseguiu, nem o conseguiria".

Varnhagen: Alguém o fez? O senhor o fez?

Capistrano **(N)**: Estava pensando nisto. "Alguém o faz? Esperemos que sim".

Varnhagen: Permita-me duas observações: 1. "A escola histórica a que pertencemos é, como já temos dito por vezes, estranha a essa demasiado sentimental, que, pretendendo comover muito, chega a afastar-se da própria verdade"; 2. Quanto aos documentos, devemos "uni-los e combiná-los em doutrinas que façam tal ou tal corpo". Satisfeito?

Capistrano: Passemos este ponto, pois, afinal, trata-se apenas de teoria... Por outro lado, tenho consciência, sr. Varnhagen, que o senhor **(S)** "achou-se exatamente na situação descrita por Alexandre Herculano – teve que fazer quase tudo e para tanto não são as forças do indivíduo".

Varnhagen: Sua gentil explanação faz-me recordar de que uma vez escrevi a meu saudoso amigo Januário da Cunha Barbosa: "O tempo de manhã até as quatro horas está todo dividido entre a Legação (onde servia de secretário) e a Torre do Tombo, onde me vai aparecendo tanta coisa, que não devo fazer mais do que copiar e andar para diante".

Capistrano **(S)**: "É por isso que pensamos, como [João Francisco] Lisboa..."

Varnhagen: Ah! Não me fale neste nome! Não defendo ou adulo este "perigoso brasileirismo caboclo [...] servilmente, como outros".

Capistrano **(S)**. Sim eu sei, mas como ia dizendo: "É por isso que pensamos, [...] que a história do Brasil não será de novo escrita tão cedo; pensamos até que ela não deve ser escrita senão daqui a muitos anos".

Varnhagen: Por isto eu dizia: "Os arquivos e bibliotecas da Europa, especialmente os de Portugal, contêm tão ricos e preciosos manuscritos sobre o Império, que muito conviria ao Instituto tomar providências, para os possuir por cópia. Sobre este assunto deveria talvez intervir o governo, que, devendo alimentar o espírito de nacionalidade, deve ter presente que são talvez a primeira base desta, a história e o conhecimento do país natal."

Capistrano **(S)**: Correto, além disso, o senhor dispunha do plano de Martius e com ele "atirou-se francamente ao estudo".

Varnhagen: [*visivelmente irritado*] Ora, com todo respeito, eu não precisava do plano de meu amigo von Martius...

Capistrano **(S)**: Nem todos, pensavam assim, seu desafeto "D'Avezac, já observou que, na realização da história do Brasil, o Visconde de Porto Seguro cingiu-se ao programa traçado magistralmente pelo grande naturalista Martius".

Varnhagen: Já expliquei a este senhor "*M. d'Avezac, qui donne tant d'importance à un travail de M. Martius, aura remarqué que, sur ce point comme sur bien d'autres, je me suis trouvé par ma propre inspiration très d'accord avec mon ami le savant Bavarois*".[651]

---

[651] "Sr. d'Avezac, que dá tanta importância a um trabalho do sr. Martius, terá notado que, neste ponto, como em muitos outros, encontrei-me por inspiração própria muito de acordo com meu amigo, o sábio bávaro".

Capistrano **(S)**: Finalmente, sr. Varnhagen, "quando todos estes trabalhos estiverem terminado; quando outros muitos se lhes tiverem reunidos; quando um espírito superior insuflar a vida e o movimento na massa informe, Varnhagen descerá de seu pedestal. Mas até então será o mestre, o guia, o senhor".

Varnhagen: Obrigado, é como o senhor mesmo diz, sr. Capistrano: **(S)** "– Mãos a bolos! Mãos a bolos!", pois "o resto pertence ao tempo".

Posfácio

Um ensaio em movimento

Fernando Nicolazzi

Tu, porém, sabes dar forma admirável aos teus pensamentos.
(Odisseia, XI, 367)

Em vinte anos se pode ir até os portões de Troia, para guerrear ali longas e penosas batalhas, e voltar para casa assumindo disfarces, armando emboscadas astuciosas, negociando o próprio destino com deuses e homens para, enfim reconhecido, recuperar a antiga morada. No meio do caminho, pode-se atravessar intempéries marítimas, enfrentar com distinta ironia seres monstruosos, lidar com os perigos que a curiosidade humana ocasiona, cear em banquetes fartos de histórias heroicas e tristes memórias. Pode-se ainda viver paixões fugidias que nos colocam na fronteira do humano, cuja oferta traz a única coisa que, de tão cobiçada, precisa ser sempre objeto de recusa: a imortalidade. Em vinte anos é possível viver uma vida para que ela se torne livro, e também é possível escrever o livro que traz as marcas fortes de uma vida.

Depois de ter atravessado as páginas que antecedem estas, creio que leitores e leitoras concordarão comigo: poucos conhecem tanto e tão bem a historiografia brasileira do século XIX como Temístocles Cezar. Por isso, poucos estariam tão aptos a nos oferecer, leitores curiosos pelos meandros da escrita da história nacional, uma interpretação como essa, voltada para o "ser historiador" no Brasil oitocentista a partir de um olhar pouco usual e de uma inspirada forma de pensamento, que se manifesta ela mesma em uma narrativa singular. Pois é sobre este ponto que gostaria brevemente de escrever, em uma espécie de escrita sobre a escrita que, em última análise, acaba por reduplicar o movimento feito ao longo do livro, ele próprio o trabalho de uma escrita sobre outra.

Temístocles se movimenta por entre um emaranhado de textos que formam o heterogêneo e quase insólito *corpus* escriturário varnhageniano: cartas pessoais, considerações críticas sobre crônicas coloniais e relatos de viagens, levantamentos de fontes históricas, escritos de ocasião e de polêmica, memoriais de intervenção política, ensaios de história literária, argumentos inusitados sobre as origens dos indígenas, histórias dos fatos notáveis da pátria. Mas ele também se movimenta entre os próprios movimentos realizados pelo historiador sorocabano, seguindo suas andanças, acompanhando seus olhares, atravessando para cá e para lá entre as margens do Atlântico, na solidez indefinida dos continentes ou no espaço bem-delimitado de uma ilha caribenha.

Entre tantos e tão variados deslocamentos, o movimento do intérprete depende aqui, sob um ponto de vista bastante particular, de condições análogas àquelas ressaltadas por Jean Starobinski em seu estudo sobre o movimento em Michel de Montaigne, quando buscou pensar as formas pelas quais um autor se ensaia a si mesmo "fazendo obra de linguagem".[652] Pois Varnhagen, quando colocado em movimento por Temístocles e mesmo desprovido do talento de escrita do humanista francês, dá a impressão de a todo instante se ensaiar a si mesmo, no jogo constante de idas e vindas de uma personalidade curiosa, valendo-se de uma pluralidade de gêneros para, enfim, tentar se tornar aquilo para o que parece ter dedicado boa parte de seus esforços literários e intelectuais: não apenas mais um, mas *o* historiador da história pátria brasileira. Para a plena realização de tal movimento, o intérprete não encontrou forma melhor senão a do ensaio, que, mesmo prescindindo o gênero de qualquer qualificação, eu chamaria aqui de historiográfico.

Starobinski auxilia a reflexão quando nos lembra os vestígios etimológicos da palavra.[653] Derivando do latim, "ensaio" remete à ação de pesar, *exagiare*. A vizinhança terminológica faz pensar também em *examen* (exame, ponderação), e as ambas palavras provêm de uma origem

---

[652] "*Si les mots et le langage sont une 'marchandise si vulgaire et si vile', quel paradoxe que de composer un livre et de s'essayer soi-même en faisant œuvre de langage!*" (STAROBINSKI, 1993, p. 9).

[653] Starobinski (1985, p. 185-196). Há uma tradução do texto para o português, da qual me vali, publicada na revista *Remate de Males*, v. 31, n. 1 e 2, p. 13-24, 2011.

etimológica em comum: *exigo* (forçar para fora, exigir). Daí a instigante formulação do ensaísta suíço: "quantas tentações, se o sentido nuclear das palavras atuais devesse resultar do que elas significaram num passado longínquo! O *ensaio* seria a *pesagem exigente*, o *exame atento*, mas também o *enxame verbal* cujo impulso se libera".[654] Pois gostaria de ceder às mencionadas tentações e me valer delas para explorar as possibilidades de pensar este ensaio sobre o caso Varnhagen como os três movimentos correlatos de *pesar* (a reflexão como o ponderado equilíbrio interpretativo), *examinar* (a cuidadosa investigação do material) e *liberar as palavras* (o gesto de liberdade que culmina na e da escrita).

Disso, resulta que o recurso ao ensaio é aqui menos capricho de escritor talentoso que modalidade precisa e rigorosa de pensamento. Trata-se de uma forma possível, diria mesmo que privilegiada, para se escrever sobre a escrita historiográfica ou, se for necessária menção à disciplina, voltar a história contra sua própria historicidade. Todavia, não se trata de algo evidente por si mesmo, e os percalços do gênero são vários, sobretudo se considerarmos o ambiente onde tudo isso ocorre: "a Universidade, no apogeu de seu período positivista, tendo fixado as regras e os cânones da pesquisa exaustiva séria, rechaçava o ensaio e o *ensaísmo* às trevas exteriores, com o risco de banir, no mesmo movimento, o brilho do estilo e as audácias do pensamento". Por essa razão, "visto da sala de aula, avaliado pelo júri de tese, o ensaísta é um amável amador que vai juntar-se ao crítico impressionista na zona suspeita da não cientificidade".[655]

Creio que neste caso não seria descabido sugerir que, entre a feitura da tese e a finalização do livro, o espaço da sala de aula foi fundamental como um momento propício para a elaboração deste ensaio. Além disso, considerando que a tese teve como orientador e como presidente do júri historiadores-ensaístas como François Hartog e Manoel Salgado Guimarães, e que a glória do reconhecimento da plena "cientificidade" não é lá um valor que tiraria o sono de seu autor caso lhe fosse recusada, desconfio que aquelas ressalvas quanto ao uso do gênero não tenham sido objeto de maiores preocupações quando Temístocles escolheu dar-lhe a forma que lhe foi dada. Correndo todos os riscos pelo teor desta avaliação, eu diria ainda que, antes de uma escolha deliberada, tratou-se de

---

[654] Starobinski (1985, p. 185 [p. 13]).
[655] Starobinski (1985, p. 187 [p. 15]).

um imperativo incontornável, uma condição para que a escrita tivesse lugar e que as palavras pudessem, enfim, ser liberadas.

Quem conhece sua variada produção intelectual, já ouviu suas conferências, acompanhou seus cursos ou conversou com ele enquanto caminhava pelas ruas de alguma cidade ou nas horas passadas em uma mesa de bar, sabe que se trata de alguém cuja prática de pensamento se dá no momento mesmo em que ele vem à luz travestido em linguagem. Um pensamento cuja razão de existir é encontrada apenas nessa troca de palavras em forma de diálogo, a aula como seu espaço privilegiado. Mais do que em qualquer outra situação, neste caso efetivamente "a palavra é metade daquele que fala, metade daquele que escuta".[656]

Daí, talvez, o constante postergar da realização deste livro, talhado lenta e pacientemente ao longo de duas décadas, motivado pelo prazer da troca intelectual e da conversa erudita, lapidado nas aulas e seminários, nas horas passadas em bibliotecas, nas viagens e nas caminhadas. Em outras palavras, nos movimentos próprios da vida do autor. Se a tese já estava lá, pronta há um bom tempo, escrita de modo a cumprir parte dos protocolos institucionais envolvidos nesse tipo de situação, faltava ainda, quem sabe, a experiência do retorno para que o livro pudesse finalmente existir. E todo retorno, para que se torne experiência, demanda tempo, de forma que a própria viagem, tal como a de Ulisses, se transforme em aquisição de conhecimento. Todavia, o tempo da espera não significou de modo algum uma ausência de escrita. Pelo contrário, escrever sempre foi um gesto constante para ele, pesado em balança precisa, examinado com cuidadosa atenção para que o impulso verbal não se transformasse em verborragia desnecessária. Afinal, o ensaio requer, antes de mais nada, responsabilidade com o gesto de escrever. Sem ser arte do lirismo desmedido, o ensaio é o gênero da justa medida. E, por essa mesma razão, todo o cuidado requerido não impede que o pensamento nele se manifeste ao mesmo tempo como rigor e como audácia, como análise criteriosa e como fabricação inventiva.

Temos aqui, portanto, um movimento que me parece fundamental para pensarmos os possíveis caminhos para a reflexão teórica e historiográfica sobre a história no Brasil. Sobretudo, para se pensar as modalidades com as quais escrevemos história hoje. Trata-se não daquele que enxerga o ensaísta ensaiando a si mesmo, como o Montaigne de Starobinski,

---

[656] Montaigne (2001, p. 458).

mas do movimento do historiador ensaiando o próprio ensaio. Forma de escrita em que a pergunta que a alimenta se encontra mais como o resultado final do que como motivo propulsor, o ensaio pode ser um convite ao questionamento das ortodoxias de práticas historiográficas que ainda impõem limites demasiadamente severos à atividade da reflexão acadêmica; um convite para se abrir brechas nas paredes dos cânones que herdamos desde o momento em que nossa atividade foi constituída, e que tiveram em Varnhagen um de seus principais construtores. É possível que do lado de lá da parede encontremos coisas boas e proveitosas. Este livro é prova disso.

***

Certa vez, há já algum tempo, indaguei Temístocles se ele publicaria um livro a partir de sua tese. Sabemos que não fui o único a colocar a pergunta e muitos devem ter ouvido dele a mesma confidência (espero não quebrar a confiança ao enunciá-la agora) de que gostaria de escrever uma obra sobre Varnhagen parecida com aquela que Roland Barthes escreveu sobre Michelet. Obviamente, e estou certo de que temos concordância nisso, não há como escrever outra obra como aquela. Não se trata, certamente, de falta de talento ou carência de capacidade; a questão é distinta e furto-me aqui a explicá-la com mais detalhes, contentando-me em repetir o que ficou claro com a leitura deste livro: Varnhagen não é Michelet. Mas estou seguro também que dificilmente encontraremos outro livro como este sobre o Visconde de Porto Seguro, mesmo sabendo que em pouco tempo será comum encontrar estudantes e estudiosos que, nas pesquisas sobre seus próprios historiadores, confessarão os anseios por escrever sobre eles algo como aqui foi escrito sobre o caso Varnhagen.

Por fim, resta uma constatação bastante óbvia, embora pesarosa. Vivemos em um contexto político e social em que, por vezes, paira a sensação de que coexistimos anacronicamente com tantos contemporâneos de Varnhagen, entre (neo)liberais escravocratas e patriarcas conservadores, uns questionando a amplitude da noção atual de escravidão, outros clamando pelo retorno da monarquia, todos saudosos da velha ordem, da estabilidade de seus domínios e da suposta docilidade de seus dominados, buscando com violência e supressão de direitos o recuncho da moeda imperial – para me valer aqui da pertinente imagem criada por

Ilmar Mattos em seu estudo sobre a sociedade brasileira do Oitocentos que, naquele momento, tratava de restaurar a moeda colonial. O livro de Temístocles Cezar, ao mencionar desde o início suas próprias inquietações em relação ao "Brasil em que vivemos e no qual respiramos um ar úmido e sombrio", ajuda-nos a suportar esse triste ambiente, arejando nosso contexto e devolvendo para o século XIX o que não precisava jamais ter saído de lá. Em outras palavras, fazendo história.

Porto Alegre, abril de 2017.

Bibliografia

Obras de Varnhagen

Arte de la lengua guarani, ó mas bien tupi, por el P. Antonio Ruiz de MONTOYA, Natural de Lima, missionario en la antigua reduccion de Loreto, junto al rio Paranapanema del Brasil, superior en otras y Rector del Colegio de Asunpcion, etc. Viena/Paris, 1876. Editor: Francisco Adolfo de Varnhagen.

Caramuru. Poema épico do descobrimento da Bahia, por Fr. José de Santa Rita Durão, da Ordem dos Eremitas de Santo Agostinho, natural de Minas Gerais. Nova edição brasileira, precedida da biographia do Autor pelo Visconde de Porto-Seguro. Rio de Janeiro, B. L. Garnier, Editor-Livreiro, 1878.

CARDIM, Fernão. *Narrativa epistolar de uma viagem e missão jesuitica pela Bahia, Ilhéos, Porto Seguro, Pernambuco, Espirito Santo, Rio de Janeiro, S. Vicente, etc., desde o anno de 1583 ao de 1590, indo por visitador o P. Christovam de Gouvêa*. Lisboa: Imprensa Nacional, 1847. Editor: Francisco Adolfo de Varnhagen.

Catálogo da Coleção Varnhagen da Biblioteca do Itamaraty. Rio de Janeiro/Brasília: FUNAG, CHDD, 2002.

Examen de quelques points de l'histoire géographique du Brésil, comprenant des éclaircissements nouveaux sur le second voyage de Vespuce, sur les explorations des côtes septentrionales du Brésil par Hojeda et par Pinzon, sur l'ouvrage de Navarrete, sur la véritable ligne de démarcation de Tordesillas, sur l'Oyapoc ou Vincent Pinzon, sur le véritable point de vue où doit se placer tout historien du Brésil, etc. ou *Analyse critique du rapport de M. D'Avezac sur la récente Histoire Générale du Brésil*, par Mr. F. A. de VARNHAGEN, membre de l'Institut Historique du Brésil et de la Société de Géographie de Paris, des Académies Royales des Sciences de Lisbonne et de Munich, de celle de l'Histoire de Madrid, de l'Institut Historique de Buenos-Ayres, etc. Paris, Imprimerie de L. Martinet, 1858. (Extrait du *Bulletin de la Société de Géographie*) Paris, Chez Arthus-Bertrand, Librairie de la Société de Géographie, mars, 1858, p. 145-171, et suite en avril 1858, p. 213-252.

Informação sobre a capitania do Maranhão dada em 1813 ao Chanceller Antonio Rodrigues Velloso por BERNARDO JOSE DA GAMA, pouco antes juiz de fora e ouvidor interino na mesma capitania, e ao depois visconde de Goiana, director da Academia Juridica de Olinda, etc. Vienna d'Austria, Imprensa do filho de Carlos Gerold, 1872. Esta publicação fará parte (entrando no competente logar, segundo a ordem alphabetica) do *Archivo Diplomatico-Brazileiro Antigo* do editor. Porto Seguro.

SOUSA, Pero Lopes de. *Diário da navegação da Armada que foi à Terra do Brasil – em 1530 – sob a Capitania-Mor de Martim Affonso de Souza*. Escripto por seu irmão Pedro Lopes de Souza. Lisboa, Typografia da Sociedade Propagadora dos Conhecimentos Uteis, 1839. Publicado por Francisco Adolfo de Varnhagen, Socio da Academia R. das Sciencias de Lisboa, A. da Reflexões Críticas à preciosa obra de Gabriel Soares.

VARNHAGEN, Francisco Adolfo de. *Noticia historica e decriptiva do mosteiro de Belem*. Lisboa: Typographia da Sociedade Propagadora dos Conhecimentos Uteis, [s.d.].

VARNHAGEN, Francisco Adolfo de. Reflexões criticas sobre o escripto do seculo XVI impresso com o titulo de *Noticias do Brazil* no tomo III da *Collecção de Noticias para a Historia e Geographia das nações Ultramarianas* – Accompanhadas de interessantes noticias bibliographicas e importantes investigações historicas. In: *Collecção de Notas para a Historia e Geographia Ultramarinas*, t. V, n. II. Lisboa: Typographie da Academia, 1839.

VARNHAGEN, Francisco Adolfo de. Chronica do descubrimento do Brazil. *O Panorama: jornal litterario e instructivo da Sociedade propagadora dos conhecimentos uteis*, v. 4. jan./dez., 1840. 18/I: p. 21-22; 1º/II: p. 33-35; 8/II: p. 43-45; 15/II: p. 53-56; 29/II: p. 68-69; 14/III: p. 85-87; 28/III: p. 101-104.

VARNHAGEN, Francisco Adolfo de.; CHELMICKI, José Conrado Carlos de. *Corografia Cabo-Verdiana, ou descripção geografico-histórica da provincia das Ilhas de Cabo-Verde e Guiné*. Lisboa: Typ. de L. C. da Cunha, 1841. 2 v.

VARNHAGEN, Francisco Adolfo de. As primeiras negociações diplomaticas respectivas ao Brazil. *Revista do IHGB*, 4, p. 121-154, 1842.

VARNHAGEN, Francisco Adolfo de. *Épicos brasileiros*. Lisboa: Imprensa Nacional, 1845.

VARNHAGEN, Francisco Adolfo de. *Réplica apologetica de um escriptor calumniado e juizo final de um plagiario diffamador que se intitula general*. Madrid: Viuva de D. R. J. Dominguez, 1846a.

VARNHAGEN, Francisco Adolfo de. Fr. José de Santa Rita Durão. *Revista do IHGB*, 8, p. 281-282, 1846b.

VARNHAGEN, Francisco Adolfo de. O Caramurú perante a história. *Revista do IHGB*, 10, p. 129-152, 1848.

VARNHAGEN, Francisco Adolfo de. *Memorial Organico, que a consideraçam das assembleias geral e provinciaes do imperio*. Apresenta um brasileiro. Dado a luz por um amante do Brasil, 1849.

VARNHAGEN, Francisco Adolfo de. Ensaio historico sobre as lettras no Brazil. In: *Florilégio da poesia brasileira, ou collecção das mais notaveis composições dos poetas brazileiros falecidos, contendo as biographias de muitos delles, tudo precedido de um ensaio historico sobre as lettras no Brasil*. Lisboa: Imprensa Nacional, 1850a. t. I e II.

VARNHAGEN, Francisco Adolfo de. *Florilegio da poesia braziliera, ou collecção das mais notaveis composições dos poetas brazileiros falecidos, contendo as biographias de muito delles, tudo precedido de um ensaio historico sobre as lettras no Brazil*. Lisboa: Imprensa Nacional, 1850b. t. I-II.

VARNHAGEN, Francisco Adolfo de. *Memorial Organico. Segunda parte. Em que se insiste sobre a adopçam de medidas de maior trascendencia para o Brasil, acerca: 1° Da abertura de estradas geraes; 2° De uma nova circumscripçam provincial; 3° Da posiçam da capital; 4° Dos escravos africanos; 5° Da civilisaçam dos indios por tutela; 6° Da colonisaçam europea por grupos, etc*. Madri: na Imprensa da viuva de D. R. J. Dominguez, R. de Hortaleza, Núm. 67, 1850c.

VARNHAGEN, Francisco Adolfo de. *Memoria sobre os trabalhos que se podem consultar nas negociações de limites do Império, com algumas lembranças para a demarcação destes*. BN-RJ, mss. 21 folhas 7, 4, 87. 1851.

VARNHAGEN, Francisco Adolfo de. *Carta ao Excmo. Ministro da Agricultura, a respeito principalmente de vários melhoramentos nos engenhos d'assucar das Antilhas, applicaveis ao Brazil*. Caracas: Imprensa de V. Espinal, 1863a. p. 1-15.

VARNHAGEN, Francisco Adolfo de. *Succinta indicação de alguns manuscriptos importantes relativos ao Brazil e a Portugal, existente no Museu Britannico em Londrese não comprehendidos no catálogo Figanière, publicado em Lisboa em 1853, ou simples additamento ao mesmo catálogo*. Havana: Imprenta La Antilha, 1863b.

VARNHAGEN, Francisco Adolfo de. *La verdadera guanahani de Colon. (Memoria comunicada à la Faculdad de Humanidades de la Universidad de Chile)*. Santiago: Imprenta Nacional, 1864.

VARNHAGEN, Francisco Adolfo de. *Amerigo Vespucci. Son caractère, ses écrits (même les moins authentiques), sa vie et ses navigations, avec une carte indiquant les routes*. Lima: Imprimerie du Mercurio, 1865.

VARNHAGEN, Francisco Adolfo de. *Os Indios bravos e o Sr. Lisboa, Timon 3°*. Pelo autor da "Historia geral do Brazil". Apostilla e nota G aos numeros 11 e 12 do "Jornal de Timon". Lima: Imprensa Liberal, 1867a.

VARNHAGEN, Francisco Adolfo de. Ignacio José de Alvarenga Peixoto. *Revista do IHGB*, 30, p. 427-428, 1867b.

VARNHAGEN, Francisco Adolfo de. *Le premier voyage de Amerigo Vespucci. Définitivement expliqué dans ses détails*. Vienne: chez les Fils de Carl Gerold, 1869a.

VARNHAGEN, Francisco Adolfo de. *Nouvelles recherches sur les derniers voyages du navigateur florentin et le reste des documents et éclaircissements sur lui*. Vienne: chez les Fils de Carl Gerold, 1869b.

VARNHAGEN, Francisco Adolfo de. *Historia das luctas com os Hollandezes no Brazil, desde 1624 a 1654*. Vienna: Finsterback, 1871.

VARNHAGEN, Francisco Adolfo de. *Da litteratura dos Livros de Cavallarias. Estudo breve e consciencioso: com algumas novidades acerca dos originaes portugueses e de várias questões co-relativas, tanto bibliographicas e linguisticas como historicas e biographicas, e um fac-simile*. Vienna: Imp. de C. Gerold, 1872a.

VARNHAGEN, Francisco Adolfo de. *Historia das luctas com os Hollandezes no Brazil, desde 1624 a 1652* (1871). Nova edição melhorada e acrescentada. Lisboa: Typographia de Castro Irmão, 1872b.

VARNHAGEN, Francisco Adolfo de. *Theophilo Braga e os antigos romanceiros de trovadores: (provarás para se juntarem ai processo)*. Vienna: ed. por conta do autor, 1872c.

VARNHAGEN, Francisco Adolfo de. *Ainda Amerigo Vespucci: novos estudos e achegas, especialmente em favor da interpretação dada a sua primeira viagem em 1497-98, as costas do Yucatan e Golfo Mexicano*. Vienna: Imprensa do filho de Carlos Gerold. Edição por conta do Autor, 1874a.

VARNHAGEN, Francisco Adolfo de. *Les Hollandais au Brésil. Un mot de réponse à M. Netscher*. Vienne: Édition de l'Auteur, 1874b.

VARNHAGEN, Francisco Adolfo de. *L'Origine Touranienne des Américains Tupis-Caribes et des Anciens Egyptiens. Indiquée principalement par la philologie comparée: traces d'une ancienne migration en Amérique, invasion du Brésil par les Tupis, etc*. Vienne: Librairie I. et R. de Faesy & Frick, 1876.

VARNHAGEN, Francisco Adolfo de. *A questão da capital: marítima ou no interior?* Viena: Imp. do Filho de Carlos Gerold. Edição por conta do Autor, 1877.

VARNHAGEN, Francisco Adolfo de. Historia da Independencia do Brasil, até ao reconhecimento pela antiga metropole, comprehendendo, separadamente, a dos successos occorridos em algumas provincias até essa data. *Revista do IHGB*, 79, p. 5-598, 1916/1917.

VARNHAGEN, Francisco Adolfo de. Cartas de Varnhagen a Dom Pedro II, e outros escritos. *Anuário do Museu Imperial*. Petrópolis: Ministério da Educação e Saúde, 1948. p. 157-236.

VARNHAGEN, Francisco Adolfo de. *Correspondência ativa*. Coligida e anotada por Clado Ribeiro de Lessa. Rio de Janeiro: INL/MEC, 1961.

VARNHAGEN, Francisco Adolfo de. *Ensaio histórico sobre as letras no Brasil* (1847). Ministério da Cultura, Fundação Biblioteca Nacional, Departamento Nacional do

Livro, 2001. Disponível em: <http://objdigital.bn.br/Acervo_Digital/livros_eletronicos/ensaiohistorico.pdf>. Acesso em: 26 fev. 2017.

VARNHAGEN, Francisco Adolfo de. *Missão nas Repúblicas do Pacífico: 1863 a 1867*. Rio de Janeiro: FUNAG, 2005. v. 1.

VARNHAGEN, Francisco Adolfo de. *A origem turaniana dos americanos tupis-caraibas e dos antigos egípcios. Indicado pela filologia comparada: traços de uma antiga migração na América, invasão do Brasil pelos tupis etc*. (1876). Tradução de Temístocles Cezar *in* GLEZER, Raquel; GUIMARÃES, Lucia Maria Paschoal (Orgs.). *Varnhagen no Caleidoscópio*. Rio de Janeiro: Fundação Miguel de Cervantes, CNPq, 2013, p. 346-448.

Edições da História geral do Brasil (HGB)

VARNHAGEN, Francisco Adolfo de. *Historia Geral do Brazil. Isto é do descobrimento, colonização, legislação e desenvolvimento deste Estado, hoje imperio independente, escripta em presença de muitos documentos autenticos recolhidos nos archivos do Brazil, de Portugal, da Espanha e da Holanda. Por um socio do Instituto Historico do Brazil. Natural de Sorocaba*. 1. ed. Madrid: Imprensa da V. de Dominguez, 1854. t. I.

VARNHAGEN, Francisco Adolfo de. *Historia Geral do Brazil*. Isto é, do seu descobrimento, colonisação, legislação, desenvolvimento, e da declaração da independencia e do imperio, escripta em presença de muitos documentos inéditos recolhidos nos archivos do Brazil, de Portugal, da Hespanha e da Hollanda, e DEDICADA A SUA MAGESTADE IMPERIAL O SENHOR D. PEDRO II. 1. ed. Madrid: Imprensa de J. del Rio, 1857. t. II. Com estampas.

VARNHAGEN, Francisco Adolfo de. *Historia Geral do Brazil, antes de sua separação de Portugal*. 2. ed. Vienna: E. & H. Laemmert, 1877 . 2 v. 1260 p., 14 fls. gravs.

VARNHAGEN, Francisco Adolfo de. *História geral do Brasil*. 3./4. ed. Anotada por J. Capistrano de Abreu e Rodolpho Garcia. São Paulo: Companhia Editora Melhoramentos, 1928. 5 t.

VARNHAGEN, Francisco Adolfo de. *História geral do Brasil. Antes da sua separação e independência de Portugal*. 10. ed. integral. Revisão e notas de J. Capistrano de Abreu e Rodolpho Garcia. Belo Horizonte: Itatiaia; São Paulo: Edusp, 1981. 5 t.

Referências

ABREU, José Capistrano de. Necrológio de Francisco Adolfo de Varnhagen, Visconde de Porto Seguro (1878) *apud* VARNHAGEN, F. A. de. *História geral do Brasil*. 3./4. ed. São Paulo: Melhoramentos, 1928. t. I, p. 502-508.

ABREU, José Capistrano de. Sobre o Visconde de Porto Seguro (1882) *apud* VARNHAGEN, F. A. de. *História geral do Brasil*. 3./4. ed. São Paulo: Melhoramentos, 1928. p. 435-444.

ABREU, José Capistrano de. *Capítulos de história colonial*. Belo Horizonte: Itatiaia; São Paulo: Edusp, 1988.

ABREU, José Capistrano de. *Correspondência*. Rio de Janeiro: INL, 1954.

ABREU, José Capistrano de. *O descobrimento do Brasil*. 2. ed. Rio de Janeiro: Civilização Brasileira/INL, 1976.

ALBUQUERQUE, Luis de. Comentário. In: SOUSA, Gabriel Soares de. *Notícia do Brasil*. Lisboa: Alfa, 1989.

ALENCAR, José de. *O Guarani*. Rio de Janeiro: Empreza Nacional do Diário, 1857.

AMADO, Janaína. Diogo Álvarez, o Caramuru, e a fundação mítica do Brasil. *Estudos Históricos*, n. 25, p. 3-39, 2000.

AMBROSIO, Ubiratan. Varnhagen, Francisco Adolfo de. – 1816-1878: Brazilian historian. In: BOYD, Kelly (Ed.). *Encyclopedia of Historians and Historical Writing*. London/Chigago: Fitzroy Dearborn Publishers, 1999. v. 2.

AMED, Fernando J. "Atravessar o oceano para verificar uma vírgula": Francisco Adolfo de Varnhagen (1816-1878) lido por João Capistrano de Abreu (1853-1927). Tese (Doutorado em História) – Programa de Pós-Graduação em História, Universidade de São Paulo, São Paulo, 2007.

ARARIPE, T. de A. Ideias de José Bonifácio sobre a organização politica do Brasil. *Revista do IHGB*, 77, p. 79-85, 1888.

ARAUJO, Joaquim Nabuco de. *Um estadista do império*. Rio de Janeiro: Nova Aguilar, 1975.

ARAUJO, Valdei Lopes de. *A experiência do tempo. Conceitos e narrativas na formação nacional brasileira (1813-1845)*. São Paulo: Hucitec, 2008.

ARAUJO, Valdei Lopes de. "Sobre a permanência da expressão *historia magistra vitae* no século XIX brasileiro". In: NICOLAZZI, F.; MOLLO, H. M.; ARAUJO, V. L. de. *Aprender com a história? O passado e o futuro de uma questão*. Rio de Janeiro: FGV, 2011. p. 131-147.

ARAUJO, Valdei Lopes de. "Historiografia, nação e os regimes de autonomia na vida letrada no Império do Brasil". *Varia Historia*. Belo Horizonte, v. 31, n. 56, p. 365-400, maio/ago. 2015

ARAUJO, Valdei Lopes de.; CEZAR, Temístocles. "The Forms of History in the Nineteenth Century: The Regimes of Autonomy in Brazilian Historiography". *Historein*, v. 17, n. 1, 2018. Disponível em<https://ejournals.epublishing.ekt.gr/index.php/historein/article/view/8812>.

ARENDT, Hannah. *Between past and future*. London: Faber and Faber, 1961a.

ARENDT, Hannah. The Concept of History. Ancien and Modern. *Between Past and Future. Six Exercises in Political Thought*. London: Faber and Faber, 1961b.

ARISTÓTELES. *Poétique*. Paris: Les Belles Lettres, 1990.

ARMITAGE, João. *História do Brasil: desde o periodo da chegada da familia de Bragança, em 1808, até a abdicação de D. Pedro I, em 1831, compilada à vista dos documentos publicos e outras fontes originais formando uma continuação da historia do Brasil de Southey*. Belo Horizonte: Itatiaia; São Paulo: Edusp, 1981.

ASSIS, Machado de. *Obra completa*. Rio de Janeiro: Nova Aguilar, 1997.

AVELLA, Nello. Il Diário de navegação di Pero Lopes de Souza: due fratelli e il naufrago. *Quaderni portoghesi*, n. 5, 1979.

AZEVEDO, Gabriela Soares de. *Leituras, notas, impressões e revelações do Tratado Descritivo do Brasil de Gabriel Soares de Sousa*. Dissertação (Mestrado em História) – Centro de Ciências Sociais, Universidade do Estado do Rio de Janeiro, Rio de Janeiro, 2007.

BANN, Stephen. *The Clothing of Clio. A Study of the Representation of History in Nineteenth-Century Britain and France*. Cambridge: Cambridge University Press, 1984. p. 93-111.

BANN, Stephen. *Romanticism and the Rise of History*. New York: Twayne Publishers, 1995. p. 17-29.

BARBOSA, Januário da Cunha. Discurso. *Revista do IHGB*, 1, p. 9-18, 1839.

BARMAN, Roderick J. *Brazil. The Forging of a Nation, 1798-1852*. Stanford: Stanford University Press, 1988.

BARROS, Manuel Francisco de. (Visconde de Santarém). *Analyse du Journal de la navigation de la flotte qui est allée à la terre du Brésil, en 1530-1532, par Pedro Lopes de Souza, publié par la première fois à Lisbonne par M. de Varnhagen*. Paris: Fain & Thunot, 1840.

BARTHES, Roland. *Le bruissement de la langue*. Paris: Seuil, 1984.

BARTHES, Roland. *Michelet*. Paris: Seuil, 1995.

BATALHONE JÚNIOR, Vitor Claret. *Uma história das notas de rodapés: a anotação da História geral do Brasil de Francisco Adolfo de Varnhagen (1854-1953)*. Dissertação (Mestrado em História) – Instituto de Filosofia e Ciências Humanas, Departamento de História, Universidade Federal do Rio Grande do Sul, Porto Alegre, 2011.

BEARD, Charles. That Noble Dream. *The American Historical Review*, v. 41, n. 1, p. 74-87, out. 1935.

BÈDE LE VÉNÉRABLE. Histoire ecclésiastique du people anglais. Paris: Les Belles Lettres, 2 vol, 1999.

BELLIDO, Remígio de. *Varnhagen e a sua obra. Comemoração do centenário*. São Paulo: Rothschild, 1916.

BENJAMIN, Walter. "Experiência e pobreza" e "O narrador: considerações sobre a obra de Nikolai Leskov". *Obras escolhidas. Magia e técnica, arte e política*. São Paulo: Brasiliense, 1994. p. 114-119 e p. 197-221.

BLOCH, Marc. *Apologie pour l'historien ou Métier d'historien*. Paris: Armand Colin, 1997.

BODIN, Jean. La méthode de l'histoire (1572, 2. ed.). In: *Œuvres philosophiques de Jean Bodin*. Paris: PUF, 1951.

BOEIRA, Luciana Fernandes. A força ilocutória da mensagem: o discurso do método nos prefácios de Varnhagen. Relatório de pesquisa. Supervisor Temístocles Cezar. FAPERGS-UFRGS: Porto Alegre, 2007.

BOULAY, Bérenger. Histoire et narrativité. Autour des chapitres 9 e 23 de *La Poétique* d'Aristote. *Lailes*, Paris, v. 26, p. 171-187, 2006.

BOURDIEU, Pierre. *Leçon sur la leçon*. Paris: Ed. de Minuit, 1982.

BOURDIEU, Pierre. L'illusion biographique. *Actes de la Recherche en Sciences de Sociales*, n. 62/63, p. 69-72, 1986.

BROCA, Brito. *Românticos, pré-romanticos, ultra-românticos. Vida literária e romantismo brasileiro*. São Paulo: Polis, 1979.

CALMON, Pedro. *História de D. Pedro II. Cultura et política, paz e guerra (1853-1870)*. Rio de Janeiro: José Olympio, 1975. t. II.

CALMON, Pedro. Varnhagen. *Revista do IHGB*, v. 338, p. 249-258, 1983.

CAMINHA, Pero Vaz de. *Carta a El-Rei D. Manuel sobre o achamento do Brasil*. Portugal: Publicações Europa-América, 1987.

CÂNDIDO, Antônio. Estrutura e função do Caramuru. *Revista de Letras*, FFCL-Assis, v. 2, p. 47-66, 1961.

CÂNDIDO, Antônio. *Formação da literatura brasileira*. Belo Horizonte: Itatiaia, 1981.

CANFORA, Luciano. *Il copista come autore*. Palermo: Sellerio, 2002.

CARDOSO, Eduardo Wright. *A cor local e a escrita da história no século XIX: o uso da retórica pictórica na historiografia nacional*. Dissertação (Mestrado em História) – Instituto de Ciências Humanas e Sociais, Universidade Federal de Ouro Preto, Ouro Preto, 2012.

CARDOSO, Eduardo Wright. Em busca da *cor local*: os modos de *ver* e *fazer ver* nas obras de José de Alencar e Euclides da Cunha. Tese (Doutorado em História) – Departamento de História do Centro de Ciências Sociais, PUC-Rio, Rio de Janeiro, 2016.

CARPEAUX, Otto Maria. *Pequena bibliografia crítica da literatura brasileira*. Rio de Janeiro: Editora Letras e Artes, 1964.

CARTIER, Jacques, *Les trois voyages de Jacques Cartier* (1534-1541). Paris, Éditions de la Découverte : 1992.

CARVALHO, José M. de. *A construção da ordem: a elite política imperial*. Rio de Janeiro: Campus, 1980.

CARVALHO, José Murilo de. *D. Pedro II*. São Paulo: Companhia das Letras, 2007.

CATROGA, Fernando. Alexandre Herculano e o historicismo romântico. In: TORGAL, Luís Reis; MENDES, J. Maria Amado; CATROGA, Fernando (Orgs.). *História da história de Portugal, séculos XIX-XX*. Lisboa: Temas e Debates, 1998. p. 45-98.

CAZAL, Manoel Ayres de. *Corografia brazílica, ou Relação histórica-geográfica do reino do Brazil... por hum presbítero secular do Gram priorado do Crato*. Rio de Janeiro: Impressão Régia, 1817. 2 v.

CERTEAU, Michel de. *L'invention du quotidien – 1. Arts de faire*. Paris: Gallimard, Folio, 1980.

CERTEAU, Michel de. *L'écriture de l'histoire*. Paris: Gallimard, 1993.

CEZAR, Temístocles. Como deveria ser escrita a história do Brasil no século XIX: ensaio de história intelectual. PESAVENTO, S. J. (Org.). *História cultural: experiências de pesquisa*. Porto Alegre: Editora da UFRGS, 2003. p. 173-208.

CEZAR, Temístocles. Presentismo, memória e poesia. Noções da escrita da história no Brasil oitocentista. In: PESAVENTO, S. (Org.) *Escrita, linguagem, objetos. Leituras de história cultural*. Bauru: Edusc, 2004. p. 43-80.

CEZAR, Temístocles. A geografia servia, antes de tudo, para unificar o império. Escrita da história e saber geográfico no Brasil oitocentista. *Ágora*: Unisc/RS, v. 11, n. 1, p. 79-99, 2005.

CEZAR, Temístocles. Anciens, Modernes et Sauvages, et l'écriture de l'histoire au Brésil au XIXe siècle. Le cas de l'origine des Tupis. *Anabases. Traditions et Réceptions de l'Antiquité*, Toulouse, v. 8, p. 43-65, 2008.

CEZAR, Temístocles. Entre antigos e modernos: a escrita da história em Chateaubriand. Ensaio sobre historiografia e relatos de viagem. *Almanack Braziliense*, São Paulo, n. 11, p. 26-33, maio 2010.

CEZAR, Temístocles. Lições sobre a escrita da história: as primeiras escolhas do IHGB. In: NEVES, L. *et al.* (Orgs.). *Estudos de historiografia brasileira.* Rio de Janeiro: FGV, 2011. p. 93-124.

CEZAR, Temístocles. Varnhagen entre os antigos, os modernos e os selvagens. Estudo introdutório A origem turaniana dos tupis e dos antigos egípcios. In: GLEZER, Raquel; GUIMARÃES, Lucia Maria Paschoal (Orgs.). *Varnhagen no Caleidoscópio.* Rio de Janeiro: Fundação Miguel de Cervantes, CNPq, 2013. p. 317-345.

CEZAR, Temístocles. Hamlet Brasileiro. Ensaio Sobre o Giro-Linguístico e Indeterminação Historiográfica (1970-1980). *História da Historiografia.* Ouro Preto, Edufop, n. 17, p. 440–461, abr. 2015.

CHARTIER, Roger. O *Dom Quixote* de Antônio José da Silva: as marionetes do Bairro Alto e as prisões da inquisição. Tradução de Estrela Abreu. *Sociologia & Antropologia*, v. 2. n. 3, p. 161-181, 2012.

CHLADENIUS, J. M. "On the concept of interpretation" e "On the interpretation of historical books and accounts". In: MUELLER-VOLLMER, Kurt (Ed.). *The Hermeneutics Reader. Textes of the German Tradition from the Enlightenment to the Present.* New York: Continuum, 1988.

COLOMBO, Christophe. Lettre à Luis de Santangel (15/II/1493). In: *Œuvres completes.* Paris: La Différence, 1992. p. 208-217.

CORREA FILHO, Virgílio. *Missões brasileiras nos arquivos europeus.* México: Instituto Panamericano de Geografia e Historia/Comisión de Historia, Gráfica Panamericana, 1952.

CORREA FILHO, Virgílio. A presença de José Bonifácio. *Revista do IHGB*, 268, p. 43-64, 1965.

CORTESÃO, Jaime. *A expedição de Pedro Alvarez Cabral, e o descobrimento do Brazil.* Paris-Lisboa: Livrarias Aillaud e Bertrand, 1922.

CORTESÃO, Jaime. *A carta de Pêro Vaz de Caminha.* Lisboa: Portugalia, 1967.

COSTA, Emília Viotti da. José Bonifácio: homem e mito. In: MOTA, Carlos Guilherme (Org.) *1822: Dimensões.* São Paulo: Perspectiva, 1972.

COSTA, Emília Viotti da. José Bonifácio: mito e história. In: *Da monarquia à República: momentos decisivos.* São Paulo: Grijalbo, 1977. p. 96-98.

COSTA, Kelerson Semerene. Natureza, colonização e utopia na obra de João Daniel. *História, Ciências, Saúde – Manguinhos*, Rio de Janeiro, v. 14, suplemento, p. 95-112, 2007.

COUSIN, Victor. *Philosophia popular*. Lisboa: Typographia de Silva, 1848. 18p.

COUSIN, Victor. 10ᵉ Leçon. 26 juin 1828. Cours de l'histoire de la philosophie. In: *Cours de Philosophie. Introduction à l'histoire de la philosophie*. Paris: Fayard, 1991.

COUTINHO, Afrânio. *A tradição afortunada (o espírito de nacionalidade na crítica brasileira)*. Rio de Janeiro: José Olympio, 1968.

COUTINHO, A.; SOUSA, J. G. (Orgs.). *Enciclopédia de literatura brasileira*. Rio de Janeiro: ME/FAE, 1990. 2 v.

D'AVEZAC, Armand. Sur l'histoire du Brésil. Examen critique d'une nouvelle Histoire Générale du Brésil récemment publiée en portugais à Madrid par M. FRANÇOIS-ADOLPHE DE VARNHAGEN, chargé d'affaires du Brésil en Espagne. Rapport fait à la Société de Géographie de Paris, dans ses séances de 1ᵉʳ mai, 15 mai et 5 juin 1857. *Bulletin de la Société de Géographie*. Paris: Chez Arthus-Bertrand, Août et septembre, 1857. p. 89-356.

DENIS, Ferdinand. *Brésil*. Paris: Firmin Didot Frères, 1837.

DENIS, Ferdinand. "Le P. Yves d'Evreux et les premières missions du Maranham". *Introduction* a Evreux, P. Yves d'. In: *Voyage dans le Nord du Brésil fait durant les années 1613 et 1614*. Leipzig/Paris: Librairie A. Franck, 1864.

DENIS, Ferdinand. *Quelques mots sur la deuxième édition de l'Historia geral du vicomte de Porto Seguro*. Paris: Biblioteca Sainte-Geneviève, ms. 3970, I, provavelmente de 1877.

DESMOND, William. D. *The Greek Praise of Poverty. Origins of Ancient Cynicism*. Indiana: University of Notre Dame Press, 2006.

DOIRON, Normand, « De l'épreuve de l'espace au lieu du texte. Le récit de voyage comme genre », dans Bernard BEUGNOT (dir.), Voyages. Récits et imaginaire, Paris – Tübingen – Seattle, Papers on French Seventeenth Century Literature, 1984, p. 15-31.

DOLHNIKOFF, M. O projeto nacional de José Bonifácio. *Novos Estudos Cebrap*, v. 46, p. 121-141, 1996.

DOLHNIKOFF, M. (Org.). José Bonifácio de Andrada e Silva. *Projetos para o Brasil*. São Paulo: Companhia das Letras, 1998.

DROYSEN, Johann Gustav. *Histórica. Lecciones sobre la Enciclopedia y metodologia de la historia*. Barcelona: Alfa, 1983.

DROYSEN, Johann Gustav. *Précis de théorie de l'histoire*. Paris: CERF, 2002.

ELIAS, Norbert. *Du temps*. Paris: Fayard, Pocket, 1996.

ENDERS, Armelle. *Os vultos da nação. Fábrica de heróis e formação dos brasileiros*. Rio de Janeiro: FGV, 2014.

FABIAN, Johannes. *Time and the Other. How Anthropology Makes its Object.* New York: Columbia University Press, 2002.

FARGE, Arlette. *Le goût de l'archive.* Paris: Seuil, 1989.

FICO, Carlos; POLITO, Ronald. *A história do Brasil (1980-1989): elementos para uma avaliação historiográfica.* Ouro Preto: UFOP, 1992.

FLEIUSS, Max. *Recordando (casos e perfis), III.* Rio de Janeiro: IBGE, 1943.

FONTANIER, Pierre. *Les figures du discours (1830).* Paris: Flammarion, 1977.

FORNEROD, N. *Caraibes et cannibales: figures du sauvage brésilien chez Claude d'Abbeville et Yves d'Evreux (1612-1615).* Genebra: Université de Genève, Faculté des Lettres, 1995.

FOUCAULT, Michel. *Naissance de la clinique.* Paris: PUF, 1963.

FOUCAULT, Michel. *A arqueologia do saber.* Rio de Janeiro: Forense, 1987.

FOUCAULT, Michel. *As palavras e as coisas: uma arqueologia das ciências humanas.* São Paulo: Martins Fontes, 1990.

FOUCAULT, Michel. L'œl du pouvoir. In: *Dits et écrits, II, 1976-1988.* Paris: Gallimard, 2001a. p. 190-207.

FOUCAULT, Michel. Qu'est-ce qu'un auteur? (1969). In: *Dits et écrits,* I, Paris: Gallimard, 2001b. p. 817-849.

FRÉCHES, Claude-Henri. *Antônio José da Silva et l'Inquisition.* Paris: Fundação Calouste Gulbenkian, 1982.

FREUD, S. *O mal-estar na civilização.* Rio de Janeiro: Imago, 2002.

FREYRE, Gilberto. *Novo Mundo nos trópicos. Obra escolhida.* Rio de Janeiro: Nova Aguilar, 1977.

FREYRE, Gilberto. *Casa grande e senzala.* São Paulo: Global, 2004.

GABILONDO, Simón Gallegos. Les mondes du voyageur. Une épistemologie de l'exploration (XVIe-XVIIIe siècle). Paris: Éditions de la Sorbonne, 2018.

GAUCHET, Marcel. L'unification de la science historique. In: _____. *Philosophie des sciences historiques: Le moment romantique.* Paris: Seuil, 2002.

GAY, Peter. *Freud for Historians.* Oxford: Oxford University Press, 1985.

GAY, Peter. *O estilo na história.* São Paulo: Cia. das Letras, 1990.

GINZBURG, Carlo. Sobre Aristóteles e a história, mais uma vez. In: _____. *Relações de força: história, retórica, prova.* São Paulo: Companhia das Letras, 2002. p. 47-63.

GLEZER, Raquel; GUIMARÃES, Lucia Maria Paschoal (Orgs.). *Varnhagen no Caleidoscópio.* Rio de Janeiro: Fundação Miguel de Cervantes, CNPq, 2013.

GOSSMAN, Lionel. *Between History and Literature*. Cambridge: Harvard University Press, 1990.

GRAFTON, Anthony. *Les origines tragiques de l'érudition. Une histoire de la note en bas de page*. Paris: Éditions du Seuil, 1998.

GRELL, Chantal. *L'histoire entre érudition et philosophie. Étude sur la connaissance historique à l'âge des lumières*. Paris: PUF, 1993.

GUIMARÃES, Lúcia M. Paschoal. Debaixo da imediata proteção de Sua Magestade Imperial: O Instituto Histórico e Geográfico Brasileiro (1838-1889). *Revista do IHGB*, 388, p. 459-613, 1995.

GUIMARÃES, Lúcia M. Paschoal. Francisco Adolfo de Varnhagen. *História geral do Brasil*. In: MOTA, Lourenço Dantas (Org.). *Introdução ao Brasil. Um banquete no trópico*. São Paulo, Ed. SENAC, 2001. p. 75-96.

GUIMARÃES, Lucia M. Paschoal (Org.). *Varnhagen no Caleidoscópio*. Rio de Janeiro: Fundação Miguel de Cervantes, CNPq, 2013. p. 317-345.

GUIMARÃES, Manoel Luiz Salgado. Nação e civilização nos trópicos: o IHGB e o projeto de uma História Nacional. *Estudos Históricos*, Rio de Janeiro, p. 5-27, 1988.

GUIMARÃES, Manoel Luiz Salgado. Reinventando a tradição: sobre antiquariado e escrita da história. *Humanas*, Porto Alegre, v. 23, n. 1/2, p. 111-143, 2000.

GUIMARÃES, Manoel Luiz Salgado. A disputa pelo passado na cultura histórica oitocentista no Brasil. In: CARVALHO, J. M. de (Org.). *Nação e cidadania no Império: novos horizontes*. Rio de Janeiro: Civilização Brasileira, 2007. p. 93-122.

GUIMARÃES, Manoel Luiz Salgado. *Historiografia e nação no Brasil (1838-1857)*. Rio de Janeiro: Ed. UERJ, 2011.

GUMBRECHT, Hans U. *Produção de presença, ou o que o sentido não consegue transmitir*. Rio de Janeiro: Contraponto/Ed. PUC-RJ, 2010.

HARTOG, François. *Le XIXe siècle et l'Histoire. Le cas Fustel de Coulanges*. Paris: PUF, 1988.

HARTOG, François. *Le miroir d'Hérodote. Essai sur la représentation de l'autre*. Paris: Gallimard, 1991.

HARTOG, François. Le vieil Hérodote: de l'épopée à l'histoire. In: *Le miroir d'Hérodote. Essai sur la représentation de l'autre*. Paris: Gallimard, Folio/Histoire, 2001a.

HARTOG, François. Plutarque entre Anciens et les Modernes. In: PLUTARQUE. *Vies parallèles*. Paris: Gallimard, 2001b. p. 9-49.

HARTOG, François. *A história de Homero a Santo Agostinho*. Tradução de Jacyntho Lins Brandão. Belo Horizonte: Ed. UFMG, 2001c.

HARTOG, François. *Le XIXe siècle et l'histoire. Le cas Fustel de Coulanges*. Paris: Seuil, 2001d.

HARTOG, François. *Régimes d'historicité. Présentisme et expérience du temps*. Paris: Seuil, 2003.

HARTOG, François. *Évidence de l'histoire. Ce que voient les historiens*. Paris: EHESS, 2005.

HARTOG, François. Aristóteles e a história, mais uma vez. *História da Historiografia*, Ouro Preto, n. 13, p. 14-23, 2013a.

HARTOG, François. *Croire en l'histoire*. Paris: Flammarion, 2013b.

HEGEL, G. W. F. *A razão na história*. São Paulo: Moraes, 1990.

HOBSBAWM, Eric. *Sobre a história*. São Paulo: Companhia das Letras, 2001.

HOENEN, R. le. Qu'est-ce qu'un récit de voyage? *Littéralis* (Les modèles du récit de voyage). Cahiers du Département de Français de Paris X – Nanterre, 1990. p. 11-27.

HOLANDA, Sérgio Buarque de. *Capítulos de história do Império*. Organização de Fernando Novais. São Paulo: Companhia das Letras, 2010.

HUMBOLDT, Wilhem von. Sobre a tarefa do historiador (1821). In: MARTINS, Estevão de Rezende. *A história pensada. Teoria e método na historiografia europeia do século XIX*. Tradução de Pedro Caldas. São Paulo: Contexto, 2010. p. 82-100.

IEGELSKI, Francine. *Astronomia das constelações humanas. Reflexões sobre Claude Lévi-Strauss e a história*. São Paulo: Humanitas, 2016.

IGGERS, Georg G. *The German Conception of History. The National Tradition of Historical Thought from Herder to the Present*. Middletown: Connecticut, Wesleyan University Press, 1983.

IGGERS, Georg G.; POWELL, James M. (Ed.). *Leopold von Ranke and the Shaping of the Historical Discipline*. Syracuse: Syracuse University Press, 1989.

IGLÉSIAS, F. *Historiadores do Brasil: capítulos de historiografia brasileira*. Rio de Janeiro: Nova Fronteira/Ed. UFMG, 2000.

JANNINI, Pasquale. Aniel. La rdicezione dei "voyage" di Champlain nella storiografia letteraria. *Quaderni del seicento francese*. Adriatica-Bari/Nizet-Paris, 1984.

JASMIN, Marcelo Gantus. *Alexis de Tocqueville. A historiografia como ciência política*. 2. ed. Belo Horizonte: Ed. UFMG, 2005.

JASMIN, Marcelo. As armadilhas da história universal. In: NOVAES, Adauto (Org.). *A invenção das crenças*. São Paulo: SESC, 2011. p. 377-403.

JAUSS, Hans Robert. *Toward an Aesthetic of Reception*. Minneapolis: University of Minnesota Press, 1982.

JAUSS, Hans Robert. L'usage de la fiction en histoire. *Le Débat*, v. 54, p. 89-113, mar./abr. 1989

JULIEN, Charles A. *Les voyages de découverte et les premiers établissements (XVe-XVIe siècles)*. Brionne: G. Monfort éditeur, 1979.

KIRKENDALL, Andrew J. *Class Mates: Male Student Culture and the Making of a Political in Nineteenth-Century Brazil*. Lincoln: Nebraska University, 2002.

KOPOSOV, Nicolay. *De l'imagination historique*. Paris: Éditions de l'EHESS, 2009.

KOSELLECK, Reinhart. Terreur et rêve. In: *Le futur passé. Contribution à la sémantique des temps historiques*. Paris: Éditions de l'EHESS, 1990a.

KOSELLECK, Reinhart. *Le futur passé. Contribution à la sémantique des temps historiques*. Paris: Éditions de l'EHESS, 1990b.

KOSELLECK, Reinhart. *L'expérience de l'histoire*. Paris: EHESS/Galimard/Seuil, 1997.

KOSELLECK, Reinhart. *Historia magistra vitae*. Sobre a dissolução do *topos* na história moderna em movimento. *O futuro passado. Contribuição à semântica dos tempos históricos*. Rio de Janeiro, Ed. PUC-RJ, 2006.

KOSELLECK, Reinhart; MEIER, Christian; GÜNTHER, Horst; ENGELS, Odilo. *O conceito de história*. Tradução de René E. Gertz. Belo Horizonte: Autêntica, 2013.

KRIEGEL, Blandine. *L'histoire à l'âge classique. II. La défaite de l'érudition*. Paris: PUF, 1996.

KRIEGEL, Blandine. *Les historiens et la monarchie. II. La défaite de l'érudition*. Paris: PUF, 1998.

LABORIE, Jean-Claude. Estudo de mediações: o caso Ferdinand Denis. *Ponto-e-vírgula*, v. 13, p. 66-77, 2013.

LAGOS, Manoel Ferreira. Relatorio dos trabalhos do Instituto Historico e Geographico. *Revista do IHGB*, 11, p. 89-147, 1848.

LANGLOIS, Charles-Victor; SEIGNOBOS, Charles. *Introductions aux études historiques* (1898). Paris: Kimé, 1992.

LENCLUD, Gérard. Quand voir, c'est reconnaître: les récits de voyage et le regard anthropologique. *Enquête*, p. 113-129, 1995.

LENCLUD, Gérard. *L'universalisme ou le pari de la raison. Anthropologie, histoire, psychologie*, Paris: EHESS/Gallimard/Seuil, 2013.

LÉRY, Jean de. *Histoire d'un voyage en terre de Brésil*. Paris: Le Livre de Poche, 1994.

LESSA, Clado Ribeiro de. *Revista do IHGB*. v. 223, 1954, p. 82-297; v. 224, 1954, p. 109-315; v. 225, 1954, p. 120-293; v. 226, 1955, p. 3-168; v. 227, 1955, p. 85-236.

LÉVI-STRAUSS, Claude. *Tristes tropiques*. Paris: Plon, 1990.

LIMA, Luiz Costa. *História. Ficção. Literatura*. São Paulo: Companhia das Letras, 2006.

LIMA, Luiz Costa. *Trilogia do controle*. Rio de Janeiro: Topbooks, 2007.

LIMA, Manuel Oliveira. *Formation Historique de la Nationalité Brésilienne*. Séries de conférences faites en Sorbonne, avec une préface de M. E. Martinenche professeur à l'Université de Paris, et un avant-propos de M. José Verissimo de l'Académie Brésilienne. Paris: Librairie Garnier Frères, 1911.

LIMA, Manuel Oliveira. Elogio de Francisco Adolfo de Varnhagen, Visconde de Porto Seguro (1903). *Revista de Portugal*, v. XXIX, n. 222, p. 121-156, fev. 1964.

LISBOA, João Francisco. Sobre a escravidão e a *Historia geral do Brazil*. *Obras de João Francisco Lisboa*, v. 3, nota C, p. 468-515, 1866.

LORIGA, S. La biographie comme problème. In: REVEL, Jacques (Ed.). *Jeux d'échelle: la micro-analyse à l'expérience*. Paris: Seuil/Gallimard/EHESS, 1996. p. 209-231.

LORIGA, Sabina. *Le petit x. De la biographie à l'histoire*. Paris: Seuil, 2010.

LYRA, Heitor. *História de Dom Pedro II. Fastígio (1870-1890)*. Belo Horizonte: Itatiaia; São Paulo: Edusp, 1977.

MABLY, A. de (Gabriel Bonnot). *De la manière d'écrire l'histoire* (1783). Paris: Fayard, 1988.

MACEDO, Joaquim M. de. *Lições de Historia do Brasil para uso dos alunos do Imperial Colégio do Pedro II* (4° anno). Rio de Janeiro: Typographia Imparcial de J H. N. Garcia, 1861.

MACEDO, Joaquim M. de. *Lições de Historia do Brasil para uso dos alunos do Imperial Colégio do Pedro II* (7° anno). Rio de Janeiro: D. J. Gomes Brandão, 1863 apud MATTOS, Selma R. de. *O Brasil em lições. A história como disciplina escolar em Joaquim Manuel de Macedo*. Rio de Janeiro: Access, 2000.

MAGALHÃES, Basílio. Varnhagen. *Revista da Academia Brasileira de Letras*, ano XIX, v. XXVIII, n. 81, p. 92-136, set. 1928.

MAGALHÃES, José Gonçalves de. Memoria historica e documentada da revolução da provincia do Maranhão desde 1839 até 1840. *Revista do IHGB*, 10, p. 263-362, 1848.

MAGALHÃES, José Gonçalves de. Os indígenas do Brasil perante a história. *Revista do IHGB*, 23, p. 30-66, 1860.

MAJOR, R. H. *The Life of Prince Henry of Portugal, Surnamed the Navigator*. London: A. Asher & Co., 1868.

MARTINIÈRE, Guy. Problèmes du développement de l'historiographie brésilienne. *Storia della storiografia*, Milano, v. 19, p. 117-146, 1991.

MARTINS, Wilson. *A crítica literária no Brasil*. São Paulo: Departamento de Cultura, 1952.

MARX, Karl. Le 18 Brumaire de Louis Bonaparte (1852). *Œuvres IV. Politique I*. Paris: Gallimard, 1994.

MATTOS, Ilmar Rohloff. *O tempo Saquarema. A formação do Estado Imperial.* São Paulo: Hucitec, 2004.

MATTOS, Ilmar Rohloff. Construtores e herdeiros: a trama dos interesses na construção da unidade nacional. *Almanack Braziliense*, v. 1, p. 8-26, maio 2005.

MATTOS, Selma R. de. *O Brasil em lições: a história como disciplina escolar em Joaquim Manoel de Macedo.* Rio de Janeiro: Access, 2000.

MENEZES, Raimundo. *Dicionário literário Brasileiro.* São Paulo: Saraiva, 1969.

MÉTRAUX, Alfred. *La civilisation matérielle des tribus Tupi-Guarani.* Paris: P. Geuthner, 1928.

MICHELET, Jules. Préface (1869). Histoire de France. In: *Œuvres completes*. Paris: Flammarion, 1974.

MOMIGLIANO, Arnaldo. Ancient History and the Antiquarian. *Journal of the Warburg and Courtauld Institute*, v. 13, p. 283-315, 1950.

MOMIGLIANO, A. The Place of Herodotus in the History of Historiography. In: *Secondo Contributo*, Roma, 1960.

MOMIGLIANO, A. *Les fondations du savoir historique.* Paris: Les Belles Lettres, 1992.

MOMIGLIANO, Arnaldo. *The Development of Greek Biography.* Cambridge: Harvard University Press, 1993.

MONOD, G. Du progrès des sciences historiques en France depuis le XVIe siècle. *Revue Historique*, v. 1, n. 1, p. 36-38, 1876.

MONTAIGNE, Michel de. *Ensaios*, III. São Paulo: Martins Fontes, 2001.

MONTAIGNE, Michel de. *Journal de Voyage.* Paris: Gallimard, 1983.

MONTEIRO, Tobias. *A elaboração da independência.* Rio de Janeiro: Briguiet, 1927. 2 v.

MOREIRA, Thiers. Varnhagen e a história da literatura portuguesa e brasileira. *Revista do IHGB*, 275, p. 155-169, 1967.

NAVIA, Luis. *Diogenes the Cynic.* New York: Humanity Books, 2005.

NEVES, Lúcia. M. B. Pereira das; NEVES, Guilherme Pereira das. Um bibliófilo liberal: Varnhagen, diplomata nas repúblicas do Pacífico (1863-1867). In: GLEZER, Raquel; GUIMARÃES, Lucia Maria Paschoal (Orgs.). *Varnhagen no Caleidoscópio.* Rio de Janeiro: Fundação Miguel de Cervantes, CNPq, 2013. p. 55-108.

NICOLAZZI, Fernando. *Um estilo na história. A viagem, a memória, o ensaio: sobre Casa-grande & senzala e a representação do passado.* São Paulo: Edunesp, 2011.

NIETZSCHE, Friedrich. Segunda consideração intempestiva. Sobre a utilidade e os inconvenientes da história para a vida (1874). In: *Escritos sobre a história*. Rio de Janeiro: Loyola/PUC-RJ, 2005.

NORA, P. (Org.) *Essais d'ego-histoire*. Paris: Gallimard, 1987.

NOVICK, Peter. *That Noble Dream. The Objectivity and the American Historical Profession*. Cambridge: Cambridge University Press, 1988.

ODÁLIA, Nilo. Introdução. In: *Varnhagen*. São Paulo: Ática, 1979. p. 7-31.

ODÁLIA, Nilo. *As formas do mesmo. Ensaios sobre o pensamento historiográfico de Varnhagen e Oliveira Vianna*. São Paulo: Edunesp, 1997.

OLIVEIRA, Maria da Glória de. *Crítica, método e escrita da história em João Capistrano de Abreu*. Rio de Janeiro: FGV, 2013.

OLIVEIRA, Maria da Glória de. *Escrever vidas, narrar a história. A biografia como problema historiográfico no Brasil oitocentista*. Rio de Janeiro: FGV, 2012.

ORBIGNY, Alcide d'. *L'homme américain (de l'Amérique méridionale) considéré sous ses rapports physiologiques et moraux*. Paris: Pitois-Levrault, 1839. 2 v.

PALTI, Elias. *La nación como problema. Los historiadores y la "cuestión nacional"*. Buenos Aires: Fundo de Cultura Económica, 2006.

PARANHOS, Haroldo. *História do romantismo no Brasil (1830-1850)*. São Paulo: Cultura Brasileira, 1937.

PAYEN, Pascal. A constituição da história como ciência no século XIX e seus modelos antigos: fim de uma ilusão ou futuro de uma herança? *História da Historiografia*, Ouro Preto, v. 6, p. 103-122, mar. 2011.

PÉGUY, Charles. Introduction à l'œuvre d'Israël Zangwill, *ChadGadya* (1904). In: *Œuvres en prose completes*. Paris: Gallimard, La Pléiade, 1987a. v. I.

PÉGUY, Charles. L'argent (1913). In: *Œuvres en prose completes*. Paris: Gallimard, La Pléiade, 1987b. v. III.

PÉGUY, Charles. De la situation faite à l'histoire et à la sociologie dans les temps modernes. In: *Œuvres en prose completes*. Paris: Gallimard, 1988. v. II.

PIMENTA, João Paulo; ARAUJO, Valdei Lopes de. História. In: FERES JÚNIOR, J. (Org.) *Léxico da história dos conceitos políticos do Brasil*. Belo Horizonte: Ed. UFMG, 2009.

PIMENTA, João Paulo. *A independência do Brasil e a experiência hispano-americana (1808-1822)*. São Paulo: Hucitec, 2015.

PINHEIRO, J. F. F. Programa histórico. *Revista do IHGB*, 1, p. 61-62, 1839.

PIRES, Francisco Murari. Ranke e Niebuhr: a apoteose tucidideana. *Revista de História*, São Paulo, n. 166, p. 71-108, jan./jun. 2012.

PIRES, Francisco Murari. Indagações sobre um método acima de qualquer suspeita. *História da Historiografia*, Ouro Preto, n. 13, p. 24-44, 2013.

PIRES, Francisco Murari. A Clio Tucidideana entre Maquiavel e Hobbes (as figurações heróicas do historiador). *Anos 90*, Porto Alegre, v. 21, n. 39, p. 111-142, jul. 2014.

POLO, Marco. *Le devisement du monde. Le livre des merveilles I*. Paris: La Découverte, 1998.

POLÍBIO. *Histoire*. Paris: Gallimard/Quarto, 2003.

PORTO-ALEGRE, Manoel de Araújo. *A estátua amazônica*. Rio de Janeiro: Tipografia de F. de Paula Brito, 1851.

PORTO-ALEGRE, Manuel Araújo. *Correspondência com Paulo Barbosa da Silva*. Rio de Janeiro: ABL, 1990.

PORTO-SEGURO, Xavier de. *Mémoires*, recueillies et mises en ordre par Hippolyte Buffenoir. Paris: Bureaux de la Revue de la France Moderne, 1896.

POULOT, Dominique. Naissance du monument historique. *Revue d'histoire moderne et contemporaine*, t. XXXII, p. 418-450, jul./set. 1985.

PUNTONI, Pedro. O Sr. Varnhagen e o patriotismo caboclo: o indígena e o indianismo perante a historiografia brasileira. In: JANCSÓ, István (Org.). *Brasil: formação do Estado e da Nação*. São Paulo-Ijuí: Hucitec/EdUnijuí, 2003. p. 633-675.

PUTNAM, H. *Reason, Truth and History*. Cambridge: Cambridge University Press, 1981.

RADULET, Carmen. Politica e miti edenici in una relazione del 1533 sulla spedizione di Martim Afonso de Sousa. *Letterature d'America*, v. 2, n. 8, p. 61-82, estate 1981.

RANCIÈRE, Jacques. *Les mots de l'histoire: essai de poétique du savoir*. Paris, Éd. du Seuil, 1992.

RANKE, Leopold von. *Pueblos y estados en la historia moderna* (1824). México: FCE, 1986.

REIS, José Carlos. Varnhagen (1853-7): O elogio da colonização portuguesa. *Varia Historia*, Belo Horizonte, n. 17, p. 106-131, mar. 1997.

REIS, José Carlos. Ano 1850: Varnhagen. O elogio da colonização portuguesa. In: *As identidades do Brasil. De Varnhagen a FHC*. Rio de Janeiro: [s.n.], 1999. p. 23-50.

RIAUDEL, Michel. "Caramuru, entre histoire et épopée", Mémoire(s), identité(s), marginalité(s) dans le monde occidental contemporain. *Cahiers du MIMMOC*, jan. 2013. Disponível em : <http://mimmoc.revues.org/1006>. Acesso em: 26 fev. 2017.

RIAUDEL, Michel. *Caramuru, un héros brésilien entre mythe et histoire*. Paris: Pétra, 2015.

RIBEIRO, João. *Obras. Crítica*, VI. Rio de Janeiro: Academia Brasileira, 1961.

RIBEIRO, Renilson Rosa. *O Brasil inventado pelo Visconde de Porto Seguro. Francisco Adolfo de Varnhagen, o IHGB e a construção da ideia de Brasil-Colônia no Brasil-Império – 1838-1860*. Cuiabá: Entrelinhas, 2015.

RICŒUR, Paul. *Temps et récit*, 1,2,3. Paris: Seuil, 1983-1985.

RICŒUR, Paul. *La mémoire, l'histoire, l'oubli*. Paris: Seuil, 2000.

ROCHE, Daniel. Le voyageur en chambre: réflexion sur la lecture des récits de Voyage. In: BURGUIÈRE, A.; GOY, J.; TITS-DIEUAIDE, M-J. (Ed). *L'histoire grande ouverte: hommage à Emmanuel Le Roy Ladurie*. Paris: Fayard, 1997.

RODRIGUES, José Honório. *Teoria da História do Brasil: introdução metodológica*. 2. ed. São Paulo: Companhia Editora Nacional, 1957. 2 v.

RODRIGUES, José Honório. O pensamento político e social de José Bonifácio. In: SILVA, José Bonifácio de Andrada e. *Obras científicas, políticas e sociais*. Coligidas e reproduzidas por Edgar de Cerqueira Falcão. São Paulo: Ed. Revista dos Tribunais, 1965. p. 5-25.

RODRIGUES, José Honório. *Vida e história*. Rio de Janeiro: Civilização Brasileira, 1966.

RODRIGUES, José Honório. Varnhagen, mestre da história geral do Brasil. *Revista do IHGB*, 275, p. 170-196, 1967.

RODRIGUES, José Honório. *A pesquisa histórica no Brasil. Sua evolução e problemas atuais*. 2. ed. ver. aum. São Paulo: Editora Nacional, 1969.

RODRIGUES, José Honório. Varnhagen, o primeiro mestre da historiografia brasileira (1816-1878). *Revista de História da América*, v. 88, p. 93-122, 1979a.

RODRIGUES, José Honório. *História da história do Brasil. Historiografia colonial*. São Paulo: Editora Nacional, 1979b.

RODRIGUES, José Honório. *História da história do Brasil. A historiografia conservadora*. São Paulo: Editora Nacional, 1988. v. II, t. I.

ROLLIN, Charles. *Histoire ancienne des Egyptiens, des Carthaginois, des Assyriens, des Mèdes et des Perses, des Macédoniens, des Grecs*. Paris: Yve Estienne, 13 v., 1731-1738 in *Œuvres completes*. Paris: Firmin Didot, 1821-1825, v. I-XII: livre 27, v. 9: "Des Belles Lettres", chapitre II : "Des Historiens", Article 1er: "Des historiens grecs" (p. 208-253).

ROUANET, Maria Helena. *Eternamente em berço esplêndido: a fundação de uma literatura nacional*. São Paulo: Siciliano, 1991.

ROUSSEAU, Jean-Jacques. *Émile ou l'éducation*. Paris: Flammarion, 1966.

SAND, George, *Lettres d'un voyageur*. Paris: Flammarion, 2004.

SANTO AGOSTINHO. *Les Confessiones*. Paris: Flamarion, 1964.

SANTOS, Afonso Carlos Marques dos. A invenção do Brasil: um problema nacional? *Revista de História*, v. 118, p. 3-12, 1985.

SANTOS, Afonso Carlos Marques dos. De projeto de império à independência. Notas acerca da opção monárquica na autonomia política do Brasil. *Anais do Museu Histórico Nacional*, Rio de Janeiro, v. 30, p. 7-35, 1998.

SANTOS, Evandro dos. *Tempos da Pesquisa, Tempos da Escrita. A biografia em Francisco Adolfo de Varnhagen (1840-1873)*. 137f. Dissertação (Mestrado em História) – Programa de Pós-Graduação em História, Universidade Federal do Rio Grande do Sul, Porto Alegre, 2009.

SANTOS, Evandro dos; CEZAR, Temístocles. Ver e dizer: ensaio sobre o gênero biográfico em Varnhagen. *História*, São Paulo, v. 32, n. 1, p. 144-161, jan./jun. 2013.

SANTOS, Evandro dos; CEZAR, Temístocles. Francisco Adolfo de Varnhagen (1816-1878). Apresentação. In: VARELLA, F.; OLIVEIRA, M. G. de; GONTIJO, R. *História e historiadores no Brasil. Da América portuguesa ao Império do Brasil – c. 1730-1860*. Porto Alegre: EdiPUCRS, 2015.

SANTOS, Joaquim Felício dos. *Memórias do Distrito Diamantino da comarca do Serro Frio (província de Minas Gerais)* (1868). São Paulo: Itatiaia/Edusp, 1976.

SCHAPOCHNIK, Nelson. *Letras de fundação: Varnhagen e Alencar – projetos de narrativa instituinte*. 245f. Dissertação (Mestrado em História) – Programa de Pós-Graduação em História Social, Universidade de São Paulo, São Paulo, 1992.

SCHMIDT, Benito Bisso. O gênero biográfico no campo do conhecimento histórico: trajetória, tendências e impasses atuais e uma proposta de investigação. *Anos 90*, Porto Alegre, n. 6, p. 165-192, dez. 1996.

SCHMIDT, Benito Bisso. A biografia histórica: o "retorno" do gênero e a noção de "contexto". In: GUAZELLI, C. et al. (Org.). *Questões de Teoria e Metodologia da História*. Porto Alegre: Ed. UFRGS, 2000. p. 121-129.

SCHMIDT, Benito Bisso. Biografias históricas: o que há de novo? In: PIRES, A. J.; GANDRA, E.; COSTA, F.; SEBRIAN, R. (Orgs.). *História, linguagens, temas: escrita e ensino da História*. Guarapuava: Unicentro, 2006. p. 59-70.

SCHMIDT, Benito Bisso. História e biografia. In: CARDOSO, C.; VAINFAS, R. *Novos domínios da história*. Rio de Janeiro: Elsevier, 2012. p. 187-205.

SCHWARCZ, Lilian Moritz. *As barbas do Imperador. D. Pedro II, um monarca nos trópicos*. São Paulo: Companhia das Letras, 1998.

SCHWARTZ, Stuart B. Francisco Adolfo de Varnhagen: diplomat, patriot, historian. *The Hispanic American Historical Review*, v. XLVII, n. 2, p. 185-202, maio 1967.

SIMMONS, Jack. *Southey*. London: Collins, 1945.

SOUSA, Gabriel Soares de. *Notícia do Brasil (1587)*. Organizado por Antônio Pirajá da Silva. Comentários e notas de F. A. de Varnhagen. São Paulo: Ed. Revista dos Tribunais, 1974. (Col. Brasiliana Documenta, v. VII).

SOUSA, Gabriel Soares de. *Notícia do Brasil*. Lisboa: Alfa, 1989.

SOUSA, Gabriel Soares de. *Tratado descritivo do Brasil em 1587*. Organização e apresentação de Fernanda Trindade Luciani. São Paulo: Hedra, 2010.

SOUSA, Octávio Tarquínio. *O pensamento vivo de José Bonifácio*. São Paulo: Martins, 1944.

SOUSA, Octávio Tarquino de. *História dos Fundadores do Império do Brasil. José Bonifácio*. Rio de Janeiro: José Olympio, 1960. 2 v.

SOUSA, Pero Lopes de. *Diário de navegação – 1530-1532*. Estudo crítico por Eugênio de Castro. Prefácio de Capistrano de Abreu. Rio de Janeiro: Typographie Leuzinger, 1927.

SOUTHEY, Robert. *History of Brazil*. London: Longman, v. I (1810), v. II (1817), v. III (1819).

SOUTHEY, Robert. *História do Brazil*. Rio de Janeiro: Livraria de B. L. Garnier, 1862.

STADEN, Hans. *Nus, féroces et anthropophages*. Paris, Métailié, 1979.

STAROBINSKI, Jean. *Montaigne en mouvement*. Paris: Gallimard, 1982.

STAROBINSKI, Jean. Peut-on définir l'essai? In: *Pour un temps: Jean Starobinski*. Paris: Centre Georges Pompidou, 1985.

STAROBINSKI, Jean. *Montaigne en mouvement*. Édition revue et complétée. Paris: Gallimard, 1993.

SÜSSEKIND, Flora. *O Brasil não é longe daqui. O narrador. A viagem*. São Paulo: Companhia das Letras, 1990.

THEVET, André. *Les Singularités de la France Antarctique*. Paris: Ed. Chandeigne, 1997.

TOCQUEVILLE, Alexis de. *De la démocratie em Amérique*. In: *Œuvres completes*. Paris: Gallimard, 1961.

TURIN, Rodrigo. Uma nobre, difícil e útil empresa: o *ethos* do historiador oitocentista. *História da historiografia*, Ouro Preto, n. 2, p. 12-28, mar. 2009.

TURIN, Rodrigo. *Tessituras do tempo. Discurso etnográfico e historicidade no Brasil oitocentista*. Rio de Janeiro: EdUERJ, 2013.

VALÉRY, Paul. De l'histoire. In: *Regards sur le monde actuel*. Paris: Gallimard, 1945.

VALÉRY, Paul. Discurso sobre a história. In: *Variedades*. São Paulo: Iluminuras, 1991.

VALLA, Lorenzo. *La donation de Constantin* (1442). Prefácio de Carlo Ginzburg. Paris: Les Belles Lettres, 1993.

VARELLA, Flávia F. *Reunindo o passado entre teorias civilizacionais e climáticas: contextos discursivos e linguagens historiográficas que permeiam a History of Brazil de Robert Southey*. 324f. Tese (Doutorado em História) – Programa de Pós-Graduação em História, Universidade do Rio Grande do Sul, Porto Alegre, 2015.

VASQUEZ, George L. Varnhagen, Francisco Adolfo de. (1816-1878). In: WOOLF, D. R. (Ed.). *A Global Encyclopedia of Historical Writing*. New York/London: Garland Publishing, 1998. v. II.

VERÍSSIMO, José. *História da literatura brasileira (1915)*. Rio de Janeiro: José Olympio, 1954.

VIEIRA, Celso. *Varnhagen. O homem e a obra*. Rio de Janeiro: Álvaro Pinto, 1923.

VOLTAIRE. *Essai sur les moeurs et l'esprit des nations* (1755). Paris: Garnier, 1963. v. I.

WACHTEL, Nathan. *La Foi du souvenir. Labyrinthes marranes*. Paris: Seuil, 2001.

WEHLING, Arno. *Estado, história e memória: Varnhagen e a construção da identidade nacional*. Rio de Janeiro: Nova Fronteira, 1999.

WEHLING, Arno. Introdução. In: VARNHAGEN, Francisco Adolfo de. *Missão nas Repúblicas do Pacífico: 1863 a 1867*. Rio de Janeiro: FUNAG, 2005.

WEHLING, Arno. O conservadorismo reformador de um liberal: Varnhagen, publicista e pensador político. In: GLEZER, Raquel; GUIMARÃES, Lúcia Maria Paschoal (Orgs.). *Varnhagen no Caleidoscópio*. Rio de Janeiro: Fundação Miguel de Cervantes, CNPq, 2013. p. 160-199.

WEINRICH, Harald. *Lete. Arte e crítica do esquecimento*. Rio de Janeiro: Civilização Brasileira, 2001.

WHITE, Hayden. *Meta-história. A imaginação histórica do século XIX*. São Paulo: Edusp, 1992.

WHITE, Hayden. O texto histórico como artefato literário. In: *Trópicos do discurso: ensaios sobre a crítica da cultura*. São Paulo: Edusp, 1994. p. 98-116.

WOLF, Ferdinand. *Le Brésil littéraire. Histoire de la littérature brésilienne suivie d'un choix de morceaux tirés des meilleurs auteurs brésiliens*. Berlin: Asher & Co., 1863.

WORDSWORTH, William. "My heart leaps up when I behold". *Poems in two volumes* (1807). Oxford: The Clarendon Press, 1952.

ZANGARA, Adriana. *Voir l'histoire. Théories anciennes du récit historique, IIe siècle avant J.-C. – IIe siècle après J.-C.* Paris: Librairie Philosophique J. Vrin, 2007.

ZILBERMAN, Regina. As lições de Ferdinand Denis. *Gragoatá*, Niterói, n. 20, p. 199-218, 1. sem. 2006a.

ZILBERMAN, Regina. Ferdinand Denis e os paradigmas da história da literatura. *Revista do Programa de Pós-Graduação em Letras da Universidade de Passo Fundo*, v. 2, n. 1, p. 137-147, jan./jun. 2006b.

Agradecimentos

Faz vinte anos que comecei a pesquisa da qual este livro é um produto parcial. Sim, eu sei. Em semelhante tempo, Ulisses partiu e voltou para casa... Por falar em gregos, foi um especialista neles quem me instigou a estudar Varnhagen: François Hartog. Eu preparava um *mémoire* para obter o *diplôme d'études approfondies* (mais ou menos equivalente ao nosso mestrado), na École des Hautes Études en Sciences Sociales de Paris, em 1997, sob sua orientação. Propus-lhe investigar o uso que a historiografia brasileira oitocentista fizera dos relatos de viagem do século XVI. Pensava, à época, que se o estudo dos relatos de viagem já estava suficientemente explorado, o mesmo não se poderia dizer de sua recepção e conversão em fonte para a história. Varnhagen, inicialmente, não era o centro da análise, porém, aos poucos, foi se impondo a mim. Hartog, que na época orientava outros trabalhos sobre a historiografia do século XIX, interessou-se pela figura de Varnhagen. Apresentou-me questões acerca de sua vida e obra cujas respostas, na maior parte, eu ignorava. Por fim, disse-me: "parece um *caso* interessante para a tese". Ele havia escrito um trabalho sobre o *caso* Fustel de Coulanges, publicado em 1988. Essa conversa prolongou-se por mais três anos e resultou na minha tese de doutorado intitulada *L'écriture de l'histoire au Brésil au XIXe siècle. Essai sur une rhétorique de la nationalité. Le cas Varnhagen*. Só tenho a agradecer a François Hartog pela orientação, solidariedade e amizade com que me honra desde então. Parte desse trabalho é retomada aqui sob perspectivas teóricas nem sempre coincidentes com as originais, pois, como Varnhagen, eu também envelheci e procurei rever pontos insatisfatórios ou simplesmente equivocados.

Este livro, apesar de tudo, não é uma homenagem a Varnhagen. É o pagamento de uma dívida antiga que contraí com muitos amigos, colegas e estudantes. Primeiro, com Eliana Dutra: sem seu incentivo, apoio e paciência, este livro jamais viria a lume. Estendo este agradecimento a Rejane Dias, editora do Grupo Autêntica, parceira nesta espera de Godot, que, diferentemente daquele de Beckett, ainda que tarde, apareceu!

Se tem algo que devo a Varnhagen é ter me proporcionado encontrar Manoel Salgado Guimarães, o qual se tornou um infatigável defensor da conversão da tese em livro. Tornou-se também um amigo incondicional, companheiro fiel e conselheiro sábio. Tento expressar o que sinto neste momento, mas as palavras não apenas me escapam, elas dizem a mim, silenciosamente, que devo apenas retribuir seu sorriso que se estampa à minha frente e abraçá-lo na eternidade na qual se encontra.

Tanto tempo se passou que muitos de meus bolsistas de iniciação científica, que trabalharam nas pesquisas sobre Varnhagen, são hoje mestres, doutores e, alguns, colegas. Tive que recorrer ao "Lattes" para me lembrar de todos: Luana Teixeira, Taise Quadros, Luciana Boeira, Evandro dos Santos, Pedro Telles da Silveira, Marina Correa Araújo, Eduardo Wright Cardoso, Vitor Batalhone Jr., Caio Zanin, André Porto, Bianca da Silva, Lucas La Bella, Gabriela Jaquet, Rafael Dall'Agnol, Guilherme Sumariva, William Amaral, Vicente Detoni, Gabriel Gonzaga. Vida longa a vocês e meus sinceros agradecimentos. Agradeço também à CAPES, ao CNPq (pela bolsa de produtividade em pesquisa), à Fapergs e à UFRGS pelo financiamento durante esses anos.

Muitos colegas escutaram-me falar sobre Varnhagen. Uns me propuseram questões e indicaram caminhos a seguir ou a abandonar, outros me aportaram livros e artigos. Pensei em fazer um agradecimento particularizado a cada um, mas me falta o talento de um artista das letras para tanto (além de espaço). No entanto, agradeço, em especial, a generosidade e as trocas intelectuais de Ângela de Castro Gomes, Armelle Enders, Carlos Zeron, Céli Regina Jardim Pinto, Cesar Augusto Barcellos Guazzelli, David Gaussen, Francisco Murari Pires, Ilmar Mattos, Íris Kantor, Jacques Revel, José Antônio Dabdab Trabulsi, José Otávio Nogueira Guimarães, José Rivair Macedo, Luiz Costa Lima, Marcelo Jasmin, Marcos Veneu, Marieta de Moraes Ferreira, Paulo Knauss, Pierre-Antoine Fabre, Sabina Loriga, Sandra Pesavento (*in memoriam*), Serge Gruzinski, Sílvia Petersen e Wilma Peres Costa. Agradeço à equipe do projeto Memória do Saber do CNPq, o qual resultou no livro *Varnhagen no caleidoscópio*: Raquel Glazer e Lúcia Paschoal Guimarães (nossas líderes), Arno Wehling, Lúcia Bastos Pereira das Neves e Guilherme Pereira das Neves. Sou grato aos colegas da Sociedade Brasileira de Teoria e História da Historiografia (SBTHH), especialmente a Alexandre Avelar, Estevão de Rezende Martins, Helena Miranda Mollo, Henrique Estrada Rodrigues, Karina Anhezini de Araújo, Luna Halabi, Marcelo de Mello Rangel, Mateus Henrique de Faria Pereira,

Pedro Spinola Caldas, Rebeca Gontijo, Sérgio Ricardo da Mata. Meu agradecimento ao GT de Teoria da História e História da Historiografia da Anpuh-RS, coordenado por Renata Dal Sasso e Juliano Antoniolli.

Alguns amigos e colegas tornaram-se interlocutores mais diretos e agradeço-lhes por essa disposição que não tem hora nem dia: Arthur Avila, Durval Muniz de Albuquerque Júnior, Eduardo Neumann, Fábio Kuhn, Flávia Florentino Varella, Mara Cristina de Matos Rodrigues, Maria da Glória de Oliveira, Rodrigo Turin e Thiago Alves N. R. Tavares. A Fernando Catroga e Sérgio Campos Matos devo o que sei sobre Herculano e a historiografia portuguesa.

Evandro dos Santos, Fernando Nicolazzi e Valdei Lopes de Araujo foram os cúmplices mais envolvidos com este livro. A marca dessa cumplicidade, contudo, não é a da concórdia irrestrita, mas a da liberdade de pensar. Em tempos tão sombrios, pouco parece se sobrepor a essa antiga prática da condição humana. Muito obrigado.

Não posso deixar de agradecer aos meus amigos Mme. et M. Massin pela acolhida sempre calorosa no frio parisiense e a Anne-Laure Cognet, amiga e revisora de francês. Sou grato a Gustavo Reinaldo Alves do Carmo, que sempre me acolhe no Rio de Janeiro com uma hospitalidade que ainda não descobri como compensá-la.

Agradeço a sra. Lúcia Soldera por revisar a primeira versão do livro.

Ilga Schauren, Margareth Fernandes e Paulo Terra, funcionários técnico-administrativos da UFRGS, tornaram minha rotina acadêmica nos cargos pelos quais passei mais amena e suportável, meu obrigado a eles.

Alfredo Storck, Benito Bisso Schmidt, Carla Brandalise, Claudia Wasserman, Eliete Lúcia Tiburski, Gilberto Kaplan, Hélio Ricardo do Couto Alves e Sílvia Altmann são apoiadores incontidos da minha trajetória acadêmica e, sobretudo, pessoal. Sei que um muito obrigado por tudo é pouco para expressar minha gratidão de tê-los por perto; vejam nele, no entanto, não apenas um gesto de amizade, mas o reconhecimento do valor da vida.

Dedico este livro às minhas meninas:

à Laurinha, minha filha, que viu este Varnhagen nascer um pouco depois dela...

à MaLu, minha companheira, com quem vivo em estado de poesia...

Porto Alegre, fevereiro de 2017.
Paris, abril de 2018.

Este livro foi composto com tipografia Bembo e impresso
em papel Off-White 80g/m² na Formato Artes Gráficas.